작은 민주주의

사람의 마을

공공성의 정치, 마을정치, 생활정치를 위하여

작은 민주주의
사람의 마을

동네 안에 국가 있다, 그 두 번째 이야기

김영배 지음

사람과 마을, 작은 것이 아름답습니다

[박원순 서울특별시장]

작은 것이 아름답다는 말이 있지요?

저는 우리 사회가 놓치고 있는 소중한 것 중의 하나가 바로 "작은 것이 아름답다"는 이 말이 아닐까 생각해보곤 합니다. 거대사업, 거대담론, 총론 등은 넘쳐나는데 정작 디테일한 각론이나 작은 아이디어, 작은 사업, 작은 성과 등은 무시되거나 소소하게 여겨지는 경우가 부지기수이기 때문이지요.

그런데 여기, 작은 것이 아름답다고 외치는 분이 있답니다. 바로 김영배 성북구청장인데요, 그가 이번에 펴낸 책의 이름도 『작은 민주주의 사람의 마을』입니다. 우리 정치가 지금껏 민주주의 혹은 국가라는 총론적이면서 거대담론적인 것에 집중해 작은 것들을 제대로 보지 못했다면, 김영배 구청장은 이제라도 작은 것들, 이를테면 마을이나 동네 같은 곳에서 민주주의와 정치, 복지를 구현해보자고 외치고 있는 것입니다.

김영배 구청장의 주장대로라면 마을의 주인이 사람이 되고, 지역주민이 되었을 때 비로소 민주주의가 실현되고 지역공동체, 복지공동체, 나아가 함께 잘 먹고 함께 잘 사는 경제공동체가 이뤄지는 것입니다. 이것이 곧 '작은 민주주의'요, '사람의 마을'이 되는 것이지요.

김영배 구청장은 작년에 펴낸 『동네 안에 국가 있다』는 책에서도 "동네에서의 작은 변화가 국가를 변화시키고 국민의 삶을 변화시킬 수 있습니다"라고 주장한 바 있습니다. 그리하여 그는 그의 주장을 실천하기 위해 동네의 작은 변화를 위해 많은 노력을 펼쳐왔지요.

『작은 민주주의 사람의 마을』에는 전국의 지자체로부터 배움의 대상이 된 성북구의 다양한 정책들, 이를테면 유니세프 아동친화도시 인증이나 3無2有 성북형복지공동체, 성북절전소, 생활임금제, 안심귀가 마을버스, 작은 도서관 등의 정책들이 소개돼 있습니다.

또한 서울시와 성북구가 함께 도시재생사업의 새로운 대안으로 만든 '장수마을'도 주목할 만하지요. 그동안 많은 갈등의 소재가 되었던 뉴타운이나 재개발사업이 지향한 전면철거방식을 과감하게 버리고 지역 특색과 지역 주민의 삶을 조화시킨 새로운 주거정비사업으로의 전환의 길을 '장수마을'은 보여주었습니다. 그리하여 성곽마을 고유의 풍경은 고스란히 간직하면서 낙후된 환경은 개선하는 우리나라 주거정비사업의 한 획을 그었다는 평가도 받았답니다.

이렇게 김영배 구청장은 지역과 마을에서 사람을 위한 민주주의, 주민을 위한 생활정치를 구현해 나가고 있습니다. 이런 그의 활동이 주민의 삶 속에서 생활정치를 실현하고, 작지만 소중한 자치 민주주의를 꿈꾸는 분들에게 꿈과 희망의 소중한 디딤돌이 되었으면 하는 바람입니다. 고맙습니다.

서울특별시장 박원순

듣는 리더십과 공동체의 복원

[신계륜 국회의원]

김영배 구청장은 부지런한 사람입니다. 새벽부터 밤늦게까지 성북구 일대를 부지런히 돌아다닙니다. 예전 시대의 리더십이 말하는 리더십이었다고 한다면 지금의 리더십은 듣는 리더십이라 생각합니다. 김영배 구청장은 참으로 부지런히 듣는 사람입니다.

사람이 주인인 마을을 꿈꾼다는 김영배 구청장이 『동네 안에 국가 있다』의 두 번째 이야기를 풀어냈습니다. 바로 『작은 민주주의 사람의 마을』이라는 제목의 책입니다. 가제본을 받아 들고 책장을 넘기고 있으니 김영배 구청장이 살아가는 방식이 보입니다.

이 책은 김영배라는 사람의 이야기가 아니라 성북이라는 마을에 살고 있는 사람들의 이야기입니다. 소설책이 아닌데도 참으로 많은 따옴표가 책 곳곳에 등장합니다. 김영배 구청장은 이 책을 통해 자신의 목소리를 전달하기보다 많은 동네 사람들의 목소리를 들려줍니다. 듣는 리더십을 잘 갖추고 있는 구청장입니다.

제가 처음 정치를 시작한 곳도 이곳 성북입니다. 그것이 1992년이었으니 벌써 22년의 세월이 흘렀습니다. 제가 첫 집을 장만한 곳도, 제 자식의 졸업식을 참관한 곳도 전부 성북이었습니다. 제가 처음 이사를 왔던 22년 전의 성북은 마을에 좀 더 가까운 형태였습니다. 아랫집과 윗집 사이의 정도 흐르고 있었고, 동네 반상회를 하면 사람들이 북적거렸습니다.

무한경쟁의 사회가 지속되며 지역 공동체가 자꾸 파괴되고 있습니다. 더 이상 같은 줄에 사는 사람들의 이름을 궁금해 하지 않고, 아이들은 동네 친구들과 함께 놀이터에서 뛰놀지 않습니다.

공동체의 복원, 그것을 "사람의 마을"로 만들고자 하는 김영배 구청장의 뜻이 오롯이 담긴 『작은 민주주의 사람의 마을』의 출간을 축하드립니다. 이 책을 좀 더 많은 사람들이 접하고 사람이 사는 마을에 대한 마을 사람들의 고민이 전파되었으면 하는 바람을 가져봅니다.

국회 환경노동위원회 위원장
민주당 사회적경제정책협의회 대표
국회의원 신계륜

많은 사람이 걸으면 그것이 바로 길이 된다

[유승희 국회의원]

김영배 성북구청장의 지난 민선 5기 4년간의 결실을 맺는 『작은 민주주의 사람의 마을』의 발간을 진심으로 축하드립니다.

아큐 정전을 쓴 루쉰은 "애초에 길은 없었다. 많은 사람이 걸으면 그것이 바로 길이 된다"라고 말했습니다. 길을 만드는 것은 민주주의를 만들어가는 것과 같습니다. 더 많은 사람들이 함께 걸어감으로써 그 길이 만들어집니다.

풀뿌리 민주주의를 좀더 성숙하게 꽃 피우기 위해서 가장 중요한 것은 시민들의 '참여'입니다. 한 공동체의 구성원 모두가 공동의 문제에 대해 깊이 고민하고 자유롭게 토론할 수 있는 기회가 주어져야 합니다.

김영배 구청장은 지난 4년 동안 이와 같은 시대적 가치인 참여민주주의, 풀뿌리 민주주의를 위해 열심히 발로 뛰었습니다. 권력은 "주민이 그들 삶의 문제를 해결하라며 잠시 일임한 힘"이라고 말하는 김영배 구청장은 한결같이 주민의 참여, 풀뿌리 지방자치에서의 민주주의를 실천하고 있습니다.

마을에서 일어나는 작은 변화들이 곧 국가와 국민의 삶을 변화시킨다는 김영배 구청장의 철학은 친환경 무상급식 실시, 사회적 기업·협동조합의 추진, 마을 공동체 단위의 절전 체계인 성북절전소 등 다양한 영역에서 여러 성과로 이 책에 고스란히 담겨 있습니다.

주민이 권력행위의 능동적 주체자로 나서는 구정이야말로 민주주의의 미래이며, 올바른 지방자치의 길이라고 말하는 김영배 구청장의 생생한 구정 일기입니다.

김영배 구청장의 『작은 민주주의 사람의 마을』 발간을 다시 한번 축하드리며, 그가 성북의 주인인 구민들과 함께 이룬 성과들을 담은 이 책이 대한민국 지방자치행정을 위한 귀한 사례로 널리 일독되리라 믿습니다. 감사합니다.

민주당 전국여성위원회 위원장
국회위원 유승희

"권력이 무엇입니까?"

- 공공성, 시민 생활, 마을의 가치를 생각하다 -

최후의 권력이 방송되고 나서 주위 사람들에게 문자를 많이 받았다.
좋은 동네에 살아서 좋겠다고…… 기분이 꽤히 좋았다
_ 안지영(길음1동 주민)

여럿이 함께 잘 사는 길을 모색하기 위해 발로 뛰는 구청장님의 모
습을 보며 성북구가 왜 사회적 경제, 마을만들기 선도구인지 이해할
수 있었다. _ 오호진(명랑기획단 대표)

성북구가 어디에 있었는지도 몰랐다. 그런데 이젠 자꾸 눈길이 간다.
_ 정회엽(한겨레 출판사)

나는 이제 김영배 성북구청장님 팬이다! _ 조미영(퇴근후 레츠 3기)

우리는 앞으로도 권력을 벗어던짐으로써 더 큰 권력을 갖는 성북구
와 김영배 성북구청장님의 여정을 응원하고 눈여겨볼 것이다
_ 김민정(최후의 권력 PD)

SBS 창사특집 다큐멘터리 '최후의 권력' 제5부 '피플, 최후의 권력'편이 전파를 탄 후 제가 받은 메시지들입니다. 이런 찬사와 관심에 익숙하지 않아 감사하면서도 한편으로는 부끄럽기도 하고 무거운 짐을 진 듯도 합니다.

이 프로그램은 그동안 탐욕의 정치와 개발의 뒷모습에 가려져 진지하게 발견하지 못했던 '시민'을 보게 하고, '이 마을, 이 나라의 주인은 과연 누구인가?' 하는 질문을 다시금 생각하게 하는 계기가 되었습니다.

작년 여름 구청으로 SBS 방송국 관계자들이 찾아왔습니다. 창사특집 프로그램으로 '최후의 권력'이라는 5부작을 준비 중인데, 왕이나 귀족, 돈도 아닌 시민의 권력이 실현되고 있는 국내 사례들을 찾아서 취재하고 싶다는 것이었습니다.

작년 4월 초 출간한 저의 졸저 『동네 안에 국가 있다』를 읽고는 시민의 시대를 열어가고 있는 성북의 사례를 담아보고 싶다고 했습니다. 처음에는 참 당황스럽기도 하고 난감하기도 했습니다. 이야기를 들려주는 거라면 몰라도 시민참여를 통한 마을정치의 과정을 방송으로 보여준다는 것은 머릿속에 선뜻 그려지지 않았기 때문입니다.

총 5부작 중 마지막 편인 5부에 국내 사례를 담을 예정으로 이제 막 피어나기 시작한 국내의 시민참여 민주주의를 소개해보자는 제안에 몇 번을 망설이다가 마침내 '퍼스트 펭귄'의 심정으로 '그래, 한 번 해보자.' 했던 것입니다. 사실 제작진도 그렇지만 저도 무엇을 어떻게 해야 할 지 불투명했고, 혹시 잘 안 되면 어쩌나 하는 걱정이 들기도 했습니다.

저는 그냥 마을에서 고민하고 갈등하며 스스로 문제를 헤쳐 나가는 주민들의 모습 그 자체, 즉 우리 마을의 민낯을 그대로 보여줄 수 있으면 좋겠다고 생각했습니다. 독재와 행정 독주의 시대를 지나 스스로의 삶에서 중요한 문제에 직면하고 풀어가는 참여와 자치시대에 시민들의 모습과 고민의 흔적들이 고스란히 전해진다면 더 의미가 있겠다 싶었습니다.

석관동 두산 아파트는 성북구 내에서도 10년 전 정도부터 갈등과 민원의 대명사로 불릴 정도로 골치 아픈 동네였다고 하는 곳입니다. 그러나 전국 최초 '절전소' 개념이 탄생하리만큼 최근에는 자치와 혁신의 모범으로 통하는 아파트가 되었다는 점에서 선택하게 되었습니다. 제작진이 취재를 다녀오더니 제게 기대보다 훨씬 훌륭하다며 엄지손가락을 추켜세우고 고맙다고 한 것으로 보아 그 선택이 괜찮았던 것 같습니다. (방송 전까지는 방송내용을 전혀 볼 수 없었습니다.)

그런데 정릉시장 내에 휴게 데크광장 설치문제를 둘러싸고 벌어진 주민들과 상인들 간의 갈등을 풀어가는 과정을 시민권력이라는 프리즘으로 담아내는 것은 쉽지가 않았습니다.

작년 10월 1일, 200여 명의 주민들이 격렬한 토론과 언쟁, 몸싸움까지 하는 한바탕 소동을 겪었습니다. 그 뒤로도 수차례의 면담과 조정을 거치는 소위 숙의의 과정을 거치고서야 첨예한 갈등의 에너지를 공존과 협력의 장으로 나아가는 디딤돌로 삼을 수 있었습니다.

데크는 설치하지 않기로 합의하는 대신 정릉 시장의 활성화가 지역과 주민의 삶터를 발전시키는데 필요하다는 점에 동의하고 이를 위해 더불어 소통하고 함께 하자는 분위기가 형성된 것입니다. '권력은 바로 이런 과정에 존재해야 하고 여기에 함께 해야 되는 것이구나.' 하는 가슴 저린 깨달음을 얻는 과정이었습니다.

아무리 어려운 난감한 상황에서도 진실한 자세와 상대방에 대한 존중이 있다면 마을에서 풀어가지 못할 문제는 없다는 것이 바로 시민권력의 참모습이 아닐까 하는 깨달음 때문입니다.

요즘 버릇처럼 제 스스로에게 묻는 말이 생겼습니다.
'권력이 무엇입니까?'
'여러분의 권력은 어디에 있습니까?'

권력정치에서 생활정치로, 성북이 하면 서울이 바뀐다
민선5기는 대한민국의 정치가 권력정치에서 생활정치로 그 패러다임이 전환되는 출발이었다고 평가합니다. '권력정치에서 생활정치로의 패러다임 전환'은 2010년 선거 당시 제 선거 슬로건이었습니다. 돌이켜보면 한국 정치는 오직 고향이 어디냐를 중심으로 표의 수를 계산하고 유불리를 따지는, 소위 지역구도 정치균열(클리비지, cleavage)이 지배해오던 메마른 전쟁터였습니다.

그런데 민선 5기는 친환경무상급식 논쟁을 필두로 우리 사회에 보편적 복지 논쟁에 불을 지핀 후, 서울시장직을 건 서울시 주민투표라는 뻘 밭을 통과하여 박원순 시장 체제의 탄생을 만들었습니다. 거기서 한 발 더 나아가 대통령 선거에서는 여야 모두 기초노령연금, 무상보육, 4대 중증질환의 100% 국가책임을 약속하는 등 복지 국가로의 진입을 알리는 데로까지 나아간 것입니다. 늘 권력의 탈환에만 몰두하던 정치 경쟁에서 본격적으로 시민들의 삶의 문제를 해결하기 위한 정책 경쟁으로 나아가던 정치가 중간에 후퇴하지 아니하고 대통령 선거까지 쭉 내달리도록 불을 지펴낸 계기가 바로 민선5기 지방선거였습니다. 바로 이 점에서 2010년 지방선거와 민선 5기가 갖는 정치사적 의미가 크다고 평가하고 싶습니다.

이러한 점에서 저는 민선5기 성북구정이 조금이나마 한국 정치에 기여했다고 자부하고 싶습니다. 2010년 7월 1일 취임 직후 헌법 31조 3항의 의무교육을 무상으로 한다는 헌법 정신에 따라 바로 추경예산을 편성하여 서울시 최초로 10월 1일부터 초등학교 6학년 전원을 대상으로 무상급식을 실시하였습니다.

무상급식에서 한 발 더 나아가 성북구의 친환경 무상급식이 발화점이 되어 오세훈 시장의 반발과 이듬해 서울시장의 퇴진, 그리고 박원순 시장의 등장을 가져온 주민투표로 숨 가쁘게 이어졌던 그 싸움의 한복판에 우리 성북구가 있었습니다.

조금은 쑥스럽지만 언론에서 한 말입니다.
"성북이 하면 서울이 바뀐다."

최초 성북, 도시를 혁신하다

지난 4년간 성북이라는 도시는 혁신을 위한 도전의 연속이었다고 평가하고 싶습니다. 떠나가고 쫓겨나는 도시에서 더불어 함께 살아가는 사람의 마을공동체를 회복하는 혁신의 도전, 고독과 소외 그리고 배제의 도시에서 이웃의 돌봄 그리고 배려하는 복지공동체로의 도전, 고층 건물과 차량의 도시에서 어린이와 어르신들 모두가 안전하게 살아가는 아동친화 안심도시로의 도전 등 새로운 시대적 과제들을 마주했습니다. 어느 것 하나 빼놓을 수 없이 기존의 관행과 절연하고 과감히 도전하는 '퍼스트 펭귄'의 자세로 묵묵히 그러나 꿋꿋하게 싸워야 했던 과제들이었습니다. 때로는 개발의 후유증으로 울부짖는 어머님과 부둥켜안고 울어야 했고 무더운 여름철을 페트병에 물을 담아 넘기시는 할머니를 보며 망연자실하기도 했으며, 문제해결을 위해 좀 더 집중하고 끝까지 함께 하지 못하는 스스로에게 분노하기도 했습니다. 복지협의체와 마음돌보미 분들의 활동사연을 들으며 목이 메어 인사도 못하고 한참을 서 있다 행사가 중단되기도 했고 친환경 무상급식의 학부모 신뢰도가 74% 가까이 나오고 한국 최초 유니세프인증 아동친화도시로 선정되었다는 소식을 접하고는 세상

18

을 다 얻은 듯 행복했던 기억도 새롭습니다.

돌이켜 보면 지난 4년간 얻었던 많은 성과는 우리 성북 공동체가 단단해지는 밑거름이 되었고, 언론사, 정부기관, 외부 전문기관 등으로부터 받은 수많은 상들과 영예들은 성북 공동체를 지키는 주민들의 자긍심의 자양분이 되었다는 점에서 그저 감사할 따름입니다.

아직도 눈물 흘리시는 분들, 아프신 분들, 갈등하는 분들이 많이 계시고, 해결하지 못하고 앞으로 나아가지 못하는 일들도 산적해 있지만, 우리에게 희망이 있는 것은 우리 손으로 우리 지역과 공동체를 혁신 시킬 수 있다는 믿음, 그 혁신을 이끌어갈 사람이 바로 우리 곁에, 우리 마을에 함께 있다는 신뢰가 있기 때문일 것입니다.

나이와 종교를 초월하여, 고향과 재산의 정도를 불문하고 복지협의체로, 마을돌보미로, 안전협의회로, 마을만들기로, 주민참여예산 활동으로 마을의 이웃들과 더불어 살아가는 성북공동체의 미래는 이제 최초 성북에서 최고 성북으로 나아가게 될 것이라 믿습니다.

마을의 주인, 사람의 권리를 보장하는 도시

민선 5기를 평가하는 마지막 주제는 지방정부의 모든 정책과 행정의 결과를 평가하는 기준을 '사람의 권리' 차원으로 격상하여 설정하였다는 것입니다. 사실 그동안 시민들은 자신들이 주인의 권리를 행사해서 선출한 권력이나 공직자, 정당에게 철저히 소외 당해왔고 뭔가를 해달라고 하는 존재, 즉 민원인이거나 우아하게 표현하면 이해관계집단으로 불려 왔습니다. 그래서 권력이나 정치인이 뭔가를 베풀어야 받을 수 있는 그런 존재였던 것입니다. 기본적인 관계설정이 이러할진대, 정치와 행정 그리고 정부 운영의 원리가 그러할진대, 혁신하고 변화한다고 하는 것의 결과는 뻔하거나 형식적인 것에 불과해서 결국 불신만 키우게 되었던 것입니다.

저는 민선 5기가 바로 이 본질적인 문제를 해결하려는 데 진력해왔다고 생각합니다. 시민의 권리를 보장하고 그 권리를 실현하는 과정을 돕고 지원하는 것이 바로 정부의 책임이요, 의무라는 점을 분명히 한 것이라고 생각합니다. 시민과 정부의 관계는 권리와 의무의 관계가 성립하는, 요즘 말로 갑을관계라는 점을 분명히 하였다는 점에서 큰 의미가 있다고 생각합니다. 인권 도시를 위한 조례 제정과 주민인권선언, 주민참여예산제, 열린정책 토론회, 각종 아카데미 등 많은 시도와 노력들은 사람의 도시를 향한 중요한 주춧돌이 되었습니다.

여기서 제가 분명히 말씀드리고 싶은 것이 한 가지 있습니다. 바로 사람입니다. 일은 사람이 한다는 것입니다. 도시를 혁신하는 것도 사람이요, 도시를 망치는 것도 사람입니다. 교통사고를 내는 것도 차가 아니고 운전하는 사람이며 엉뚱한 정책으로 사람들을 벼랑 끝으로 몰아가는 것도 결국 사람들이 하는 것입니다. 그래서 누가 누구와 일을 하는가 무엇을 어떻게 하는가보다 더 중요한 문제라고 생각합니다.

그런 점에서 저는 저와 함께 사람의 마을 성북에서 시민의 시대, 생활정치, 참여자치를 일구어왔던 여러분들의, 그 사람들의 얘기를 담아보고 싶었습니다. 그 결과가 바로 이 책입니다. 이 책은 우리 성북을 혁신하기 위해 분투한 많은 분들의 땀의 기록이자 최초로 시행하는 각종의 도전들을 수행하며 울고 웃은 그 분들의 눈물과 미소의 결과라고 할 수 있습니다.

마을에서 시민의 생활을 지키는 공공성의 파수꾼이 되자
저는 이제 이 책을 접하시는 분들께 감히 3대 파수꾼 운동을 제안합니다. 제가 앞부분에서 스스로에게 자주 묻는 말이 있다고 말씀드렸습니다.
'권력이 무엇입니까?'
이 질문에 여러 답이 모두 가능하리라 생각됩니다만 저는 이렇게 세 가지로 답을 해볼까 합니다.
'권력은 공공성을 지키는 파수꾼입니다.'
'권력은 시민의 생활을 지키는 공공성의 파수꾼입니다.'
'권력은 마을에서 시민의 생활을 지키는 공공성의 파수꾼입니다.'

저는 지난 번 저의 졸저『동네 안에 국가 있다』에서 공공성의 정치, 생활정치, 마을정치가 이 시대가 요구하는 정치라고 말씀 드린 적이 있습니다. 저는 다시 한 번 공공성, 시민의 생활, 마을을 지키는 파수꾼으로 거듭나 시민의 시대를 이끌어가는 혁신활동가가 되어 여기 우리의 새로운 삶을 모색하는 여정과 함께하기를 권해 봅니다.

글을 마치면서 우리 성북이 사람중심의 도시로 발돋움할 수 있도록 격려해주시고 성원해주신 많은 분들이 있습니다.

먼저 성북구를 위해 불철주야 노력하는 신계륜 국회의원님과 유승희 국회의원님께 진심으로 감사드리며, 신재균 의장님을 비롯한 22분의 성북구의회 의원님들께도 감사의 인사를 전합니다.

그리고 그동안 묵묵히 업무수행에 최선을 다해주신 김병환 부구청장님과 1,400여 성북구 공직자 여러분들께도 존경과 감사의 마음을 전하고 싶습니다.

무엇보다도 각 분야에서 고민과 행복, 우리 구가 나아가야 할 방향까지 짚어주신, 이 책에 나오는 모든 주인공들에게 무한한 감사를 드립니다. 마지막으로 이 책이 나오기까지 고생하신 도서출판 너울북 관계자 분들께도 고맙다는 말씀을 전합니다.

2014년 2월 어느 날, 사람이 희망인 도시 성북에서
성북구청장 김영배

민선 5기 4년의 발자취

사회양극화 해소의 출발, 생활임금제 도입

2010년 7월 1일, 취임 후 첫 일정으로 서울 성북구 장수마을에서 진행된 희망 UP 캠페인 '최저생계비로 한달나기'(참여연대 주관)에 참여했던 기억이 납니다. 2013년 1월 참여연대, 성북구, 노원구가 함께 전국최초로 생활임금을 도입했습니다. 이 캠페인을 계기로 한국형 연대임금정책의 하나로 생활임금이 사회양극화를 해결하는 밑거름이 될 것이라 확신합니다.

서울시 최초 친환경 무상급식, 보편적 복지의 패러다임을 열었습니다!
민선5기의 힘찬 시작을 상징하는 친환경 무상급식은 친환경쌀 공동구매, 김
치 공동구매, 수산물 공동구매, 친환경 과일급식까지 힘차게 달려왔습니다.
2012년 무상급식 신뢰도 조사결과 교사 87%, 학부모 74%가 신뢰한다고 답
할 정도로 학부모와 교사, 아이들까지 신뢰하는 급식으로 자리매김하였습니
다. 최근에는 방사능 진단기까지 도입할 정도로 성북의 친환경 무상급식은 나
날이 진화하고 있습니다.

'아동과 청소년도 시민이다', 성북구 아동친화도시로 거듭납니다!

유니세프(유엔아동기금)에서는 생존권, 보호권, 발달권, 참여권 등 아동의
권리를 규정한 유엔아동권리협약을 보장하는 도시를 대상으로 유니세프
아동친화도시를 선정하고 있습니다. 그동안 전세계 1,300개 도시가 영예
를 안았지만 우리나라에서는 성북구가 최초로 2013년 11월 아동친화도
시로 선정되었습니다. 아이들이 행복한 도시를 만들기 위해 구에서 추진
했던 노력이 국제적으로 인정받았다는 점에서 큰 의미를 갖습니다.

'시민권력이 최후의 권력이다', 성북의 주인은 바로 성북의 주민입니다!
SBS 창사특집 다큐멘터리 「최후의 권력」 5부 '피플, 최후의 권력'편에 시민
권력이 최후의 권력임을 나타내는 대표적 사례로 성북구 정릉시장의 마을
회의 사례와 석관동 두산아파트의 아파트입주자회의가 소개되었습니다.
'대한민국의 주권은 국민에게 있고, 모든 권력은 국민으로부터 나온다'라는
의미를 다시 한번 가슴에 새길 수 있었습니다.

'매니페스토 4년 연속 수상', 성북은 약속을 지킵니다!

구민에게 약속한 선거공약 이행여부를 평가하는 '매니페스토' 상을 2010년부터 4년 연속으로 받았습니다. 바로 '매니페스토 약속대상 선 거공약서 부문 대상', '전국 매니페스토 일자리공약 분야 우수상', '매니 페스토 공약이행분야 우수상', '전국 매니페스토 공감행정분야 최우수 상'입니다. 주민과 약속을 지키는 구청장으로 계속 기억되고 싶습니다.

'함께', '더불어' 사는 사회를 위한 사회적 경제 육성, 성북구가 앞서갑니다!
연대와 협력으로 더불어 사는 경제를 만들고 일자리 창출로 이어지는 선순환
구조를 만들기 위해 성북구는 노력하고 있습니다.

전국 최초로 사회책임조달 제도를 도입하여 사회적 경제제품 우선구매조례를
제정하고, 성북구가 주도하는 전국 사회연대경제 지방정부협의회를 구성하는
등 사회적경제 담론이 우리 사회에 단단하게 뿌리내릴 수 있는 기반을 만들기
위해 최선을 다하겠습니다.

새로운 공공성 실현을 위한 '도서관', 주민과 아이들의 꿈을 실현합니다!
생각의 크기는 우리 공동체 미래의 크기가 됩니다. 그 중심에 바로 도서관이
있습니다.
2010년 6월말 기준으로 성북구의 공공도서관은 3개소에 불과하였으나 민선
5기 동안 6개의 공공도서관이 추가 건립되어 총 9곳의 공공도서관을 보유하
게 되었습니다. 민간의 작은 도서관 또한 민관협력의 사례로 만들기 위해 노
력하고 있습니다.

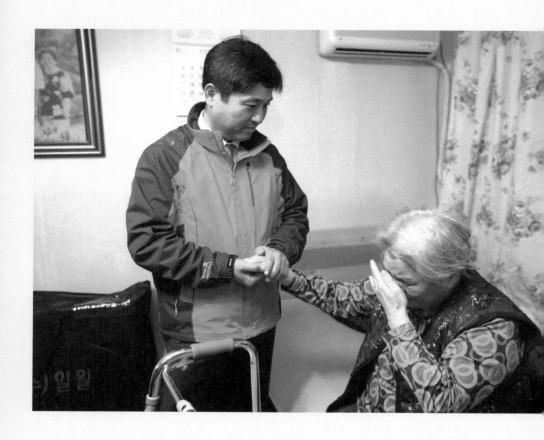

'획기적으로 줄어든 자살률', 주민들과 함께 만든 복지공동체망이 있었기
에 가능했습니다!

성북구 65세 이상 자살률이 2010년 25개 자치구 5위에서 2012년 20위로
획기적으로 감소했습니다. 자살률을 줄이기 위해 전국 최초 보건복지통합
형 자살예방 체계 및 주민참여형 민관거버넌스를 통한 복지공동체망을 구
축하였습니다. "자살의 원인은 사회관계망과 소득상황 등 복합적인 문제이
니 그 처방도 당연히 개인의 정신의 문제로 국한하지 말고 복지의 영역까
지 포괄하여 복합적으로 대응해야 한다"라는 생각이 적중한 것 같습니다.

'그들이 결정하는 예산'에서 '우리가 결정하는 예산'으로 바뀌었습니다.
'성북구 주민참여예산제'
참여민주주의 시대는 기본적인 권리들을 주민 스스로 참여하여 직접 결정하는 실질적인 자기결정권이 보장되어야 합니다. 성북구는 주민참여예산제를 2011년부터 시작하여 작년에는 '주민총회'까지 이르렀습니다. 예산편성에 직접 참여한 주민들이 신기해하고 즐거운 반응을 보여주시어, 저 또한 기뻤습니다. 2014년에는 미흡한 부분을 보완해 더 많은 주민이 참여할 수 있도록 주민참여예산을 체계화하도록 하겠습니다.

성북이라면 안심입니다. 성북구 안심귀가 마을버스

도시에서 안전은 시민의 삶의 질 향상을 위한 가장 기본적인 조건입니다. 주민만족도 1위, 체감도 높은 사업 1위, 밤 10시 이후 어둡고 외진 골목길에서 안전귀가를 돕는 성북구 안심귀가 마을버스는 주민들의 높은 호응으로 다른 지역까지 전파되고 있습니다.

'기사님, 우리 집 앞에 세워주세요'라는 말은 성북구에서 일상이 되었습니다.

Chapter 1

최후의 권력은 시민의 권력

최후의 권력은 시민의 권력

[전국 최초 절전소, 심재철 석관두산아파트 입주자 대표]
[시민의 권력, 조숙영 석관두산아파트 관리이사]

'권력', 지켜보고 참여할 때 제대로 작동한다

평범해 보이는 서울의 한 아파트 단지. 하지만 이곳에는 조금 유별
난 입주자대표회의 회장과 동대표들이 있다. 이들은 경비업체, 청
소업체, 관리업체 등 입주민들의 관리비로 입찰한 업체들이 본연의
임무를 소홀히 하지 않는지 감시하고 호되게 문책한다. 그리고 이
들을 지켜보는 또 다른 수많은 눈이 있다. 바로 2천 세대의 입주민
이다. 자신들의 뜻을 반영해 바른 결정을 하는지, 동대표들이 잠시
위임된 권력을 어떻게 사용하는지를 감시한다. 시민 권력의 살아있
는 현장, '대한민국 란츠게마인데', 과연 우리는 스스로 권력을 행
사할 수 있을까.

_ sbs '최후의 권력' 프로그램 예고기사 中

피플, 최후의 권력

- 시민이 권력임을 몸소 보여준 석관두산아파트

지난해 12월 8일 토요일 11시 15분에 방영된 SBS 창사특집 다큐멘터리 「최후의 권력」 5편에 우리 성북구가 국내 참여 민주주의의 모범사례로 무려 20분 가까이나 소개된 적이 있다. 권력과 리더십에 관해 5부작으로 제작된 이 다큐멘터리의 마지막 회인 '피플, 최후의 권력'편에서는 국민의 손끝에서 권력이 탄생하는 다양한 사례를 소개하면서 '내가 참여하고 행사할 때 세상을 변화시키는 힘과 권력이 발휘 된다.'라는 불변의 진리를 보여주었는데, 영광스럽게도 우리 성북구가 모범적인 사례로 소개되었다.

스위스의 주민참여 직접 민주주의 제도인 '란츠게마인데'와 이탈리아 안에 있는 작은 독립국가인 산마리노의 슈퍼마켓 직원, 농장 주인, 세탁소 주인으로 이루어진 월급 14만원의 봉사직 국회의원, 인맥이 최고의 자산이라고 믿고 또 그렇게 활동하며 엄청난 부를 구가하는 중국의 젊은 신흥 갑부의 생활상을 소개하면서 이 시대의 진정한 권력이란 누구의 것이어야 하며 그 모습은 어떠해야 하는지를 묻는 여정의 마지막 편에서 국내 사례로 성북구가 소개된 것이다.

국내 사례는 두 가지가 소개되었다. 하나는 경남 의령군 시골마을인 감곡마을 12명의 할머니들이 스스로 자신이 사는 마을의 문제를 결정하기 위해 이장을 바꾸고 마을을 가꾸어가는 사례였고, 다른 하나는 도시의 사례로 바로 우리 성북구의 사례였다. 우리의 사례는 두

SBS 창사특집으로 방영된 최후의 권력

가지로 나뉘어서 방송되었다.

　하나는 여기에 자세히 소개할 석관동 두산아파트 입주자 대표회의
의 민주적인 운영사례이고, 또 하나는 정릉시장 휴게데크 설치 문제
로 야기된 주민 간 갈등을 대화와 소통으로 풀어가는 구청장의 리더

십과 성북판 란츠게마인데를 선보인 주민참여 정책결정과정이었다. 각각 약 10분씩 방송되었으니까 5부 전체 프로그램이 한 시간 남짓인 것을 생각하면 황송할 정도로 비중있게 소개되었다고 할 수 있다. 큰 영광이면서도 무거운 책임으로 남는다고 할 수 있겠다.

사실, 제작진이『동네 안에 국가 있다』를 읽은 것이 계기가 되었다는 것 말고는 SBS '최후의 권력' 제작진이 어떻게 해서 우리 구에 오게 되었는지 방영된 이후까지도 잘 알지 못했다.

방송이 나가고 한참 뒤에야 제작진과 술 한 잔을 기울이면서 뒷이야기를 듣게 되었는데, 장경수 선임 PD를 비롯한 제작진이 방송 내용을 구상하고 국내 사례를 찾으려고 상당히 애를 썼다고 한다. 12명 할머니들의 사례를 다룬 감곡마을 소재는 진즉 발굴해 놓고 대도시의 사례를 찾기 위해 여러 지방자치단체와 접촉해 봤지만 원하는 결과를 얻지 못한 것이다.

SBS 최후의 권력 5부에 소개된 정릉시장 마을회의

해외 사례의 취재는 미국을 비롯한 외국에서 계속 진행되고 있었지만 국내 사례는 아무리 찾아도 나오지 않자 장경수 선임PD가 일이 잘 안 풀릴 때의 평소 습관대로 대형서점을 찾아 하루 종일 책을 보다가 내가 작년에 쓴 책을 보았다고 한다. 마침 책의 제목도『동네 안에 국가 있다』라고 되어 있어 궁금한 마음에 한 달음에 읽어보고는 '앗 이거다.'라는 생각을 했다고 한다. 마침 본인은 해외 취재를 나가야 했기 때문에 공항으로 가면서 다른 피디와 작가들에게 꼭 읽어보고 성북구에 한번 가보라고 했다는 것이다.

그 책을 3번이나 정독하고 찾아왔다는 피디와 작가들이 성북의 고민과 사례를 꼭 담고 싶으니 협조를 부탁한다면서 촬영을 하자고 하니 나 또한 당황할 수밖에 없었다. 사실 참여민주주의가 시대정신이라고 믿고서 열심히 실천해 오고 성과가 있는 것도 사실이지만, 그렇다고 눈에 보이는 것도 아니고 연출해서 드라마처럼 찍을 수도 없는데 뭘 어찌해야 할지 난감했던 것이다. 그래도 일단 해보자고 하던 끝에 당시 큰 갈등사안이었던 정릉시장 데크건과 민간 모범사례로는 석관두산아파트를 추천해서 촬영하게 된 것이다.

사실 석관두산아파트는 몇 년 전까지만 해도 성북구에서 가장 골치 아픈 아파트 중 하나였다. 그런데 지금은 많이 달라져 추천을 한 것인데, 그때만 해도 석관두산아파트가 그렇게까지 주민 참여가 활발할 줄은 몰랐다. 피디들도 처음에 내 이야기를 들었을 때는 구청장이 소개해 주니까 가보긴 하겠지만 그다지 큰 기대는 하지 않았다고 한다. 그런데 아파트 주민들의 활약상을 보고는 너무 놀랐다는 것이다. 어떻게 서울에 이런 곳이 있느냐면서 나에게 너무 고맙다는 인사를 여러 번 한 것을 보면 '진짜인가 보구나.'하는 생각이 들 정도였다.

　석관두산아파트를 처음 알게 된 것은 우리나라에서 최초로 절전소라는 개념을 만들어 실행한 '성북절전소' 사업을 펼치면서부터였다. 에너지 절약 공동체의 개념을 도입한 대한민국 제1호 절전소가 바로 석관두산에코절전소다. 그보다 더 기억을 더듬어보면 진영호 전 성북구청장님의 비서실장으로 일하던 90년대 말 석관두산아파트는 구청을 들썩일 정도로 민원이 많던 곳이었다. 내가 구청을 떠나 있던 2000년대 말까지도 그러했다고 하니 어찌 보면 구청 입장에서는 골치 아픈 아파트 중 하나였던 것이다. 그런데 최근 몇 년 사이 동대표와 입주자대표가 바뀐 이후 SBS와 같은 공중파 다큐멘터리 프로그램에 참여민주주의의 모범으로 소개될 정도로 민주적이고 가장 적극적으로 주민들이 참여하는 아파트로 변신한 것이다.

　여기에는 석관두산아파트의 입주자대표인 심재철 회장님과 조숙영 관리이사님을 비롯하여 주민들이 선출한 훌륭한 동대표들의 활약과 함께 활동한 입주민들의 헌신적인 참여와 노력이 밑바탕이 되었다고 한다.

평범한 가장에서 아파트 입주자대표 회장으로

심재철 회장님은 우리 성북 공동체 사회에서 정말 필요하고 소중한 사람이면서 한편으로는 참 특이한 사람이기도 하다. ㈜한국하우톤의 기술이사로 재직하면서 별을 관찰하는 것을 좋아해서 한국 아마추어 천문학회 이사로도 활동하고 있는 그는 『별과 별자리』,『미스터 갈릴

레이의 별별이야기』, 『1분 투자 월 7,000원 전기료 다이어트』 등 이미 5권의 책을 집필한 저명한 저자이기도 하다.

그리고 뒤에 다시 자세하게 서술하겠지만 대한민국 제1호 절전소인 '석관두산에코절전소'의 탄생 주역이기도 하다.

사실 그동안 석관두산아파트는 철도청 차량기지 소음문제를 비롯하여 다양한 민원이 끊이지 않던 아파트였고 주민 간 갈등의 골도 깊어 이웃간의 정도 메마른 그저 회색빛 동네였다고 한다. 그런데 심재철 회장님은 투명하고 공정한 사업 진행을 통해 주민들과 신뢰관계를 구축하고 적극적인 참여를 이끌어냈으며, 실제로 주민들이 체감하는 절전 효과를 모든 세대에게 현금으로 되돌려 주면서 석관두산아파트는 전국적인 참여와 에너지절전 모범 아파트로 관심을 받게 되었다.

공동체에 헌신하는 사람들은 다른 DNA가 있다고 하는데 심 회장도 DNA 구조가 다른 것일까? 좋은 직장과 재미있는 취미 생활이 있음에도 불구하고 귀찮을 수 있는 아파트 공동체에 참여하게 된 계기는 무엇인지 정말 궁금했다.

"저희 아파트는 원래 중앙난방이었는데 그게 너무 불합리한 거예요. 평수가 작을수록 중앙기계실에서 멀리 있어서 넓은 집은 따뜻한데 작은 집들은 너무 추웠거든요. 제가 24평에 살 때에는 너무 추워서 관리사무소에 매일 전화했어요. 돈을 더 낼 테니까 보일러 좀 틀어

달라고요. 그런데 안 틀어주더라고요. 그러다가 33평으로 이사를 가
니까 조금 가까워져서 이제는 너무 더운 거예요. 통제를 할 수가 없
는 거죠. 그래서 그런 문제를 실명으로 운영되고 있는 아파트 홈페
이지에 정말 많이 올렸어요."

그렇게 홈페이지에 의견을 올리면서 보니까 극렬히 반대하는 사람
중에는 목소리 큰 사람들이 많은데 정작 찬성하는 사람들의 목소리
는 들리지 않았다고 한다. 그러던 중 부녀회장님이 찾아와서 토론을
한 번 해달라고 해서 응해줬는데 이번에는 동대표를 해달라고 했다
는 것이다. 출장도 많이 다니고 회사일이 바빠서 못하겠다고 거절했
는데, 당시의 법으로는 의견서에 서명하는 것만으로도 의결권이 되
었던 터라 객관적인 한 표가 필요하니 그것만 해달라고 해서 가벼운
마음으로 동대표가 되었다고 한다. 그때가 2009년으로 당시만 해도
자신이 아파트 입주자대표 회장까지 하게 될 줄은 몰랐다고 한다. 그
런데 동대표가 되고 난 후에 벌어진 일들을 겪으면서 자신이 반드시
나서야겠다는 계기를 만났다고 하는데, 이런 걸 운명이라고 하는 게
아닐까?

"기존에 기득권이 있던 분들이 새로 뽑힌 동대표들을 사퇴시키려는
거예요. 회사로까지 전화해서 일은 열심히 안하고 아파트 동대표나
하려고 한다면서 말이에요. 그러면 100% 다 그만둬요. 결국 동대표
들이 다 사퇴를 하는 거예요. 저까지 사퇴시키려고 제가 출장가고 없
는 사이에 내용증명을 가지고 밤 11시에 우리 집에 찾아온 거예요.

심재철 석관동 아파트 입주민 대표
국가도 마찬가지라고 생각해요
우리가 국회의원들이 무엇을 하는지 제대로 지켜보지 않으면

THELASTPOWER

SBS 최후의 권력 5부에 출연한 심재철 동대표 회장

'사퇴해야 한다고, 남편 큰일 난다고.' 제가 없는 밤에 두 번이나 찾아왔다는 이야기를 듣고 나니까 이대로는 안 되겠다는 생각이 번쩍 들더라고요. 그렇게 하다 보니 어쩌다 제가 회장까지 하게 된 거죠."

어찌 보면 불의를 보고 참을 수 없다는 생각으로 울컥한 마음에 결정한 일이었는데, 직장생활을 하면서 입주자대표 활동까지 하는 것이 쉽지는 않았다고 한다. 특히 처음 해보는 일이라서 초기에는 정말 힘들었는데 마음을 비우니까 일도 쉬워지더란다. 입주자대표는 자치단체장이 아니기 때문에 공약을 내건 것도 없고 특히 사심이 없기 때문에 특정 안건이 부결되어도 자신에게 큰일이 나는 것도 아니었다. 그래서 최대한 민주적이고 투명하게 운영하니 시간이 지나면서 아파트가 합리적으로 운영되더라는 것이다.

이런 사심 없는 헌신적인 자세에 전문성까지 더해지면 더할 나위 없을텐데 심재철 회장님의 경우가 바로 그러했다. 대학과 대학원에서 화학을 전공하고 별을 관찰하는 것을 좋아하는 과학자이기도 한 그의 눈에 새로운 사실들이 보이기 시작한 것이다.

"아파트는 의외로 운영상의 문제가 많더라고요. 관리사무소에서 각종 기안서가 올라오는 것을 보니까 렌즈나 특수 윤활유 등과 같이 제가 잘 아는 전문 분야의 항목이 몇 개 있어요. 그런데 견적서를 보니까 가격이 많게는 10배까지 부풀려 있는 거예요. 엘리베이터 오일 한 통에 10만 원이라고 적혀 있는데 제가 아는 소비자가격은 2만 원이거든요. 그래서 업체를 불러다가 "내가 전문가인데 내가 사 오면 2만 원인데 뻥튀기 아니냐?"라고 했어요. 그렇게 해서 다른 것들도 다 깎았죠. 아파트는 회사와 달라 비교하는 견적서만 갖춰져 있으면 아무런 법적 문제가 없거든요. 실제로 싸게 구매했느냐는 중요하지 않아요. 그러니까 그냥 견적만 두 개 올리고 그 중에 낮은 견적을 선택하면 되는 구조인 거예요"

"제가 들어와서 보니까 일 년 예산이 50억이더라고요. 아파트에서만큼은 입주자대표 회장이 대통령과 국회의장을 섞어 놓은 것만큼 쎈 거예요."

아파트에서는 관리업체 선정이 가장 중요한데 여기에서 가장 많은 비리가 발생한다. 실제로 여러 아파트가 이 과정에서 상당한 잡음을 내는 이유가 동대표들과 결탁하여 청탁 등의 뒷거래가 있기 때문이다. 석관두산아파트의 경우에도 10년 동안 맡아 온 관리업체를 바꾸는 과정이 쉽지 않았다고 한다.

"저는 관리업체 선정을 동대표가 하지 않겠다고 했어요. 일단 입찰을 해서 가격이 가장 높은 업체와 낮은 업체를 하나씩 선정해서 주민들이 보는 앞에서 설명회를 하고 주민투표를 하기로 한 거죠. 주민들 중에는 두 업체 다 똑같을 테니 싼 업체를 하자는 의견도 있고, 제대로 관리하니까 비싸겠지 하는 의견도 있었는데, 이렇게 주민들에게 들려주니까 비리가 나오지 않는 거예요. 업체에서 저나 동대표들한테 돈을 줘도 해줄 수 있는 게 없어요. 우리는 10년 만에 아무 잡음 없이 자연스럽게 관리업체를 바꿨어요."

심재철 회장님의 지적은 주택법과 관련이 있는데, 이 법이 아파트 운영에 있어서는 상당히 부당하기 때문에 반드시 해결되어야 하는 문제라고 생각한다.

실제로 이와 관련하여 작년 7월 24일에는 아파트관리비 실태점검 민주당 현장최고위원 회의가 성북구 석관동주민센터에서 개최된 바 있다. 김한길 민주당 대표, 신계륜 국회의원, 박원순 서울시장 등이 참석한 자리에서 아파트 관리비 부정관리 문제와 투명성 확보 방안을 주제로 석관두산아파트의 심재철 동대표 회장이 모범사례를 발표했다. 당시 민주당 지도부는 물론 박원순 시장도 칭찬을 아끼지 않았고 미비한 주택관련 법령의 손질이 필요하다는데 인식을 같이 할 수 있었다. 서울에 수많은 아파트가 있는데도 굳이 석관동에서 이 회의가 개최된 것은 그만큼 석관두산아파트가 아파트 관리과정의 구조적인 비리를 벗어나고, 아파트관리비를 절감한 모범사례라고 할 수 있었기 때문이다. 성북구청장으로서도 자부심을 느낄 수 있는 자리였다.

그동안의 시각에서 아파트는 대부분 민간의 자본을 활용하여 개인의 주거문제를 해결하고 여기에서 발생하는 모든 문제 또한 사적인 일로 치부해왔다. 하지만 아파트 주거율이 주거형태의 절반을 넘어서고 있는 현실에서 주거환경이 공적으로 관리되지 않는다는 것은 상당히 큰 문제가 될 수 있기 때문에 주택법을 대폭 바꿔야 한다고 생각한다. 직접 선출되는 입주자 대표와 대표 회장이 이제는 통장이나 반장처럼 책임 있는 역할을 해야 한다는 것이다. 주민들이 내는 거액의 관리비를 관리하여 아파트를 유지·운영하는 책임을 지고 있는 반면, 그에 대한 공적인 관리는 전혀 되지 않고 견제장치도 없다

석관동주민센터에서 열린 아파트 관리실태점검 민주당 민생현장 최고위원 회의 (2013.7.24)

는 것은 필연적으로 비리와 투명성의 문제를 가져올 수밖에 없기 때문이다.

입주자 대표회의가 자리를 잡고 약 2,000세대가 신뢰를 갖고 운영되기까지는 웃지 못할 사연도 많았다고 한다. 이야기를 듣고 보니 앞서 동대표직을 사퇴시키고자 했던 것은 오히려 약과였다. 처음 동대표 회의를 할 때에는 동대표실에 갇힌 적도 있다고 한다.

그리고 나중에는 안건에 대해서 반대하기 위해 회의에 나오시는 분도 있었다고 한다.

"원래는 전체 아파트 25개 동의 3분의 2인 17명이 되어야 대표회의가 구성되는데 다 사퇴를 시켜서 남은 동대표가 15명이었어요. 법적으로 3분의 2 구성이 안 되면 재적 과반수가 찬성해야 모든 안건이 처리가 되거든요. 15명 중 13명이 무조건 찬성을 해야 하는 거예요. 그런데 13명이라는 숫자는 참석도 힘들거든요. 여기에 무조건 반대하라는 특명을 받아 참석하시는 것 같은 분이 3분 정도 있었어요. 그 중에는 나이 많으신 할머니도 한 분 계셨는데, 누가 시키니까 반대하려고 나오시는 거예요. 그러니까 회의가 안 되는 거죠. 그래서 어떻게 했느냐면, 회의하기 전에는 동대표들을 아무도 만나지 않았어요. 그 누구도요. 회의하는 공간에 들어오면 그때부터 제가 설명을 해주는 거죠. 제 의견에 찬성하는 동대표들에게도 설명을 하고 반대하는 동대표들에게도 설명을 해요. 그러면서 싸우기도 하고 논쟁도 하잖아요. 회의를 하면 각 세대마다 생방송으로 나가는데 그 모습을 주민들이 다 본 거예요. 그 할머니도 현장에서 다 지켜보시고요. 그렇게 저녁 8시에 시작해서 12시에 안건을 통과시키고 나니까 '이 사람들이 짜고 들어온 게 아니구나. 자기들끼리 저렇게 싸우면서 결정을 하는구나.' 하고 알게 된 거죠. 아파트 주민들이 그 할머니를 다 아는데 나중에는 그 할머니도 찬성하는 것을 보고는 투명하게 진행한다는 믿음을 갖게 된 것 같아요. 한 6개월 동안 그렇게 했어요."

그러는 동안 그 할머니는 심재철 회장님의 팬이 되었다고 한다. 초기에 난방 시스템을 바꾸는 과정에서 생긴 갈등 때문에 서로 인사도 잘 안 하던 분이 먼저 전화를 걸어 고맙다고 하는 분도 있는 등 최근 들어서 주민들의 분위기가 많이 바뀌었다고 한다. 특히, 몇 년 전에 동대표들을 안에 가두고 문을 잠궜던 분이 이제는 '오, 심재철이~' 하면서 말을 걸어주고 '이제 다 풀렸다'고 이야기한다고 하니 이것이야말로 극적인 반전이 아닐 수 없다. 실제로 방송이 나간 후에 석관 두산아파트 주민들을 만나보면 굉장한 자긍심을 갖고 있는 것을 느낄 수 있다. 특히 연세 드신 분들 중에 '구청장님이네~' 하면서 훨씬 더 따뜻하게 아는 척해 주시는 분들이 많아졌다고 느끼는 것은 나의 기분 탓만은 아닐 것이다.

시민의 권력을 만들다 / 사람이 힘을 합하면 못할 것이 없다
SBS 최후의 권력 5부 방송 내용 중에 유독 많이 등장하신 분이 바로 조숙영 관리이사님이다. 그 이유가 궁금하여 조숙영 이사님이 왜 이렇게 많이 나왔냐고 물어보니, 제작진이 보기에는 가장 많은 이야깃

조숙영 석관동 아파트 동대표
가장 무서워야 할 눈은, 주민의 눈이
항상 있다는 거죠. 뒤에는

SBS 최후의 권력 5부에 출연한 조숙영 관리이사

거리가 있었고 아파트에 저런 분이 몇 명만 있으면 좋을 것 같다는 생각이 들어서였다고 한다. 조숙영 이사님을 처음 본 느낌은 따뜻한 어머니의 인상과 함께 강단 있는 중년 여성의 풍모가 느껴졌다.

　나중에 안 일이지만 개인적으로 대학 선배이기도 한 조숙영 이사님은 서울의 봄과 광주민주화운동 시절인 1980년에 대학교에 입학했지만 시대의 흐름과는 한 발자국 떨어져서 그저 착실하게 얌전히 수업을 듣고 졸업한 여학생이었다고 본인을 소개했다.

"대학에 입학하자마자 수업을 못했어요. 학교는 아예 문을 닫았죠. 그래서 리포트로 수업을 대체하곤 했는데요. 지금도 잊지 못하는 게 돈암동에 있는 태극당에서 교수님들이 학생들을 몇 명씩 불러서 이야기를 하셨어요. '절대 시위하지 말아라, 절대 거기에 끼지 말아라' 하면서 관리를 하셨죠. 그때 저는 말 잘 듣고 리포트 잘 내던 얌전한 학생이었어요."

조숙영 이사님의 말에 따르면, 자신은 직장생활을 하면서 아들 하나 잘 되기를 바라면서 가정과 직장만 생각하던 평범한 가정주부였으며, 사회생활을 오래하긴 했지만 지금처럼 다수를 대표하는 일을 해 본 것은 처음이라고 한다. 그렇다면 조숙영 이사님은 40대 후반의 나이가 될 때까지 한 번도 해보지 않은 일에 왜 나서게 되었을까?

"아파트에 살면서 크고 작은 민원을 냈는데 받아들여지지 않으니까 화가 나는 거죠. 한두 번도 아니고 계속해서 받아들여지지 않으니까 저뿐만 아니라 주민들이 화가 났던 거예요."

직장을 다닐 때 가끔씩 관리사무소에 찾아가면 웬 연세 드신 어르신 한 분이 책상을 하나 갖다 놓고 런닝셔츠 차림에 마치 자기 집처럼 앉아서 민원 넣는 사람들을 빤히 쳐다보고 계셨더란다. '저 할아버지는 누구지?' 하는 궁금증 정도만 갖고 있다가 나중에야 그분이 동대표 회장이라는 것을 알게 되었다.

그러던 중에 조숙영 이사님이 세대별로 돌아가면서 하는 반장직을 맡고 있을 때 아파트 차원에서 무슨 일을 추진하려고 했는데 자신이 살고 있는 동이 반대가 많았다고 한다. 집집마다 다니면서 서명을 받은 서류를 제출했는데, 동대표 회장이라는 분한테 전화가 걸려 와서는 다짜고짜 "그 동은 왜 이렇게 반대가 많으냐"면서 서명지를 다시 줄 테니까 찬성을 받아오라고 했다는 것이다.

"그래서 저는 그렇게 못한다고 했더니 아주 유난스러운 동이라고 하면서 화를 내시는 거예요. 그 전까지도 불만이 쌓여 있던 중에 폭발하게 된 거죠. 저한테도 그랬으면 다른 동에도 그랬겠죠. 그 전부터 쌓여 있던 불만들이 모여서 아파트를 바꿀 수 있는 방법을 찾게 된 거죠."

그래서 젊은 사람들을 주축으로 마음 맞는 사람들이 모여서 비상대책위원회를 꾸리고 블로그를 만들어서 서로의 의견을 모았다고 한다. 주변에 주택학 박사 같은 전문가나 경험이 많은 사람들을 서로 추천해서 구성했는데, 당시 조숙영 이사님의 나이가 40대 후반이었음에도 가장 나이가 많은 축에 속했다고 한다. 40대 후반의 사람들이 모였다는 것 또한 아파트에서는 보기 드문 광경이었을 것이다. 사실 마음이 맞는 사람들끼리 만난다는 것 또한 어떤 면에서는 행운이라고 할 수 있다.

"진짜 코드가 맞고, 생각이 같은 사람들이 만날 수 있었다는 게 신기하기도 해요. 우리끼리도 서로 그랬거든요. '이거 정말 기적 아니야?'라고요."

'앞으로 예견되는 험난한 길을 정말로 가야 하나?', '이쯤에서 그만 멈추는 것이 낫지 않을까?'라는 수없이 많은 고민을 했지만 '옳다는 믿음'과 '언젠가는 바뀔 수 있다는 믿음'이 있었기에 아무런 대가 없이도 서로 버티면서 의지할 수 있었다고 한다.

동대표 선거를 치르기 위해서는 선거관리위원회를 꾸려야 하는데 비상대책위원회에서 후보를 내려고 하니까 기존의 대표들이 선관위를 해산시켜 버리는 등 다양한 우여곡절을 겪었다고 한다. 당시는 찬성-반대 서명만 받으면 가능할 때여서 아는 집부터 시작해서 밤에 몰래 다니면서 문어발식으로 서명을 받았다고 한다. 1998세대의 아파트에서 과반수의 찬성표를 받는다는 것이 쉽지는 않았을 텐데 결국 동대표를 만든 것이다. 그 후에도 몸싸움도 다반사였고 고소·고발은 일일이 다 기억도 하지 못할 정도로 우여곡절이 많았다고 한다.

"동대표 회장이나 동대표 구성은 인정하지 못한다는 고발도 당하는 등 법원까지 가는 일도 많았어요. 그런데 어쨌든 법의 심판은 맞게 내려지더라고요. 몸싸움 과정에서 쌍방폭행으로 약간의 벌금이 나오긴 했지만 저희가 진 건 하나도 없어요."

8대 동대표 회의가 출범했을 때 가장 먼저 한 일은 모든 주민들에게 설문지를 돌려서 '8대 동대표가 주민을 위해서 했으면 하는 일'에 대한 의견을 물은 것이었다. 그리고 아파트 현황을 정확하게 밝히고 개선하기 위하여 일주일에 한 번씩 새벽 1, 2시까지 회의를 했다고 한다. 당시 설문지 회수율이 40%가 넘었다고 하는데 보통 아파트 투표율이 20% 내외인 것을 보면 이 또한 상당히 높은 것이다. 설문 결과를 토대로 회계 감사도 진행하고 아파트 가운데에 있었던 테니스장을 놀이터로 바꾸기도 했다.

"그 테니스장은 10년 동안 높은 담을 쌓고 그들만의 세상이 펼쳐졌던 곳이에요. 그러니까 주민들이 얼마나 불편하게 다녔겠어요. 그 테니스장을 없앨 때 당시 동대표 회장이 맞아서 갈비뼈가 부러졌었어요. 그분이 지금도 아파트에 살고 계시거든요. 그 부부가 '최후의 권력'을 보고 울었다는 거 아니에요. '우리가 이렇게 했구나' 울면서 저한테 문자메시지를 보냈더라고요. 너무 벅차다고요."

그러한 과정을 통해서 '그들'만의 테니스장이 '우리'의 놀이터로 변화할 수 있었다.

그 다음으로 진행한 것이 중앙난방을 개별난방으로 바꾸는 일이었다. 처음에 그 일은 조숙영 이사님조차 불가능하다고 생각했다고 한다. 다른 동대표들과 함께 앞장서서 다니지만 '내가 이걸 왜 하지? 그만 둘까?' 하는 생각을 하루에도 수십 번씩 했다고 한다. 당시 개별난방 교체 과정에서 공정하게 진행하기 위해 주민 공청회를 열었는데 그 과정에 많은 사람들이 얻어맞기도 하고 협박도 받았다고 한다.

"여기에 또 평형 간의 갈등이 있는 거예요. 큰 평수에 사는 사람들은 똑같은 조건에서 더 따뜻했거든요. 작은 평수는 너무 추워서 전열기를 틀어놓고 사는데 말이에요. 이건 분명히 바꿔야 한다는 생각을 하고 여기저기 알아본 끝에 4억 5천만원에 아파트 전체를 다 바꿨어요. 그건 어디에서도 있을 수 없는 입찰이라고 하더라고요."

사실 그 가격에 입찰에 응한 업체에서는 비수기인 여름에 교체를 할 줄 알았는데 계속해서 지연이 되는 바람에 한겨울에 공사를 시작하게 되었다고 한다. 그리고 주민들의 의심을 불식시키기 위해서 보일러는 각 세대별로 각자 구입하는 방식으로 개별난방을 진행했다고 한다.

"그때 저는 우리 집 순서가 와도 '동대표니까 쟤 먼저 해 주네' 하는 소리를 듣기 싫어서 그 추위에 제일 늦게 했어요. 당시 동대표 회장이 저한테 문자메시지를 보냈어요. '제가 회장으로써 해드릴 수 있는 건 아무것도 없습니다. 다만 다른 동 끝나고 120동 할 때에 제일 먼저 해드릴 수는 있습니다.'라고 하시길래 지금까지 참았는데 며칠 더 못참겠냐고 답장을 보냈지요. 저는 이 말 안에 함축하고 있는 의미가 상당히 크다고 생각해요. 주민의 대표라면 당연히 갖추어야 할 덕목이라고 생각해요."

이렇게 수많은 소용돌이를 겪으면서 이제는 주민들의 가장 강력한 신뢰를 받게 된 것이다.

조숙영 이사님이 동대표를 하면서 가장 크게 느낀 점 중의 하나는 주민의 주머니에서 나간 관리비가 사실은 눈먼 돈이라는 것이다.

"나도 주민이잖아요. 내 재산은 같이 지켜야 하는 것 아니에요?"

가령 천만 원이라는 돈은 크지만 그것을 1,998세대로 나누면 한 세대가 부담하는 액수는 약 5,000원 정도라 체감을 잘 못하게 된다. 이런 사소한 무관심 속에서 우리도 모르는 사이에 아파트 관리비가 새어 나가고 있는 것이다.

사실 관리사무소에서 사용하는 종이 한 장, 볼펜 한 자루도 주민돈으로 구입하는 것이며 청소도구를 포함한 각종 용품들도 마찬가지다. 직원들이 필요하다고 올렸을 때 제대로 된 검토 없이 무조건 사줘서는 안 된다는 것이다. 사람들이 사소하게 여길 수 있는 부분까지 꼼꼼하게 확인하고 잔소리를 하면서 생각을 바꾸도록 하는 게 중요하다는 것이다.

"관리사무소만 해도 일을 안 하고자 하면 일이 없어요. 그러니까 끊임없이 숙제를 주고 일을 하게 해야죠. 방송 나가고 나서 댓글을 봤는데 '저 극성스러운 아줌마'라는 표현도 있더라고요. 사람들 괴롭힌다고요. 그런데 아니에요. 저희는 정당한 대우를 해드릴 거예요. 운영비는 깎으려고 하지만 월급을 깎지는 않아요. 일은 다른 데 보다 많을 수 있지만 오히려 월급은 조금이나마 더 많이 주고 있어요."

장경수 선임 PD의 말이 이렇게 아낀 돈으로 월급을 더 줬다는 내용을 방송에 꼭 넣고 싶었지만 못 넣었다면서 방송 프로그램 내용을 바탕으로 쓰고 있는 책의 내용에는 꼭 추가할 거라고 한다. 꼼꼼하게 감시하고 참여하면서 절약한 금액을 월급으로 되돌려주는 것이야말로 우리 사회가 기대할 수 있는 아주 긍정적인 미래라고 말이다.

"관리사무소 직원들의 급여를 깎는 것을 저는 이해할 수 없어요. 충분한 대우를 해주고 그 사람들로 하여금 충분히 일을 하게 하면 돼요. 그게 맞거든요. 최후의 권력에서도 잠깐씩 나갔지만 한 사람 한 사람이 힘을 합하면 진짜 못할 게 없는 거예요. 저는 그걸 직접 경험했잖아요. 의로운 정의라고 해야 할까요? 그건 반드시 이긴다는 것이 진리더라고요."

그러면서 국민들이나 주민들이 자기 권리를 위해 나서지 않는 것이 가장 안타깝다고 이야기하는 조숙영 이사님을 보니 SBS에서 왜 이 분을 방송에 등장시켰는지 알 것 같았다.

조숙영 이사님이 동대표 활동을 하면서 가장 힘들었던 점은 함께 사는 주민들에게 의심을 받는 것이었다고 한다. 몸이 힘든 것은 견딜 수 있었지만 같은 주민들끼리 서로 반목하고 의심하는 것은 견딜 수 없었다. '너희 돈 얼마 먹었어?', '그럴 거야', '그랬대'라는 말을 들을 때마다 내가 왜 이 일을 하고 있을까 하는 회의도 들었다고 한다.

이런 점은 나도 가끔 당하는 곤란함이기도 한데, 이번 SBS 방송과 관련해서도 'SBS랑 무슨 관계야?', '네가 일을 열심히 하고 잘 하는 건 알겠는데 그것만으로 해주지는 않았을 거 아냐'라고 묻는 사람들에게 '아니'라고 적극적으로 해명하기도 난감할 때가 있는 것을 보면 정치인이 아닌 이사님의 고충을 쉽게 짐작할 수 있을 것 같다.

조숙영 이사님은 동대표이기 이전에 주민이기 때문에 일을 할 때에는 자신의 목소리를 낸다고 생각하고 일을 해 왔다고 한다.

"제가 동대표 활동을 하니까 주민을 위해서 봉사한다고 하는 분들이 계시는데, 그건 아닌 것 같아요. 그냥 저도 주민이니까 같이 한다고 생각하는 거예요. 내 재산 지키고, 우리 동네와 우리 아파트 깨끗하게 하려고 하는 거죠. 결국에는 다 같이 가자는 생각에서 내가 조금 더 시간이 있으니까 남들을 위해서 조금 할애하는 거죠. 누구를 위해서도 아니고 나를 위해서 하는 거예요."

이 말은 정치를 하는 나에게도 참 중요한 시사점을 주는 이야기인데, 나 또한 '봉사'라는 말이 가진 시각을 조심해야 한다고 생각한다. 나 역시 내가 옳다고 생각하는 일, 내가 해보고 싶었던 일, 내가 도전하고 싶었던 일에 대한 자각을 가지고 구청장으로서 일을 할 수 있다는 것만으로도 너무 감사하며 이는 누구를 위한 일이기 전에 나를 위한 일이기 때문이다.

앞으로 심재철 회장님과 조숙영 이사님의 임기가 끝나고 더 좋은 사람들이 그 자리를 잇지 않으면 다시 예전의 모습으로 되돌아가는 것은 아닐까 하는 걱정이 들기도 하는데, 이에 대해 조숙영 이사님은 크게 걱정할 문제는 아닌 것 같다고 하였다. 이제는 어떤 사람이 와도 전횡을 하지는 못할 거라는 이야기이다.

"국민과 주민의 의식은 깨어 있거든요. 눈과 귀는 살아 있어요. 다만 말을 하지 않거나 어떻게 말해야 할지 모르는 것뿐이죠. 어떠한 일의 결과에 대한 심판은 분명이 있어요. 물론 일을 하면서 그 심판에

대한 두려움을 가져서는 안 되겠지만 결과는 분명이 있는 것이니까
요. 그렇기 때문에 다시 뒤로 갈 거라고는 생각하지 않아요. 저는 희
망적으로 봐요. 저희 아파트는 잘 될 거라고 생각해요."

에너지 절약 공동체로!

석관두산아파트가 지난 몇 년에 걸쳐 주민들과 신뢰관계를 구축해
온 과정에서 빼놓을 수 없는 것은 성북절전소 사업이다. '절약이 곧
발전'이라는 생각으로 시작한 전국 최초 절전소사업인 성북절전소는
일종의 에너지 절약 공동체로 에너지를 대량으로 소비하는 대도시형
에코사업의 모범이라고 할 수 있다.

이 에너지 절약 공동체가 여느 공동체 사업과 다른 점은 가구 단위
의 에너지 절감이 경제적인 이득으로 곧바로 이어진다는 것이다. 그
리고 개인 차원에서의 에너지 절약 활동을 마을 공동체 단위로 확대
한 것이라고 할 수 있다. 그만큼 현실적이기에 주민들의 관심과 참여
도 높다. 2012년에는 우리 구 절전소가 3개에 불과했지만 2013년에
25개가 늘어나서 현재는 28개의 절전소가 운영되고 있다.

서울시의 '원전 하나 줄이기' 공식보고서에 주요 사례로 언급되고
국내외 벤치마킹 사례가 될 정도로 호평을 받은 절전소는 사실 구청
에서 먼저 시작한 사업은 아니다. 바로 석관두산아파트에서 시작된
주민들의 자발적인 움직임을 정말 좋은 사업이라고 판단하여 구청에
서 체계화한 것이다.

전국 제1호인 절전소는 바로 '석관두산에코절전소'다. 심재철 회

마을공동체 '똘똘'
온 동네가 절전소

**공동주택형 등 28곳 지정
압력솥 쓰기 등 작은 실천
6개월간 1억원이상 아껴
마을단위 접근으로 효과**

서울 성북구가 마을공동체 활성화로 에너지 절감 효과를 톡톡히 보고 있어 눈길을 끈다.

성북구는 마을공동체 단위 에너지 절약 체계인 성북절전소를 통해 지난해 대비 3%의 절감 실적을 거뒀다고 24일 밝혔다. 올 4~9월 실적을 종합한 결과 전년 동기 대비 74만 1546kW를 줄였다. 금액으로 환산하면 1억원이다. 가정에서는 누진제가 적용되기 때문에 실제 절약 금액은 1억원을 훨씬 웃돌 것으로 분석됐다.

구는 지난해부터 전국 지방자치단체 최초로 '에너지 절약이 곧 발전(發電)'이라며 성북절전소를 운영하고 있다. 석관두산 아파트를 시작으로 지금까지 공동주택형 12곳, 주민커뮤니티형 16곳을 절전소로 지정했다. 구는 에코마일리제도 가입, 에너지클리닉서비스 참여, 공동주택형 지하주차장 발광다이오드(LED) 조명 설치, 행복한 불끄기 등을 이웃 간 협동해 절약에 참여하도록 독려하는 한편, 절전 우수 단체·개인을 선정해 인센티브를 지급하고 우수 사례를 발표하는 등 마을 간 경쟁을 유도해 왔다. 공동주택 절감률 1위는 래미안길음2차(−4.5%), 절감량 1위는 석관두산(18만 3819kW)에 돌아갔다. 주민커뮤니티 절감률 1위는 정릉3동(−10.1%), 절감량 1위는 청수골(2만 836kW)이었다. 개인 절전자 가운데 이광자 정릉2동절전소장의 경우 냉장고 대수 줄이기, 전기밥솥 대신 압력밥솥 사용하기, TV 대수 줄이기, 에어컨 사용 안 하기 등 불필요한 전기 사용을 자제해 에너지 사용을 절반이나 줄이기도 했다.

김영배 구청장은 "절전 참여와 실천을 개인이나 가정이 아닌 마을 단위로 접근해 효과를 보고 있다"며 "앞으로 더욱 내실을 기해 전체 가구 전기사용량 10% 줄이기 달성을 추진하는 등 온실가스 없는 성북구를 만들기 위해 노력하겠다"고 말했다. 홍지민 기자 icarus@seoul.co.kr

성북구가 추천하는 전기절약 방법
- 에어컨 전원을 빼거나 전용 스위치 내리기
- 냉장고 온도 설정(냉동실 −17℃, 냉장실 5℃)
- 무조건 HDTV 절전모드 설정해 놓기
- 외출 때나 잠자기 전 인터넷 관련 전원 끄기

에너지 절약공동체 성북 절전소 (서울신문. 2013.12.25)

장님을 중심으로 구축된 이 절전소는 그 후 성북구 절전소 사업의 모태가 되기도 하였다.

석관두산아파트의 전기절약 사업은 2012년 지하주차장과 승강기 내부의 등을 LED로 교체하면서 시작되었다. 전문가의 관점에서 공사계획을 세워서 처음 시공업체가 제시한 5억 원 견적서의 27%인 1억 4천만 원에 지하주차장 조명 1,459개를 형광등 40W에서 LED 20W로 교체하고 41대의 승강기 내부 조명도 LED로 교체하였다. 무엇보다 이제는 이를 통해 절감된 전기요금을 각 세대로 돌려주고 있어서 주민들의 큰 호응을 받고 있다.

"제가 원래 LED는 알고 있었고 관심도 있었어요. 그래서 아파트를 조사해 보니까 일년에 쓰는 전기량이 너무 많은 거예요. 제가 볼 수 있는 자리에 있으니까 그런 것이 보이더라고요."

아파트의 공용 전기 중 가장 많은 비중을 차지하는 것은 24시간 켜져 있는 지하주차장의 형광등이다. 전기 소비량이 클 뿐만 아니라 전구의 수명도 짧아서 자주 교체해 주어야 한다. 실제로 심재철 회장님이 조사해 보니 아파트를 처음 설계할 때에는 5,800개의 전등이 있었다고 한다. 그런데 전기 사용량이 워낙 많아두 개씩 있던 형광등을 하나씩 빼서 2,900개가 되고, 언제부터인가는 그것을 또 반으로 줄여서 1,450개가 되었다. 그러다 보니 이제는 조금 어두워져서 민원이 양쪽에서 발생했다고 한다. 한쪽에서는 밝게 해달라고 하고 다른 쪽에서는 전기요금 많이 나가니까 안 된다는 다툼이 벌어지던 중에 LED로 바꾸면 좋겠다는 생각을 한 것이다. LED는 적은 전력사용량으로도 밝은 빛을 낼 수 있으며, 이른바 '디밍시스템'(Dimming System)을 도입하면 자동차나 사람의 왕래가 없을 때에는 등이 꺼져서 전기 사용량을 70% 이상 줄일 수 있다. LED 디밍시스템의 장점은 이렇게 꺼진 상태에서도 CCTV 식별이 가능한 정도의 밝기가 유지된다는 것인데, 물체가 움직이면 그 움직임에 따라 등이 켜지는 시스템이다.

문제는 설치비용인데, LED 등의 수명은 5년 이상으로 형광등에 비해 10배 이상 길기 때문에 추가적인 교체 비용이 들지 않고 전기 절약으로 인한 공동 전기료 절감분만으로도 몇 년 안에 설치비용을 회수할 수 있다고 판단하였다.

동대표들끼리 모여서 진행을 했는데 어느 업체에서 당시에 에코사업이라고 해서 자신들이 투자를 많이 할 테니 5년 간 전기절약분에 해당하는 전기요금만 달라는 제안을 하였다. 아파트에서는 돈을 적게 쓰면서 5년 간 보장된다고 하니 괜찮겠다 싶은 마음에 비용이 얼마냐고 물어보니 5억 원이 든다고 했단다. 그래서 실제로 하려고 마음을 먹었다고 한다.

"그때는 동대표 된 지 6개월 정도 지나서 아직 잘 모를 때였는데요. 제가 울산으로 출장을 가 있는데 그 업체에서 전화가 한 통 왔어요. 저한테 제법 많은 돈을 준다는 거예요. 자기 업체를 선정해 달라고요. 저한테 제시했을 때에는 관리소장에게도 뭔가를 했을 것 같고. 그제야 '5억이라는 금액에 허수가 있구나' 싶었죠. 그래서 다 취소했어요."

다시 검토를 하고 시작해야겠다고 생각했는데 그러다 보니 2년 정도의 시간이 지체가 되었고 두 번째 동대표를 했을 때 다시 하게 된 것이다. 그때에도 반대하는 주민들도 많았고 전문가라고 나서는 분도 많았는데 동대표 회의를 할 때마다 '이거 왜 하는 거냐', '얼마나 먹었냐' 하면서 채근하는 것은 정말 당황스러웠다고 한다. 그때 심재철 회장님의 선택은 열린 생방송 회의였다. 검토한 내용을 다 공개하고 함께 토론할 테니 반대하는 주민들도 생방송하는 곳에 와서 하고 싶은 말을 다 하도록 한 것이다.

"크게 두 가지였죠. 하나는 이거 뭐 먹으려고 공사하는 것 아니냐, 아니면 이게 적정한 가격이냐 하는 것과 전기요금이 천 몇백만 원 나가는데 그것을 절감해 봐야 200~300만 원 정도밖에는 더 하겠느냐고 생각하는 거예요. 아직 실행이 되지 않은 상태에서 50~60% 절감된다는 이야기는, 저도 못했지만 그 누구도 못하잖아요. 그리고 '내가 이사를 갈 수도 있는데……' 하는 주민들의 반대도 많아서 설득하는 데 시간이 좀 걸렸어요. 동대표 회의에서 결정을 했는데 제가 워낙 회의석상에서 자료를 충분하게 내면서 설명을 했기 때문에 대부분 찬성했던 것 같아요. 그러니까 주민들 중에는 '다 짜고 한다'고 하는 분도 계셨지만 중요하지 않았어요. 회의하는 모습을 보면서 주민들이 반대 의견을 제시하면 그것을 제가 재반박 하면서 사람들이 판단을 하게 하는 것이 중요했죠."

당시 LED 교체와 관련된 회의만 서너 번을 했다고 한다. LED는 일체형과 교환형이 있는데 업체에서는 일체형을 좋아했다고 한다. 그 이유는 나중에 고장이 나거나 전구를 바꿔야 할 때 자기 업체의 제품으로만 교체할 수 있었기 때문이다. 현재 아파트에 설치된 것은 LED 형광등만 교체할 수 있는 것으로 다른 업체의 것으로도 교체를 할 수 있다. 여기에 소요된 비용은 1억 4천만 원으로, 일체형으로 했으면 거의 3억 원 정도가 들었을 거라고 하니 상당히 큰 가격차이다.

"일체형은 검증이 많이 되었는데 교환형은 검증이 잘 안 된 상태였어요. 주민들 중에는 5억 원에서 3억 원이면 그것도 많이 줄어든 것인데 리스크를 안고 갈 필요가 있냐고 하시는 분도 계셨어요. 그렇지만 원가를 줄이기 위해서 교환형을 선택하면서 검증도 많이 하고 토론도 많이 했죠. 제가 소위 과학자인데 과학으로 검증하면 되는 것을 사람들의 말이나 유언비어에 따라서 결정하면 안 된다고 생각했습니다."

그리고 또 하나의 문제, LED가 계속 켜 있는 것과 사람이 없을 때에는 꺼지는 것으로 할 것인가로도 주민들의 의견이 갈렸다고 한다. 전등을 끄면 당연히 전기는 아낄 수 있지만 어두운 주차장에서 차가 지나갈 때 갑자기 불이 켜지면 무섭다는 의견도 있었고, 아무것도 보이지 않으면 범죄의 가능성이 있다는 의견도 있었다.

"일어날 수 있는 모든 것을 검토하자고 해서 최종적으로 결정한 것은 5W 정도만 켜지게 한 것이었어요. 그 정도 밝기에서는 CCTV 카

메라에 다 보이더라고요. 주민들에게 누가 숨어 있어도 다 잡히니까 안심하라고 했지요. 그 기준도 우리가 과학적으로 이야기를 했어요. 센서도 각 등마다 하나씩 들어가면 비용이 많이 들어가니까 구역별로 설치를 했고요."

40W 형광등 1,450개가 일년간 사용했던 전기의 양은 약 5십만 kWh이고 LED 교체 시 연간 절전량은 최소한 약 36만kWh에 달하는데, 이것을 돈으로 환산하면 약 4천만 원의 공용 전기료가 줄어드는 것이다. 그렇게 되면 3년 6개월 만에 LED 교체시 소요된 공사비용을 모두 충당할 수 있고, 그 이후의 전기요금 절감액은 고스란히 아파트 주민의 이익으로 돌아가는 것이다. 산술적으로는 이와 같은 계산이 나온다.

그런데 석관두산아파트에서는 2012년 한 해 동안 공용전기요금을 1억 8천만 원까지 절약할 수 있었다고 한다. 지하주차장 LED 공사비용인 1억 4천만 원을 8개월 만에 회수할 수 있었고, 5년을 기준으로 보았을 때 나머지 4년 동안 추가로 약 7억 원 이상의 공용 전기요금 절감 혜택을 볼 수 있을 것이라고 하는데, 과학적인 예측을 훨씬 앞서는 이와 같은 결과는 어떻게 나오게 된 것일까?

여기에는 한국전력공사와의 계약방식 변경도 한 몫을 하였다. 아파트가 한전과 계약을 할 때에는 두 가지 방식이 있다고 한다.

"아파트에는 개별 전기가 있고 공용 전기가 있는데 공용 전기에 누진제를 붙일 수는 없잖아요. 그래서 개별전기에만 누진제를 붙이는 게 종합계약방식이에요. 그런데 단일계약방식이라는 것이 있더라고요. 개별전기와 공용전기를 합한 다음에 세대수로 나누는 거예요. 그리고 거기에 누진제를 적용하는 거죠. 그럼 전기요금이 너무 많이 나오잖아요. 그래서 22%를 할인해 주는 거예요. 그렇게 하면 종합계약이나 단일계약이나 전기요금이 거의 비슷하게 나와요. 그런데 아파트 중에 지하주차장이 없는 아파트가 있잖아요? 공용전기 사용량이 적으면 단일계약으로 했을 때 절감 효과가 엄청나요. 22%를 깎아주니까요. 저희가 지하주차장의 전기요금을 확 줄이니까 단일계약방식이 유리해진 거죠. 그것을 저희가 공부를 하다가 찾아냈어요."

단일계약의 경우 세대별 평균 사용량을 기준으로 누진제가 적용된 금액에 세대 수를 곱한 전기 요금 총액을 한전에 납부하기 때문에 각 세대가 얼마나 전기를 사용했는지는 중요하지 않다. 개별 부과 방식이 아니라 평균 부과 방식이기 때문이다.

심재철 회장님이 작년 여름 '동아사이언스'에 기고한 글에 따르면 한 달에 310kWh와 510kWh의 전기를 사용하는 두 집의 예를 들었을 때 세대별 전기 요금을 산정하여 합한 금액은 각자의 전기 사용량만큼 누진제가 적용되기 때문에 총 189,760원이 된다. 그런데 두 집에서 사용한 전기량인 820kWh를 평균한 410kWh에 누진제가 적용된 금액인 85,230원을 2배 하여 산출된 금액은 170,460원이다. 평균 부과 방식을 적용하였을 때 개별 부과 방식으로 요금을 산정할 때보다

19,300원의 전기 요금이 절약되는 것이다. 전기를 적게 사용하는 세대가 전기를 많이 사용하는 세대의 누진제를 완화시켜 주기 때문에 이런 현상이 나타나는 것이다. 각 세대는 자기가 쓴 만큼 전기요금을 내면 되기 때문에 이 차액을 공용 전기요금 부과액에서 차감해 주면 모두에게 공정하게 이익이 배분될 수 있는 것이다.

단일계약 방식에는 장점이 또 하나 있다. 전기를 많이 사용하는 세대가 절전을 하지 않아도 전기를 적게 사용하는 세대가 있으면 공용 전기요금이 함께 내려간다는 것이다. 예를 들어 전기를 적게 사용하는 세대가 월 60kWh를 절약했다고 가정했을 때 개별 부과 방식으로 산정했을 때에는 절전한 세대의 전기요금만 16,000원 줄어드는데, 단일 계약의 평균 부과 방식에 따르면 전체의 전기요금이 29,320원이 줄어들게 된다. 여기에서 절전한 전기요금 부과 차액인 16,000원을 제외하고도 추가로 13,320원의 전기요금이 줄어들어서 두 세대 모두에게 6,660원씩을 공동전기료 절감액으로 되돌려 줄 수 있게 된다. 내가 전기를 절약해서 내 이웃의 전기요금까지 아껴줄 수 있는 것이다.

"그런데 문제가 전혀 없는 것은 아니에요. 예를 들어 각 세대가 쓰는 전기요금을 22%씩 깎아주면 그 혜택은 전기를 많이 쓰는 사람들에게 다 돌아가요. 쉽게 말해서 같은 평수에 살면서 20만 원을 쓰던 사람들에게 20%는 4만 원이고, 2만 원을 쓰는 사람들에게 20%는 4천 원이잖아요. 그런데 아파트 입장에서는 손해에요. 우리는 평균을 낸 전기요금을 한전에 내지만 각 세대에 평균 요금을 걸을 수는 없잖아요. 쓴 만큼 걷어야 하는데 개별 가정에 단일 계약을 적용하면 20만 원에서 4만원을 깎은 16만 원밖에는 못 받게 되거든요. 그런 집이 많아지면 오히려 돈이 모자라게 되는 거예요. 예를 들어서 각 세대에서 1억 원을 걷었던 것에서 22%를 깎아주면 2,200만 원이 줄어드는데 결국 그것은 공용 전기요금에서 걷어야 하는 거예요. 그렇게 걷어야 하는 공용 전기요금이 각 세대별로 6천원이라고 했을 때 4만 원을 절약한 세대는 여전히 3만 4천 원 이익이지만 4천 원을 절약한 세대는 오히려 2천 원 손해를 보는 거예요. 공용 전기를 줄였음에도 불구하고 돈을 더 내야 하는 상황이 벌어지는 거죠. 그러다 보면 전기 요금이 많이 줄어드는 세대에서는 전기 과소비를 할 수도 있고요. 그만큼 요즘은 줄어드니까요."

그래서 생각해 낸 개선책은 각 세대가 내는 전기 요금은 바꾸지 말자는 것이었다. 아파트 차원에서 LED등으로 교체하고 한전과의 계약 방식을 바꾸더라도 각 세대가 내는 전기요금은 예전과 바뀌지 않도록 하고, 이를 통해 공용 부분에서 줄어든 만큼을 주민들에게 돌려주기로 한 것이다.

이 과정에서 심재철 회장님이 가장 중요하게 생각했던 것은 본인의 결정에 대해 단 한 명도 손해를 봐서는 안 된다는 것이었다고 한다. 사람들은 이익을 덜 보는 것은 참을 수 있지만 내가 단돈 천 원이라도 더 손해를 보면 화가 나게 마련이다. 어차피 내가 쓴 전기요금은 이전과 똑같이 내니까 불만도 없었다고 한다.

"2013년 8월이었는데 전기요금을 내고도 3천만 원이 남은 거예요. 그래서 2천 세대에 평균 만 오천 원씩 나눠 줬거든요. 그런데 제가 생각해 보니까 너무 많이 남는 거예요. 계산이 잘못됐나? 하고 제가 3일 동안 컴퓨터 앞에 앉아서 다시 계산을 해 봤거든요. 그러다가 이 '평균'의 비밀을 알게 된 거죠. 2천여 세대가 있는데 평균적으로 2Kwh만 줄어들어도 엄청난 결과를 가져오게 되거든요. 20~30kWh씩 줄인 세대가 몇 백 세대만 있어도 전체적인 평균이 확 떨어져요. 그래서 저희가 마이너스 전기료를 내는 달이 다섯 달 정도 있는데요, 특히 전기 사용량이 폭증하는 여름이나 1월에 돈이 굉장히 많이 남습니다."

처음에는 뭐가 달라지는지 잘 몰랐던 주민들도 관리비 고지서를 받은 뒤에는 심재철 회장님에게 수고했다고 격려도 해주었다고 한다.

"마침 구청에서 절전소 1호를 했잖아요. 그 행사를 하면서 주민들도 절전소에 대해 궁금해 하고 알기 시작하는 거죠. 절전소를 통해서 주민들에게 연간 돌아가는 금액이 평균 10만 원이 넘어요. 그게 작은 돈은 아니잖아요. 그러니까 작년부터는 구청하고 행사를 할 때마다 다들 찬성하고 도와줘요. 이제는 다른 뜻이 있다는 것을 의심하는 사람은 없어요. 그만큼 신뢰를 쌓게 된 것이죠."

아파트 입주자대표회의 연합회에 가입돼 있는 곳에서는 상당한 관심을 가지고 벤치마킹도 많이 해 갔다고 한다.

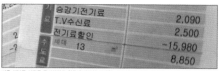

승강기전기료	2,090
T.V수신료	2,500
전기료할인	-15,980
세대 13	8,850

서울 성북구 석관동 두산아파트 입주자 대표인 심재철 씨의 8월 관리비 고지서. 심 씨는 전기료 할인으로 1만5980원을 돌려받을 수 있었다. 양회성 기자 yohan@donga.com

아파트 전기료 '−1만5980원'

공용전기 소비줄여 주민에 환급… 에너지절약 명소된 아파트

서울 성북구 석관동 두산아파트 108m²(33평)형에 거주하는 주민들이 24일 받아들 8월분 관리비고지서의 공용전기료 항목에는 '전기료 할인 −1만5980원'이 찍혔다. 18년 만에 찾아온 폭염으로 냉방기 가동이 늘어 '전기료 폭탄'이 예상됐던 8월에 이 아파트에선 무슨 일이 있었던 것일까.

● **LED로 교체하고 전기 계약 바꾸고**

지난해 초 아파트 입주자대표인 심재철 씨(42)는 신문을 보고 '공동주택의 전기료 지급'에 단일계약과 종합계약 등 두 가지가 있다는 걸 알게 됐다. 종합계약은 가구별로 부과된 전기료는 주택용 저압요금으로 내고 엘리베이터나 가로등의 공용전기료는 일반용 요금으로 내는 방식이다. 단일계약은 각 가구가 쓴 전기료와 공용전기료를 합산해 모두 주택용 고압요금으로 낸다. 주택용 고압요금은 저압요금보다 20% 정도 싸다.

심 씨가 시뮬레이션을 해보니 기존 종합계약이 돼 있는 아파트의 공용전기 사용량을 줄이면서 단일계약으로 전환하면 가구별 전기료를 줄일 수 있는 것으로 나타났다. 심 씨는 공용전기료를 줄이기 위해 전력 소모가 가장 큰 아파트 지하주차장 내 전등을 모두 발광다이오드(LED)등으로 바꾸자고 제안했다. 하지만 2000원짜리 형광등을 5만 원짜리 LED등으로 교체하는 데 드는 비용 탓에 주민들이 반발했다. 심 씨와 권칠균 관리소장은 3개월간 연구 끝에 등 '밝기

19일 오전 서울 성북구 석관동 두산아파트 관리사무소에서 권칠균 관리소장(오른쪽)이 심재철 입주자 대표에게 아파트 전기료 할인 내용을 설명하고 있다. 양회성 기자 yohan@donga.com

서울 석관동 두산아파트

주차장 형광등, LED로 교체
전기절약 가정엔 20만원 상금
한전과 전기계약 방식도 바꿔

자동제어 시스템'을 설치하면 1년 2개월 만에 LED 교체로 드는 1억4000만 원을 모두 회수할 수 있다는 결론을 내렸다. 심 씨는 권 소장과 주민들을 설득해 8월 중순 교체공사를 마무리 지었다.

결과는 놀라웠다. 1998가구인 이 아파트단지는 등 교체로 공동전기 사용량을 전년 대비 30%나 줄였다. 심 씨는 곧바로 한국전력과의 전기료 계약도 고압요금을 기준으로 하는 단일계약으로 변경했다. 효과는 당장 3월부터 나오기 시작했다. 가구당 월 평균 7000~9000원까지 나오던 공동전기료(33평형 기준)가 3월, 4월에는 1900원으로 줄었다. 전력 사용량이 늘어날 경우 절약한 만큼 각 가구에 돌려주는 구조. 막내 여름인 7월에는 0원, 8월에는 오히려 1만5980원을 돌려받았다. 심 씨는 "뭐가 달라졌는지 잘 몰랐던 주민들도 고지서를 받은 뒤에는 '수고했다'고 격려해주더라"고 말했다.

● **절전 명소로 탈바꿈**

두산아파트는 이 외에도 다양한 전기절약 프로그램을 운영하고 있다. 가구가 사용하는 전기료가 줄어야 단일계약에 따른 절감이 더 큰 효과를 볼 수 있기 때문. 심 대표는 7월과 8월 두 차례에 걸쳐 주민을 대상으로 전기절약 교육을 했다. 참석을 권유하기 위해 아파트 단지 상가에서만 사용할 수 있는 1만 원 상품권까지 만들어 나눠줬다. 각 가정에 에너지절약 지침을 담은 팸플릿도 배포하고 전기를 많이 절약한 가정에는 20만 원 상당의 포상을 했다. 이런 노력 덕에 7월에는 성북구가 선정한 1호 절전소에 선정됐다. 심 씨는 "다른 아파트에서 견학을 올 정도로 우리 아파트가 에너지 절약의 명소가 됐다"며 "우리 단지의 노하우가 널리 퍼졌으면 좋겠다"고 했다.

박진우 기자 pjw@donga.com

입주자대표 심재철 씨가 추천하는 전기절약 6가지 방법 심 씨 가정 내 가전제품 기준.　합계 49.88kWh 1만 3217원

항목	월 절약 전력량(kWh)	요금
에어컨 전원 빼기	2.88kWh	763원
TV 절전모드 4단계로 설정	16.5kWh	4372원
냉동실 -17℃ 냉장실 4℃ 유지	7.2kWh	1908원
전자레인지 전원 빼기	1kWh	265원
냉온정수기 전원 빼기	15kWh	3975원
컴퓨터·IPTV 셋톱박스와 인터넷 관련 전원 끄기	7.3kWh	1934원

절전소 운영으로 마이너스가 나온 관리비 (동아일보. 2012.9.21)

아파트 입주자 대표들마다 공통적으로 이야기하는 활동상의 문제점은 두 가지였다. 그 중 하나는 불신과 이권다툼이었다. 어떻게 보면 아파트 입주자대표들의 활동도 일종의 정치라고 볼 수 있는데, 반대파가 있는 경우에는 심재철 회장님이나 조숙영 이사님도 겪었던 것처럼 일하는 사람들에 대한 오해와 의심, 혹은 합리적 의심들이 있기 때문에 새로운 도전을 하기 어렵다는 것이다. 특정한 업체를 데리고 오면 일단은 '무슨 관계냐'면서 의심부터 받는 구조가 사람들을 주저하게 만든다는 것이다. 그리고 두 번째는 어떠한 사업을 펼칠 때 이를 끝까지 끌고 갈 수 있는 전문성이 없다는 것이다. 다행히 석관 두산아파트의 경우에는 전문성이 있었기 때문에 가능했던 것으로 생각된다.

사실 첫 번째의 신뢰 문제는 구청에서 적극적인 노력을 하면 어느 정도는 해결이 될 수 있을 것 같다. 그런데 두 번째, 전문성을 지닌 사람이 입주자대표 회장을 맡아서 처음부터 끝까지 맑은 눈으로 바라볼 수 있어야 하는데, 아파트의 주민이면서 전문가인 분들 중에 아파트 생활에 관심이 많은 사람을 찾기 힘들어서 현실적으로 극복이 어려운 측면이 있다. 이러한 문제는 지지와 반대의 문제도 아니며, 모든 사람들의 구체적인 생활적 이해관계 속에서 아파트 내의 리더들이 탄생해야 하고 주민들이 스스로 헤쳐 나가야 하는 문제이기 때문에 구청에서 지원을 하거나 강요할 수도 없는 문제이다.

그런 면에서 석관두산아파트는 신뢰의 문제와 전문성의 문제를 모두 극복했다는 측면에서도 상당히 흥미로우면서 의미있는 사례라고 할 수 있다.

Chapter 2

최초 성북,
도시를 혁신하는 사람들

한국 최초 유니세프 아동친화도시 선정

[유니세프 한국위원회 이현우 교육문화국장]

아동을 보호의 대상에서 시민의 권리를 가진 주체로

작년 11월 20일은 유엔아동권리협약이 1989년 11월 20일 유엔총회에서 채택된 지 24주년이 되는 뜻 깊은 날이면서 유니세프 한국위원회가 설립된 1994년 이후 20주년을 바라보는 해에 맞이하는 기념일이었다. 이 날을 기념하여 유니세프(유엔아동기금) 한국위원회 사무실에서 우리 성북구를 한국 최초 유니세프 아동친화도시로 선정하는 인증식과 더불어 배우 공유씨를 유니세프 아동권리 특별대표로 임명하는 뜻 깊은 행사를 개최하였다. 배우 공유 씨는 장애아동 인권 문제를 전 사회적으로 확산시킨 영화 '도가니' 제작을 직접 제안하고 무료로 출연까지 해 개인적으로도 무척 좋아하는 배우여서 더욱 뜻 깊은 자리이기도 하였다.

이 자리에서 유니세프 한국위원회 오종남 사무총장이 하신 말씀

중에 "이번에 성북구를 한국 최초로 유니세프 아동친화도시로 인증한 것을 계기로 유니세프 한국위원회에서 국내에서도 아동이 행복한 세상을 만들기 위해 아동권리 보호 사업에 더욱 많은 노력을 기울이겠다."라고 하신 말씀이 아주 인상적이었다.

이렇게 의미 있는 자리에 50만 성북구민을 대표하여 함께 할 수 있었다는 점에 무한한 자부심과 동시에 무거운 책임감을 느꼈다. 그리고 또 한편으로는 우리 구에서 지난 3년 여간 아동친화도시를 조성하기 위해 펼쳐 왔던 여러 노력들이 주마등처럼 머릿속을 스쳐갔다.

우리 구에서는 2011년 11월 전국 최초로 전담조직인 어린이 친화팀을 신설하여 '성북구 어린이 친화도시 조성에 관한 조례'를 제정하였으며 유엔아동권리협약에서 규정한 아동의 4대 권리인 생존, 보호, 발달, 참여의 권리를 기반으로 아동친화도시 종합 추진계획을 수

한국 최초 유니세프 아동친화도시 선정 (2013. 11)

아동친화도시 추진 전략 기자설명회 (2012. 2)

립하였다.

　우선 생존의 권리와 관련해서는 민선 5기 출범이후 서울시 최초로 친환경 무상급식을 실시함으로써 아동의 낙인감 문제를 해소하고 차별 없는 교육권리 실현을 위해 노력하였다.

　보호의 권리와 관련해서는 영유아 보육문제 해결을 위하여 믿고 맡길 수 있는 구립 어린이집을 26개소에서 올해 말까지 완공하는 것을 포함하면 총 43개소로 확충하였고 방과 후 돌봄 문제를 해결하기 위해서 전국 최초로 구립 방과 후 돌봄 센터와 방과 후 돌봄 서비스 종합 허브기관으로 성북아동청소년 센터를 개관하여 운영하고 있다. 특히, 방과 후 돌봄 문제와 관련해서는 이러한 우리 구의 모델을 토대로 민주당 남윤인순 의원이 '방과 후 아동청소년 돌봄 법안'을 대표 발의하기도 하였다. 또한, 통학로 안전을 위해 어린이 보호구역을

'고양시 세자매 사건' 관련 정책토론회
아동·청소년 돌봄제도의 문제점과 개선방안

남윤인순 의원 등 주최 '방과후 아동청소년 돌봄 법안' 관련 정책 토론회 (2013. 3)

대대적으로 정비하고 CCTV 통합관제센터를 설치·운영하여 학생들의 통학로 안전문제를 집중적으로 모니터링하고 있다.

발달의 권리와 관련해서는 보문동에 육아종합지원센터와 부모지원센터를 추진하여 올해 개관예정이고, 구청사 1층에 영유아를 위한 장난감 도서관을 새로 개관하였다. 그리고 북한산, 개운산 등 우리 구의 풍부한 자연환경을 활용하여 영유아들의 신체적, 정서적 발달을 지원하기 위해 유아 숲 체험장 및 숲 유치원을 3군데나 운영하고 있다. 그리고 초·중·고등학생의 학력신장 문제를 해결하고 사교육비 문제를 해결하기 위해서 대학생 멘토링 사업 및 자기주도학습지원센터를 운영하고 있으며, 구립 도서관도 민선 5기 출범 전 3개소에서 현재는 9개소로 대폭 확충하여 장서를 두 배나 확충하고 무인도서 대출반납기를 지하철역 등에 설치하여 집 가까운 곳에서 누구나 쉽게 책을 접할 수 있도록 하였다. 한편, 어린이·청소년들의 고민 상담을 통한 정서적 안정과 진로 및 직업체험 교육을 위해 성북청소년상담복지센터와 청소년진로직업체험센터를 새로 개관하여 운영하고 있다.

아동의 4대 기본권리 중 우리나라에서 가장 취약한 분야인 참여의 권리를 신장하기 위해 2012년에 어린이 구정참여단과 청소년 구정참여단을 구성하여 운영하였고, 2012년 5월에는 어린이 구정참여단이 단체 워크숍을 통해 어린이 권리선언문인 '성북구 어린이 가라사대'(뒤에 별첨)를 제정·발표하기도 하였다. 이와 같은 구정참여단을 좀 더 발전적으로 운영하기 위해 작년에는 어린이 의회 및 청소년 의회 관련 조례를 새로 제정하여 초등학생이 참여하는 어린이 의회와 중고등학생이 참여하는 청소년 의회를 구성하여 어린이·청소년의 참여권리 확대를 위해 노력하고 있다.

노력은 배신하지 않는다는 말이 이루어진 것일까? 작년 11월 드디어 한국 최초로 '유니세프 아동친화도시'로 공식 인증을 받은 것은 그동안 보호의 대상으로만 보았던 어린이·청소년을 이제는 권리의 주체로 당당히 인정하는 정책 패러다임의 전환을 가져왔다고 평가받았다는 점에서 매우 의미가 크다고 본다.

전 세계적으로 유니세프 아동친화도시로 인증된 도시는 30개국 1,300개나 있지만 우리나라에서는 우리 성북구가 최초이다. 필리핀 같은 경우만 해도 해마다 그 해의 우수 아동친화도시를 선정하는 등의 다양한 활동이 펼쳐지고 있다는 점에서 유니세프로부터 한국 최초로 공식 인증까지 받고 나니 더욱 막중한 책임감이 드는 것은 어쩌면 당연한 것이리라.

유니세프 한국위원회와 아동친화도시 추진

사실, 임기 초반부터 아동친화도시 조성을 목표로 추진한 것은 아니었다. 어린이·청소년 정책을 추진하는 과정에서 다양한 사례를 공부하고 논의하던 중에 유니세프에서 아동친화도시 사업(Child Friendly Cities)을 전 세계적으로 펼치고 있다는 것을 알게 되었다. 취임 직후 '교육 1번지 성북'을 제 1의 과제로 내세우면서 서울시 최초로 친환경 무상급식을 모범적으로 선도하고 있던 중 방과 후 아동의 종합 돌봄 체계가 절실하다는 이태수 교수의 제안과 국내에 없는 아동친화도시를 종합 추진해 보자는 김경희 유니세프 국장님의 제안을 수용하여 성북구 어린이 친화도시 추진위원회를 2012년 1월에 구성하면서 자연스럽게 유니세프와 함께 아동친화도시 사업을 전개해 나가게 된 것이다.

아동친화도시 인증 이후에 현재 유니세프 한국위원회의 교육문화국장으로 계신 이현우 국장님과 이야기를 나눌 기회가 있었다.

"유니세프 한국위원회에서 아동친화도시 사업을 알게 된 지는 굉장히 오래됐고 이런 것을 해봤으면 좋겠다는 생각도 막연하게 하긴 했었어요. 그런데 실제 아동친화도시의 구체적인 사업을 국내에서 해보자는 이야기는 없었거든요. 아마도 김경희 국장께서 성북구 어린이 친화도시 추진위원회 위원으로 참여하여 여러 제안도 해주시면

성북구 청소년의회 본회의 장면 (2013. 8)

서 자연스럽게 성북구와 함께 아동친화도시 사업을 본격적으로 전
개하게 된 것 같네요."

아동친화도시는 유니세프의 활동을 인류 보편적 차원으로 확장시
킨 유엔아동권리협약의 탄생과 관련이 깊다. 그동안 어린이와 청소
년은 보호의 대상으로만 여겨졌을 뿐 권리의 주체로는 인식되지 않
았다. 그러던 중 1989년에 어린이 인권에 관한 모든 내용을 집대성
한 유엔아동권리협약이 유엔총회에서 채택되면서 새로운 개념이 생
겨났다고 할 수 있는 것이다.

1946년 2차 대전 직후에 전쟁고아를 돕기 위해 한시적으로 활동했
던 유니세프는 전쟁의 폐해가 어느 정도 복구된 1953년부터 유엔의

구청장실에서 만난 유니세프 한국위원회 이현우 교육문화국장 (2013.11)

상설기구가 되어 전 세계 어린이를 돕는 새로운 임무를 수행하게 되었는데 당시 우리나라는 가장 큰 수혜국가 중 하나였다.

　1953년 1인당 국민소득이 겨우 67달러로 세계에서 가장 가난한 나라 중 하나였던 우리나라는 한국전쟁 직후 유니세프로부터 약 2,300만 달러를 지원받았는데 수출 1억 달러를 달성한 때가 1964년이었던 것에 비추어 보면 당시 그 금액은 엄청나게 큰 돈이었다. 지금도 어르신들 중에는 그 시절에 먹었던 우유를 기억하시는 분들이 계실 것이다.

　이처럼 유니세프로부터 지원을 받던 우리나라에 유니세프 한국위원회가 탄생한 것은 1994년 1월 1일이다. 신생독립국이자 후진국으로 전쟁의 참화를 겪고 선진국에서 주는 구호품을 지원받으면서 자란 세대들이 경제 성장을 이끌어 나가면서 나눔을 실천할 수 있게 된 것이다.

"수혜국에서 원조국으로 바뀐 때가 1994년인데, 그 해에 대한민국에서 모은 기금액수가 351만 달러였어요. 첫 데뷔치고는 굉장하다고 해서 당시 한국위원회 임원진들이 세계가 모인 총회에 가서 박수를 받았어요."

그때만 해도 우리나라에 보이는 관심은 '신생국인데 참 잘한다.'는 정도였는데 그 후로 20년이 흐르는 동안 위상이 상당히 높아졌다고 한다. 2012년에는 유니세프에 기여한 총 모금액수가 세계 4위까지 올라가면서 대한민국이 굉장히 중요한 나라라는 인식을 하게 된 것이다. 실제로 유니세프 본부에서 제시하는 기금 모금 전략을 가장 성공적으로 정착시킨 곳도 우리나라여서 이제는 본부에서 광고비를 지원해 줄 정도라고 한다.

현재 유니세프 한국위원회에서 직접 지원하고 있는 나라는 북한을 포함해서 20개국 정도라고 하는데 북한의 평양에도 유니세프 사무소가 있어서 본부에서 파견한 직원들이 상주하고 있다는 것은 이번에 처음 알게 되었다. 지원금은 대체로 어린이 보건사업이나 교육 사업에 활용된다고 한다.

후진국과 선진국에서의 유니세프의 활동은 다른 방향으로 펼쳐지는데 후진국에서는 생존권과 보호권을 지켜주는 것이 급선무라면 선진국에서는 발달권과 참여권을 지키는 활동, 다시 말해 현재 우리 구가 하는 것과 같은 활동을 많이 한다. 학교의 경우에는 어린이 권리 지킴이 학교와 같은 프로그램도 있다고 한다.

"권리라고 하면 참여를 많이 생각하는데요. 어린이가 생명을 유지하고 예방접종을 받는 것을 권리라고 이해하는 사람들은 별로 없어요. 특히 우리나라에서는 아동 권리라는 것에 대한 사람들의 인식이 약한 편이거든요. 권리와 인권의 어감이 다르잖아요. 저희가 인권이라는 말을 가능하면 안 쓰는 이유가 있는데, 그 말을 들으면 뭔가 침해당한다는 느낌, 아이들이 학교에서 시위하는 느낌으로 받아들이는 경우가 많아요. 참여권을 그런 방향으로만 인식하다 보니까 '아이들이 무슨 참여냐'고 하시는 분도 많죠."

아직은 갈 길이 먼 한국 최초 아동친화도시

유니세프 한국위원회는 20년 동안 펼쳐온 활동을 기반으로 향후 20년의 새로운 계획을 수립하고 있는데, 지금까지 기금 업무에 치중했다면 이제부터는 이와 함께 아동의 권리 신장을 두 개의 큰 축으로 삼아 사업을 전개할 계획이라고 한다. 후진국 어린이들을 돕기 위한 기금 모금은 물론 아동친화도시 지정 사업을 확대하고 아동권리지킴이 학교를 선정하는 등 우리나라의 아동문제에 대해 눈을 돌리는 계기로 삼겠다는 것이다.

이러한 가운데 우리 성북구가 어찌 보면 영광스럽게도 유니세프 한국위원회가 인증한 최초의 아동친화도시로 지정을 받은 것이다.

이에 대해 이현우 국장은 성북구가 최초이기 때문에 다른 자치구에서 보고 배울 수 있는 일종의 모범케이스가 되어야 하며, 성북구만큼은 해야 아동친화도시가 될 수 있다는 하나의 기준이 되어야 한다고 하였다. 더불어 지금까지의 노력보다 앞으로의 노력이 더욱 중요한데 향후 아동친화도시에 대한 평가를 다시 하게 되었을 때 더욱 좋은 평가를 받을 수 있도록 노력해야 할 것이라고 당부하였다.

"지금 외국에서도 성북구에 견학을 오겠다고 하거든요. 그들이 여기에 와서 한국의 아동친화도시는 정말 배울 게 많다고 생각하고 자기 나라에 돌아가서도 성북구를 기준으로 아동친화정책을 추진할 수 있으면 좋겠어요."

아동 권리 분야에서 가장 중요하지만 가장 늦게 준비한 분야는 '참여의 권리' 부분이다. 어린이는 어린이 스스로, 청소년은 청소년 스스로 정책을 입안할 수 있는 주체라는 점을 '어린이·청소년 구정참여단'과 '어린이·청소년 의회'를 통해 실현하고자 했지만 솔직히 아직도 가야 할 길은 너무도 멀다고 생각한다. 올해에는 '청소년 정책 창안대회', '학생참여예산제', '어린이·청소년 참여예산제' 등을 실시하는 등 어린이·청소년들이 직접 정책을 제안, 집행, 평가하는 시도를 다양하게 해보려 한다. 이 밖에도 전국 최초로 '아동영향평가' 제도를 시행함으로써 아동친화도시의 좀 더 구체적인 토대를 구축하기 위해 노력할 생각이다.

"학생회나 의회 등 학교활동에 참여하는 것도 중요하지만 부모님이
가정에서 아동을 참여시키는 것도 중요한 것 같아요."

가정 안에서 펼쳐지는 작은 일부터 아이들에게 참여권을 주는 것
이 중요하다는 말이다.

"이런 말이 있죠. '부모'는 친구와 함께 가라고 하지만, '학부모'는
친구를 밟고 앞서 가라고 한다고요."

아이들이 전인격을 가진 시민으로 성장하기를 바라는 부모와 입시
지옥을 경쟁해서 뚫고 나가기를 바라는 학부모의 대비가 왠지 서글
프게 보이는 것은 쉽게 답을 찾기가 만만치 않은 우리네 현실 때문이
기도 하겠다는 생각이 든다.

"유니세프에서 시범적으로 아동권리지킴이 학교를 선정하면 그것
도 성북구에서 먼저 나왔으면 좋겠어요."

이현우 국장의 말을 듣고 보니 개인적으로도 욕심이 생기는데 초·
중·고등학교에서 교사와 학부모, 학교 운영위원회가 동의한 가운데
아동권리지킴이 학교를 준비하고 유니세프의 조언을 받아서 지정을
받을 수 있도록 노력하면 좋은 결과가 나올 것 같다는 생각이 든다.
유니세프 한국위원회가 아동권리지킴이 학교에 대한 평가 기준을 미
리 갖춘 가운데 그에 맞춰서 학교가 변화할 수 있도록 '유니세프 학

생위원회', '유니세프 학부모 모임' 등을 구성하여 참여 부분을 강화하고 지원해 나간다면 멀지 않은 시간에 가시적인 성과도 볼 수 있지 않을까? 더 나아가 폭력이나 왕따 문제를 해결하는 데에도 큰 효과가 있지 않을까 하는 바람도 더불어 가져본다.

이현우 국장이 가장 보람을 느꼈던 순간은 수혜를 받은 현장에서 그 변화를 눈으로 직접 확인했을 때라고 한다.

"옛날에 에티오피아에서 안성기 씨가 찍은 사진이 있어요. 갑자기 물이 하늘로 솟구치는 그 사진만 봐도 기분이 좋거든요. 유니세프가 펌프나 학교를 만들어 주면 아이들이 정말 기뻐하면서 우리에게 '땡큐' 하는 퍼포먼스를 할 때에는 정말 가슴이 뭉클하죠. 예전에 유니세프 한국위원회가 직접 지원한 돈으로 아프리카 짐비아에 지은 학교에 가봤는데요. 마을 사람들이 모두 나와서 축제처럼 좋아하는 모습을 보면서 너무 큰 보람을 느꼈어요."

우리 구에서도 지역 유지들이 힘을 모아서 인도의 달리 지역에 불가촉천민(다른 신분의 사람들과 닿는 것조차 금지되어 있는 인도의 최하층 신분)들을 위하여 학교를 건립하는 프로젝트를 진행하고 있는데, 그 곳에 학교가 다 지어지면 위와 같은 가슴 뭉클한 보람을 느낄 수 있을 것 같다.

우리 구가 지난 2, 3년 동안 아동의 권리향상을 위해 달려온 가운데 유니세프 한국위원회가 새로운 20년을 내다보면서 해외 기금 마련 활동뿐만 아니라 국내 활동에도 집중하겠다는 것은 듣던 중 반가운 이야기가 아닐 수 없다. 더불어 지금까지 쌓아온 기반을 바탕으로 앞으로도 아동들이 더욱 안전하고 행복한 성북구를 만들기 위해 더욱 무거운 책임감을 가져야겠다는 다짐을 해본다.

[성북구 어린이 가라사대][*]

우리들은 성북구라는 보금자리에서 행복한 미래를 꿈꾸며 건강한 지구촌 시민으로 자라기 위해 다음과 같이 생각을 모았습니다.

1) 충분히 쉬고 마음껏 뛰놀고 싶어요.
  ▪친구들과 어울리고 쉴 시간과 공간이 더 필요해요.
  ▪우리도 게임에만 매달리지 않고 공부도 열심히 할게요.

2) 보호받으며 안전하게 자라고 싶어요.
  ▪부모님의 관심과 대화가 더 필요해요.
  ▪부모님의 형편에 상관없이 건강하게 자랄 수 있도록 해주세요.
  ▪학교폭력과 왕따, 학대로부터 보호받고 싶어요.

* 성북구 초등학생 30명으로 구성된 「성북구 어린이 구정참여단」이 직접 작성하고, 유니세프 한국위원회와 성북구 어린이친화도시 추진위원회의 최종 자문을 거친 「성북구 어린이 권리선언」의 명칭을 미래의 주인공인 어린이를 높이고 이들의 목소리를 어른들이 최대한 존중한다는 의미에서 '성북구 어린이 가라사대'로 정함

▷도움 받을 곳이 있었으면 좋겠어요.

▷우리도 폭력을 당하는 친구들을 외면하지 않고 도와줄래요.

3) 안전한 환경에서 살고 싶어요.

- 담배연기나 매연을 마시지 않게 해주세요.

- 놀이터, 학교, 골목길 안전을 지켜주세요.

- 우리도 쓰레기를 함부로 버리지 않고 일회용품 사용을 줄이
  겠어요.

4) 건강한 먹거리를 먹고 싶어요.

- 깨끗하고 좋은 재료로 급식을 만들어 주세요.

- 불량식품을 팔지 마세요. 우리도 사먹지 않을 거예요.

5) 의견을 표현하고 존중받고 싶어요.

- 학교와 구청 웹사이트나 소식지에도 어린이의 의견을 담아
  주세요.

- 우리도 다른 사람의 이야기를 귀담아 들을래요.

6) 차별받지 않고 공정하게 대우받고 싶어요.

- 장애인이나 다문화가정 친구들도 특별한 어려움 없이 자랄
  수 있도록 해주세요.

- 우리도 피부색과 외모, 장애를 이유로 친구들을 놀리지 않을
  거예요.

- 어린이권리, 다문화, 세계시민교육을 어린이와 어른들이 함
  께 받아야 해요.

나의 권리가 소중하듯 다른 사람의 권리도 소중히 여기겠습니다!

지방정부 중심의 통합적
방과 후 돌봄체계를 구축하다

[정인교회 이철웅 목사]

방과 후 돌봄을 지역과 마을에서

지난 2012년 11월 교육부에서 주관하는 제4회 방과 후 학교 대상에서 우리 구가 전국 지방자치단체 중 최우수 기관으로 선정되고, 2013년 11월에는 유니세프(유엔아동기금)로부터 한국 최초로 아동친화도시로 선정되는 영예를 안게 된 데에는 아동 돌봄 분야에서 추진한 방과 후 돌봄체계 구축 정책의 역할이 컸다.

나도 두 남매를 키워봐서 절실히 느껴봤지만 아이를 키우는 것이 결코 쉬운 일은 아니다. 특히, 맞벌이 가구의 경우에는 더욱 그러하다. 그나마 영유아 때에는 집 가까운 곳의 어린이집에 보내면 되지만, 초등학교에 입학하면 방과 후에 믿고 맡길 만한 곳이 거의 없는 것이 우리의 현실이다.

우리나라 아동 돌봄 체계에는 크게 두 가지의 문제점이 있다. 하나는 절대 공급이 부족하다는 것이고 두 번째는 서비스 공급이 분절적이며 주체간 협력이 안 된다는 것이다.

초등학교 내에 교육부에서 주관하는 돌봄 교실이 있고 각 지역마다 보건복지부에서 주관하는 민간 지역아동센터가 있기는 하지만 수요에 비해 턱없이 부족한 형편이다. 전국적으로 방임아동이 97만 명을 넘는다는 통계가 나오기도 했는데, 현재 우리나라의 방과 후 돌봄 서비스 체계로는 이 아이들을 제대로 보살피기 힘든 것이 현실이다. 더불어 기존의 방과 후 돌봄 시설은 주로 취약계층 아동을 대상으로 하고 있고, 그나마도 보건복지부와 교육부, 여성가족부 등으로 관리 체계가 나뉘어 있어 국민기초수급자 선정 기준을 넘어서는 맞벌이 가구의 아동 중에는 그저 학원을 전전하거나 돌봄의 사각 지대에서

제4회 방과후 학교 대상 최우수 기관상 수상 (2012.11)

방치되는 경우가 발생하는 것이다. 바로 이 점이 상당한 가구에서 방과 후 학원비, 즉 사교육비를 과다하게 지출하는 원인이 되고 있다.

우리 구에서는 이러한 문제를 해결하기 위하여, 맞벌이 가구 아동을 포함하여 방과 후 돌봄이 필요한 아동은 모두 보편적인 돌봄 서비스를 받을 수 있는 방안을 모색하였고, 그 첫 결실로 2012년에 전국 최초로 구립 방과 후 돌봄 센터를 설치·운영하게 된 것이다.

관련 법적 근거를 마련하기 위해 '성북구 아동복지시설 설치에 관한 조례'를 제정하고, 2011년 서울시로부터 4억 원의 특별교부금을 받아서 민간 방과 후 돌봄 시설이 전무했던 길음 뉴타운 지역에 제1호 구립 방과 후 돌봄 센터를 설치하였다. 마침 우리 구의 이러한 계획을 보건복지부에서도 적극 수용하고 지지하여 2012년 지역아동센터 지원 지침을 개정하고 구립 방과 후 시설에도 국비 및 시비로 운영비를 받을 수 있도록 지원해 주었다.

그런데 막상 구립 방과 후 돌봄 센터를 설치하려고 하니 당장 건물을 찾는 문제부터 난관에 부딪혔다. 아파트 1층을 임대하려고 하였으나 임대비용이 만만치 않았고, 예산에 맞추어 30평형대를 임차하려고 하니 규모가 너무 작아서 정원이 최대 29명을 넘을 수 없다는 점이 준비 과정에서 문제로 지적되면서 계획을 전면 재검토해야 하는 상황까지 직면하게 되었다. 그러던 중 길음 뉴타운 지역에 공간 여유가 있는 신축교회가 많다는 점에 착안하여 종교시설 활용 방안을 적극 모색해보자는 제안이 나오게 되었다.

구청장실에서 만난 정인교회 이철웅 목사 (2014.1)

이때 만나게 된 분이 바로 정인교회의 이철웅 목사님이었다. 이런 것을 두고 예정된 만남이라고 하는 것일까? 내부 인테리어를 추가로 손 댈 필요도 전혀 없는 최신식 신축교회의 건물 4층을, 그것도 장기 무상 임대로 활용하도록 선뜻 허락해 주심으로써 난관에 봉착해 있던 보편적 아동 돌봄 체계 구축 사업이 일시에 활로를 찾는 놀라운 상황으로 바뀌게 되었다.

이것을 계기로 방과 후 돌봄 시설이 절대적으로 부족했던 석관동에 단독 주택을 매입하여 2012년 9월에 제2호 구립 방과 후 돌봄 센터를 설립할 수 있었고 삼선동 새마을금고와 종암 중앙교회에서도 건물을 장기 무상임대해 주어서 제3호와 제4호 방과 후 돌봄 센터를 개관함으로써 현재는 권역별 1개소씩 총 4개소의 구립 시설을 운영

전국 최초 길음동 구립 방과후 돌봄센터 개관식 (2012.2)

할 수 있게 되었다. 이렇게 우리 성북구가 전국 최초로 구립 방과 후 돌봄 센터를 운영하게 되고 짧은 기간에 4개소까지 확대할 수 있었던 데에는 정인교회 이철웅 목사님의 도움이 결정적이었다.

정인교회 이철웅 목사님과의 만남

길음 뉴타운 한가운데 지하 1층, 지상 4층 규모로 세워진 정인교회는 1963년에 처음 설립되었다고 한다. 원래는 지금보다 작은 규모였는데 길음동 지역이 뉴타운으로 개발되면서 현재의 자리에서 신축하여 2011년 초에 입당하였다. 이철웅 목사님이 2008년 9월에 담임목사로 처음 오셨을 때에는 신도수가 많지 않았는데 현재는 6배 이상 증가하였고 지금도 계속 늘어나고 있다고 한다.

내가 목사님을 처음 만난 것은 2011년 12월인데, 우리 구에서 전국 최초로 구립 방과 후 돌봄 센터를 추진할 당시 447㎡나 되는 교회 4층 공간을 장기 무상 임대해 준다고 하여 구청장실에서 협약서를 체결할 때였던 것으로 기억한다. 처음 목사님을 만났을 때 첫인상은 꼿꼿한 선비의 이미지를 갖고 계셨는데, 짧지 않은 시간 말씀을 나누어 보니 역시나 남다른 깊이가 느껴지는 분이었다.

2012년 2월 8일 개관을 준비하면서 정인교회를 처음 방문했을 때 가장 인상적이었던 것은 다른 교회와 달리 1층을 카페로 꾸며서 주민들이 아무나 와서 커피를 마실 수 있도록 개방하고 있다는 점과 2, 3층의 교회 본당을 복층으로 설치하고 좌석과 조명을 마치 콘서트홀처럼 꾸며서 문화공연도 가능하도록 운영하고 있다는 점이었다.

설계 때부터 꼼꼼하게 계획되었다는 이와 같은 효율적인 공간 배치는 교회당에 대한 목사님의 철학 때문이라고 한다. 예로부터 교회당에는 성전과 회당이라는 개념이 동시에 있는데 현대의 교회당은 성전이 아닌 회당이 되어야 한다는 것이다.

"성전이라는 것은 예루살렘의 성전이라는, 하나님께 예배드리는 아주 거룩한 예배당이라는 개념입니다. 그런데 이스라엘 백성들이 세계 많은 곳에 흩어져 살지 않았습니까? 그러니까 예루살렘 같은 성전을 짓지 못하고 회당을 지은 거예요. 모여서 예배드리고, 교육하고, 만나는 장소로 말이죠. 우리나라에서만 봐도 전통적으로 거룩하게 지어놓은 교회들은 성전 개념의 예배당인 셈인데요, 우리는 회당의 개념을 가지고 있는 거죠."

또, 목사님은 예배를 보는 본당 위에는 어떠한 건물도 올라가서는 안 된다는 고정관념들이 있다 보니 보통 본당을 하늘과 소통한다고 하여 크게 짓기도 하고 지붕을 둥근 모양의 돔 형식으로 하는 경우가 많다고 이야기하셨다. 그러다 보면 나머지 공간들은 현저히 줄어들게 되는데 최근 들어서는 많은 교회들이 이와 같은 고정관념에서 조금씩 벗어나 다양한 양식을 추구하면서 실용적인 변화를 꾀하고 있다고 전하시기도 하였다.

"4층 방과 후 돌봄 센터를 보셨으니 잘 아시겠지만 방을 여러 개로 만들고 방 하나하나를 목적에 맞게 설계하고 인테리어를 했습니다. 그래서 구청에서 방과 후 돌봄 센터를 한다고 했을 때에도 건물에 거의 손을 댈 필요가 없을 정도로 각종 내부 시설이 이미 잘 갖춰져 있었던 거죠."

목사님은 대학에서 처음에는 경제학을 전공했다고 한다. 그래서인지 평소에도 항상 최소비용으로 최대효과를 도모하는 효율성을 많이 고민하게 된다고 한다. '주일에는 사람들이 모이지만 평일에는 비어있는 공간을 어떻게 하면 지역사회와 함께 나누고 사람들을 오게 할수 있을까?'에 대한 고민 속에서 현재와 같은 정인교회의 모습이 탄생한 것이라고 할 수 있겠다.

"제가 강남구의 한 교회에서 10년 가까이 부목사로 있었는데요. 제가 근무했던 교회 옆에 호텔이 있었는데 1층 로비가 너무 마음에 드

정인교회 1층 북카페

는 거예요. 자연스럽게 사람들이 모여드는 공간으로 교회도 이랬으면 좋겠다는 생각을 했었죠. 우리교회는 예배를 마치는 주일날 오후가 되면 마치 대가족이 모여 있는 것 같아요. 1층 카페에서는 할아버지, 할머니, 친구 분들이 이야기를 나누시고, 맨 위층에서는 아이들 우는 소리가 들려오고요."

종교기관의 사회적 역할에 대해

목사님이 정인교회로 오시기 전에 근무했던 강남구 역삼동의 청운교회는 지금도 신도가 5천 명 정도 모이는 대형교회로 자체적으로 운영하는 유치원도 있었고, 강남구청에서 위탁받아 운영하는 구립 어린이집도 있었다고 한다. 그래서 구립 방과 후 돌봄 센터와 같은 아동복지시설을 운영하는 것이 전혀 낯설지 않았다고 한다.

우리 성북구도 민선 5기 출범 당시에는 구립 어린이집이 26개소에 불과했는데 올해 신설하는 것까지 모두 포함하면 14개소가 더 늘어나서 총 43개소의 구립 어린이집을 운영하게 된다. 아마도 전국에서 국공립이 가장 많이 늘어나는 자치단체 중 하나가 아닐까 싶은데 그 힘은 민간과의 협력, 그 중에서도 단연 종교기관과의 협력이라고 할 수 있다. 신설되는 17개소의 구립 어린이집 중 5개소는 사찰과, 그리고 6개소는 교회와 MOU를 체결하고 짓고 있는데, 이렇게 보면 지역사회의 커뮤니티를 강화하는 데 있어서 종교기관이 정말 중요한 역할을 하고 있다는 것을 알 수 있다.

대도시에서는 지역사회에 뿌리를 가지고 좋은 뜻과 목적으로 활동하려는 사람들이나 단체가 생각보다는 많지 않으며 특히, 잦은 전출입으로 인해 공동체가 제대로 정착하기 어려운 여건에 처해 있는 것이 현실이다. 더욱이 요즘과 같이 자치단체의 재정 여건이 열악해지는 상황에서는 정인교회와 같은 종교기관이 지역사회의 복지 증진을 위해 참 많은 일을 해주고 있다는 점에서 정말 감사한 마음을 갖지 않을 수 없다.

처음 만난 자리에서 목사님은 '구청장은 선거제인데 교회와 일을 하다가 불이익을 볼 수도 있지 않겠느냐'고 내게 물으신 적이 있다. 그때 나는 '무교이기 때문에 관계없습니다.'라고 말씀을 드렸던 기억이 있는데, 아마도 이러한 협력이 오히려 구청장의 종교 편향성으로 오해될 수도 있지 않을까 하는 점을 우려하셨던 것 같다. 목사님의 걱정 어린 질문에 참 사려 깊고 겸손한 분이라는 생각이 들었다.

"정부는 모든 것을 돈만으로는 할 수 없고, 또 돈이라는 것은 한계가 있지 않습니까? 지금은 사회복지를 하고 싶어도 정부 능력의 한계 때문에 못하는데 종교기관의 시설과 잉여자원은 저렴하게 이용할 수 있어요. 제대로 찾아보고 두드리면 분명 답은 있습니다. 그런 면에서 저는 청장님처럼 지역사회에서 열린 마음으로 함께 하면서 그저 구호만 외치는 게 아니라 구체적으로 움직여서 실현시킬 수 있는 분들이 많이 계셨으면 좋겠어요."

종교의 사회적 역할에 대한 말씀을 해주시면서 더욱 열심히 하라는 의미에서 뜻밖의 칭찬까지 해주셔서 감사할 따름이다. 목사님은 학부에서 경제학을 전공했는데, 특이하게도 졸업 논문으로 '사회복지 임금제도'에 대해 쓸 정도로 사회복지에 관심이 많았다고 한다. 그리고 신학교에 들어가서도 졸업논문으로 '토지공영제도'에 대해 썼다고 하는데, 그래서인지 종교기관의 사회적 역할에 대해 확고한 신념을 갖고 계신 것을 느낄 수 있었다. 지역사회에 교회나 사찰이 상당히 많은데 목사님 말씀처럼 구청이 이들과 함께 하면서 지역사회의 복지를 증진하고 공동체를 활성화할 수 있는 방안에 대해 좀 더 깊이 있는 고민이 필요하다는 것을 새삼 느꼈다.

이뿐만 아니라 지역사회의 복지전달체계 개선과 관련해서도 평소에 생각하셨던 바를 말씀해 주셨다.

"길음1동 주민센터에서 지난 연말에 공문이 왔어요. 각 단체에서 지역 주민들에게 도와줄 계획이 있으면 알려달라고요. 저는 참 좋은 일이라고 생각했습니다. 우리 교회에서는 명절 때마다 쌀 나누기를 하는데 그 자료를 주민센터에서 받습니다. 독거노인도 지정해 달라고 해서 빨래도 해드리고 필요한 도움을 드리기 위해서 소그룹으로 나눠서 각각 찾아갔는데, 정작 그분들은 우리의 도움이 필요 없다는 거예요. 이미 정부 지원도 받고 있고 각종 단체에서 도우미를 보내고 있다는 거죠. 그래서 자세히 보니까 서울시, 보건복지부, 구청, 동사무소에서 중구난방으로 지원해주고 있었습니다. 그러다 보니까 도움을 받는 사람들은 너무 많이 받고, 또 도움을 못 받는 사람들은 아예 못 받는 경우도 발생하는 거죠. 저는 이 문제를 해결하기 위해서 통합데이터베이스 체계를 구축해야 한다고 생각합니다."

목사님의 이 말씀을 듣고 나니 복지전달체계와 관련하여 그동안 해 왔던 고민들과 너무나 유사하여 속으로 조금 놀랐다. 역시 진짜 고민하는 사람들에게는 같은 문제가 보이는가 보다. 우리 구에서도 작년에 3억 원의 예산을 편성하여 통합전산망을 구축하려는 계획을 이미 수립한 바 있다. 그런데 막상 실행하려다 보니 현실적으로 부딪치는 문제가 한두 가지가 아니었다. 우선 사회복지 대상자에 대해 동주민센터와 어르신사회복지과, 여성가족과, 복지정책과 등 구청의 관련부서에서 지원하는 것을 매번 입력해야 하고, 종교기관이나 민간에서 지원되는 부분도 정확하게 입력하여 계속 업데이트하면서 통합적으로 관리한다는 것이 현실적으로 가능할지에 대한 여부는 차치하더라도 한정된 인력으로는 쉽지 않은 일이라는 것은 분명하다. 지금도 사회복지 공무원들이 업무 과중으로 인해 자살하는 사례가 종종 나오고 있는 상황에서 이들에게 또 다른 과중한 업무를 줄 수는 없는 노릇이었다.

그리고 자료를 통합 관리할 경우에 개인정보 보호에 문제가 생길 수 있다는 점도 문제였다. 현재 행정기관에서 사용하고 있는 사회복지통합관리망의 접근 권한은 담당 업무를 수행하는 사회복지 공무원으로 엄격하게 제한되고 있다. 그러나 민간 기관에서 지원하는 것까지 통합 관리하기 위해서는 접근 권한을 광범위하게 넓혀야 하는데 이는 현실적으로 어렵고, 별도 시스템을 구축할 경우 사회복지통합관리망과의 중복성 문제 및 공공기관의 개인정보보호에 관한 법령과 충돌할 가능성이 많다.

그래서 우리 성북구에서 그 대안으로 추진한 전달체계 혁신 방안이 바로 '동별 복지협의체' 운영이다. 그 지역의 사정을 가장 잘 알고 있는 곳이 주민과 가장 가까운 동 주민센터이므로 동 단위로 통반장, 종교기관, 복지관, 학교, 각종 직능단체 등이 함께 참여하는 복지협의체를 구성하여 복지서비스의 중복과 사각지대 문제가 발생하는 것을 막아보자는 취지에서 만든 것이 바로 '동 복지협의체'이다.

동네에서는 집집마다의 사정을 그나마 조금 더 잘 알기 때문에 복지 사각지대에 놓여 있는 주민들을 전산망이 아닌 사람들의 공동체망 안에서 상식적으로 해결해 보자는 취지로 우리 구에서는 2011년부터 역점적으로 추진하고 있다.

그 결과 다른 자치단체에서도 벤치마킹을 많이 오기도 했으며, 2013년 12월에는 보건복지부를 비롯하여 한겨레 사회경제연구소에서 주관하는 '2013 지역사회복지대상'에서 최우수상을 받기도 하였다.

그런데 동별 복지협의체 운영 또한 결국은 사람의 문제이기 때문에 얼마나 열의와 능력을 갖고 있는 사람들이 참여하는가에 따라서 차이가 날 수밖에 없다. 따라서 복지전달체계의 문제를 해결하는 데에는 일정한 한계가 있을 수밖에 없다.

나는 복지라는 것은 결코 돈으로만 해결될 수 있는 문제는 아니라고 생각한다. 물론 돈은 굉장히 중요한 자원 중 하나이다. 하지만 궁극적으로는 사람들이 공동체에 속해 있다는 마음을 갖게 될 때에 서로 애정도 갖게 되고 참여도 확대되면서 자연스럽게 문제가 해결될 수 있을 것이다. 그래서 오히려 정인교회와 같은 종교기관과 목사님 같은 분들의 활동이 매우 소중하고 중요하다고 생각한다.

구립 방과 후 돌봄의 모델을 만들다

정인교회에서 전국 최초로 구립 방과 후 돌봄 센터를 개관한 때가 2012년 2월이었으니 지금까지 거의 만 2년의 시간이 지났다. 우리 구에서 방과 후 돌봄 센터를 구립으로 처음 운영하려고 한 목적 중 하나는 지역사회와 밀착된 돌봄 체계를 구축하여 우리나라에서 방과 후 돌봄의 모델을 만들어보자는 것이었다.

그러나 전국에서 처음 진행하는 일이다 보니 선행 모델이 있는 것도 아니어서 구청과 정인교회 모두 초반에는 방향을 잡는 데 어려움이 있었고, 특히 시설을 실제 운영해야 하는 정인교회에서 고생도 많았을 것이다. 그래도 구청에 특별한 요구나 불만 없이 묵묵하게 노력해 주시는 정인교회와 목사님께 감사한 마음을 전하며 그동안 운영해 오면서 겪었던 어려움과 성과 등에 대해 물어보았다.

"제가 생각하기에 구립 방과 후 돌봄 센터의 기능은 크게 4가지로 구분할 수 있다고 생각합니다. 첫째는 말 그대로 방과 후 돌봄 기능, 둘째 특기적성활동 지원 기능, 셋째 정서 지원 기능, 넷째 학습 지원 기능이라고 보는데요. 이 중 방과 후 돌봄 기능은 부모가 데려갈 때까지 아이들에게 간식과 저녁식사를 제공하면서 안전하게 돌보고 있으니 훌륭하게 충족하고 있다고 봅니다. 그리고 특기적성활동 지원 기능도 지하 1층 체육관에서 탁구와 벨리댄스 등을 가르치고 밴드 활동도 지원하고 있고요. 셋째 정서 지원 기능도 아이들이 집에서는 하나 아니면 둘인데 이곳에서는 1학년부터 6학년까지의 아이들을 적절하게 섞어서 반을 배정해서 가족 같은 관계를 만들어서 어울리도록 했어요. 그래서 둘째, 셋째의 기능도 잘 수행하고 있다고 생각합니다."

마지막으로 학습지원 부분 또한 학부모를 대상으로 설문 조사를 해 보니 돌봄 센터에 다니면서 학원비 등 사교육비를 절감할 수 있었다고 응답한 학부모가 대다수였던 것으로 보아 긍정적인 역할을 수행한다고 볼 수 있지만 어려움도 많다고 한다. 아이들의 개인차가 심하기 때문에 최소한 2~3 등급으로 나눠서 가르쳐야 하는데 인력 여건상 쉽지 않다는 것이다. 그러다 보니 공부를 잘하는 아이들은 적응을 못하고 못 하는 아이들은 못 따라오니까 부끄러워서 안 오게 되는 상황도 발생하는 것이다. 이러한 문제를 해결하기 위해서 교회에서는 아이들의 학습을 개인적으로 도와줄 수 있는 자원봉사자를 모집할 고민도 하고 있다고 한다.

그러면서 구청에 개선 사항을 요청하기도 하였는데, 예산 배분을 민간 시설과 똑같이 배분하다 보니 구립 돌봄 센터를 전국 최초로 설립했음에도 불구하고 민간시설과 비교하여 특화된 발전 모델을 만들기 어렵다는 것이었다. 그러다 보면 자칫 그 특성을 잃고 표류할 수 있다는 것이다.

"이런 문제를 방지하기 위해서는 시스템을 만들어 놓아야 합니다. 저희 돌봄 센터가 거점형인데요. 교사를 한 사람 더 지원해주죠. 그런데 정원이 35명인 삼선동 돌봄 센터와 정원이 49명인 저희 돌봄 센터 모두 거점형으로 지정되면 규정상으로는 시설장 한 사람, 교사 세 명이 동일하게 지원됩니다. 규모가 다른데 거점형이라는 기준만 적용된다는 것은 제가 봤을 때에는 좀 공정하지 않은 것 같아요."

이와 관련하여 목사님은 인적 인프라 지원에 대한 의견을 주었다. 시설을 지은 뒤 사람들에게 와서 이용하라는 것은 의미가 없다는 이야기이다. 한정된 예산으로 차량도 운영해야 하고, 예체능과 학습 등의 운영 프로그램도 있어야 하는데 아무리 좋은 프로그램도 사람이 없으면 할 수 없기 때문이다. 거점형 돌봄 센터로서 영향을 끼칠 수 있는 프로그램을 개발하고 민간시설에 지원을 해주라고는 하는데, 무엇을 어떻게 해야 할지는 막막한 것이 현실이라고 한다.

"현재 사회복지 시설에 나가는 예산들은 나눠먹기식으로 되어 있는 것 같은데 이 부분들을 잘 집중해야 기대하는 성과를 거둘 수 있을 것 같습니다. 그래야만 거점형이 되는 돌봄 센터에서 주변 민간 시설이나 지역사회와 연계하여 우리 아이들에게 무엇을 해줄까 고민하고 구체적인 정책이 나올 수 있을 것 같은데요. 현실은 요구하는 것과 자원이 분배되는 것이 따로 움직이다 보니 구립 시설의 거점형 역할을 정립하는 데에는 한계가 있을 수밖에 없는 것 같아요."

역시 2년 동안의 운영 경험을 토대로 구립 방과 후 돌봄 센터의 성과와 한계에 대해 예리한 지적을 해주신 것 같다. 그동안 우리 구에서 능동적으로 대처하지 못한 점에 대해서 우선 반성하고, 앞으로 구립 시설 설치의 원래 목적대로 지역사회에서 방과 후 돌봄의 모범적

성북지역아동센터 연합 발표대회, 길음동 돌봄센터 밴드공연 (2013.12)

모델을 만들기 위해 목사님을 비롯한 구립 시설과 민간시설 관계자, 학교 관계자, 교육지원청 등과 함께 머리를 맞대고 대안을 만들어갈 계획이다.

"항상 손자를 데리고 돌봄 센터에 왔다 갔다 하시는 할머니 한 분이 계신데 어느 날은 주일날에 오신 거예요. 그래서 어떻게 오셨냐고 물어보니까 '우리 손자가 여기에서 돌봄을 받고 있는데 내가 교회에 나와야죠.' 하시더라고요. 깜짝 놀랐습니다."

실제로 저녁에 아이들을 데리러 센터에 오시는 학부모들과 이야기를 해보면 정말 감사하다는 반응이 아주 많다고 한다. 학부모의 만족도가 상당히 높다고 하니 다행인 일이 아닐 수 없다.

작년 봄에 석관동 구립 돌봄 센터를 방문하여 학부모들과 간담회를 가진 적이 있다. 석관동 돌봄 센터는 정원이 19명인 시설로 길음동에 비하면 상당히 작은 규모이다. 그곳의 어머니 한 분께서 이사를 가야 하는 처지인데 아이가 학교는 전학을 가도 돌봄 센터는 계속 다니겠다고 하여 이사를 못가고 있다는 말씀을 하시며 눈시울을 붉히는 모습이 아직도 생생하다.

민선 5기 구청장 취임 이후 우리 성북구에서는 여러 가지 새로운 시도와 정책을 나름대로 많이 추진해 오고 있다고 생각한다. 그런데 현장에서 그 정책과 관련된 주민들의 반응이나 변화가 애초에 기대한 대로 나타나거나 또는 그 이상으로 나타날 때 느끼게 되는 희열은 이루 말할 수 없다. 그래서 그 힘으로 더욱 열심히 앞으로 나아가게 된다. 그런 점에서 나와 우리 성북구에 아주 큰 힘을 불어넣어 주신 정인교회 이철웅 목사님께 다시 한 번 감사의 말씀을 전하고 싶다.

'아직 그 누구도 가 보지 못한 길', 인권영향평가

[강현수 충남발전연구원장]

성북구의 인권영향평가는 아직 그 누구도 가보지 못한 길

"우리나라에서 지자체뿐만 아니라 국가차원에서도 인권영향평가가 제대로 시행된 전례가 없을 뿐더러, 인권영향평가에 대한 외국 사례를 소개하는 학계의 연구조차도 전무한 실정 …… 성북구청이 누구도 가보지 못한 길을 가고 있다."

이 말은 강현수 당시 중부대학교 도시행정학과 교수님이 지난해 2월에 열린 제4회 인권도시포럼에서 '인권영향평가와 지방행정'에 대해 발표하던 중 언급한 내용이다.

사람이 희망인 도시의 행정시스템의 핵심은 당연히 사람의 권리를

구청장실에서 만난 강현수 충남발전연구원장 (2014.1)

보장하는 것이다. 그리고 지방자치단체가 존재하는 이유이자 가장
중요한 책무 가운데 하나는 바로 일상생활에서 주민들의 인권을 보
장하고 실현하는 것이라고 믿는다.

이를 위해 우리 구는 민선 5기 출범 직후부터 전담부서인 '인권팀'
을 신설하고 '인권도시 성북 추진위원회'를 구성하였으며, 2012년 7
월에는 서울시 자치구 가운데 최초로 '성북구 인권증진 기본조례'를
발표함으로써 인권도시 성북의 행정적, 제도적 기반을 마련하였다.
이 조례에 따라서 '인권위원회'를 발족하고 전국 최초로 '공공사업들
에 대해 인권영향평가'를 수행하도록 하였으며, 지난해 12월에는 '성
북구 주민인권선언문'을 제정하는 등 인권도시를 실현하기 위해 많
은 노력을 기울여 왔다.

우리가 그동안 지치지 않고 인권도시를 추진할 수 있었던 바탕에

는 우리 구에 처음 인권도시를 제안하고 많은 도움을 주었던 당시 중부대학교 강현수 교수님이 있었기 때문이라고 해도 과언은 아니다. 얼마 전에 그분을 다시 만났을 때에는 잠시 학교를 휴직하고 작년 여름부터 충남발전연구원장으로 활동 중이었다.

"김수현 교수님(세종대학교 도시부동산대학원)과 함께 '한국공간환경학회'를 하면서 지방자치단체 정책을 제안해 보자는 생각으로 『저성장 시대의 도시정책』이라는 책을 쓰게 됐어요. 그런데 제가 인권도시에 관심이 많아서 11장 '주민의 인권과 권리를 보장하는 참여도시 만들기'에 대한 글을 쓰고 제안했는데 그때 구청장님께서 바로 받아주셨죠."

그 책의 9장에 경원대학교 도시계획학과 정석 교수님이 쓴 '진보 단체장을 위한 도시계획 십계명'에서 'K구청장을 위해서 쓴다'는 내용에서 K구청장이 바로 나였다고 공개적으로 밝힌 적도 있어서 유독 그 장을 꼼꼼하게 읽고 구정에 참고하기도 하였다.

우리 구는 인권도시 추진을 위해 2011년 하반기에 내부 학습그룹과 인권위원회 준비팀을 만들어 준비를 시작하고, 2012년 1년 동안 꼼꼼한 준비 과정을 거쳐서 지난해부터 본격적으로 인권도시 정책을 시행하고 있다.

그런데 처음 시작할 때에는 나조차도 '인권도시가 어떻게 펼쳐져야 할 것인지'에 대하여 구체적인 상이 잘 잡히지 않은 것이 사실이다. '도시'라고 하면 '개발'이나 '발전'이라는 말은 쉽게 떠오르지만

'인권'이라는 말과는 좀처럼 잘 어울려 보이지 않는다. 이와 같은 '도시'와 '도시의 발전'에 대한 인식에 있어서는 강현수 원장님도 나와 크게 다르지 않았던 것 같다.

　도시계획을 전공한 강현수 원장님의 고향은 강원도 강릉이었는데 어렸을 때에는 건물의 높이를 발전의 기준으로 여겼다고 한다. 교과서에서는 굴뚝에서 모락모락 피어나는 연기를 발전의 상징으로 표현하고, 국민 모두가 '경제성장', '소득증대', '수출증대' 등을 위하여 열심히 일했으며, 도시에서는 판자촌을 밀어내고 대규모의 아파트 단지를 짓는 것을 발전이라고 생각하는 시대를 보내왔다. 그런데 강현수 원장님은 어느 순간 '그동안 살고 있던 사람들을 쫓아내고 물리적으로 바꾸는 것이 과연 발전인가' 하는 회의가 들었다고 한다. 그리고 물리적인 발전과는 다른 질적인 발전에 대한 고민을 하던 중 2008년에 미국 MIT대학에서 연구년을 보낼 때에 그 생각을 바꿀 기회가 찾아왔다고 한다.

"전 세계 석학들이 와서 거의 매일 강연하는 프로그램이 있었어요. 그때 남미에서 오신 한 학자분의 강의를 들었는데 인권과 도시에 대한 이야기를 하는 겁니다. 제가 알고 있던 도시론과 달리 그분의 이야기는 인권을 증진시키는 게 발전이라는 것이었어요. 그 말이 인상에 남아서 그 사람이 쓴 논문이나 관련 참고 문헌들을 다 찾아봤더니 '인권의 증진이 발전'이라는 사조가 있더라고요."

아시아에서 최초로 노벨경제학상을 받은 인도 출신의 아마티아 센

교수가 쓴 『자유로서의 발전』이라는 책이 있다. 여기에서 그는 '발전은 인간의 자유가 증진되는 것'이며 '개개인의 잠재적인 역량을 끌어올리는 것'이라고 정리했다. 이와 같은 내용을 보고 강현수 원장님은 충격을 받았다고 한다. 도시계획에서의 발전은 낡은 건물을 밀어내고 새 건물을 짓는 것인데 인간의 능력을 끌어 주는 것이 발전이라니…….

이와 비슷한 이야기는 일본에서도 만날 수 있다고 한다. 일본의 진보 학자들은 중앙 정부가 있는데 지자체가 필요한 이유에 대한 문제제기를 통해 주민들의 인권을 증진시키는 것이 지자체의 역할이자 존재 이유라는 주장을 펼쳤다. 주민들의 인권을 증진시키기에 국가는 너무 멀리 있으니 가까운 지자체가 해야 한다는 것이다.

그러면서 강현수 원장님이 깨닫게 된 것은 도시계획이나 도시개발의 목표는 개인이 갖고 있는 여러 가지 잠재력을 높여주는 것이며 자유를 높이고 권리를 보장하는 것이라고 한다.

"인간의 기본 권리는 이미 1948년 UN인권선언과 우리나라 헌법에도 정리되어 있죠. 그런데 그것을 과연 우리가 체감하느냐 하면 전혀 그렇지 못해요. 교과서에만 있을 뿐 현실에서는 전혀 느끼지 못하는 거예요. 그래서 저는 우리나라 헌법에 있고, UN인권선언에도 있는 인권을 지방정부 차원에서 실현할 수 있다면 그게 바로 지방정부의 역할이겠다는 생각으로 제안을 하게 된 거죠."

아홉 번째 인권도시, 그러나 실질적인 최초의 인권도시

"인권도시를 추진한 게 성북구가 아홉 번째이긴 하지만 실질적으로는 첫 번째라고 생각해요. 서울시가 두 번째고요. 광주는 조금 달라요. 광주는 역사적 배경을 바탕으로 어떻게 보면 장소마케팅을 통해서 지역 통합과 발전을 꾀한 모델이라는 점에서 독특하다고 볼 수 있지요. 최근에는 시민사회단체들의 참여 속에 새로운 방향을 모색하고 있다고 알고 있습니다."

강현수 원장님께서 우리 성북구가 실질적으로는 처음이라고 한 데에는 두 가지 의미가 있다고 생각한다.

하나는 제도적으로 봤을 때 인권영향평가를 행정당국에서 의무화시켰다는 점이다. 우리 성북구는 인권영향평가라는 제도를 우리나라, 아니 전 세계적으로도 처음 도입을 했는데, 인권이라는 것을 선언적 의미로 그친 것이 아니라 제도상으로 보장될 수 있도록 행정기관에 의무를 지우게 했고, 이를 통해서 권리 주체와 의무 주체를 명확히 했다는 점에서 그 의미가 크다는 것이다.

두 번째는 인권영향평가를 포함하여 실질적으로 작동 가능한, 다시 말해 서류에만 있는 게 아니라 주민들의 생활 속에서 보장받을 수 있도록 실행하는 것에 중점을 두고 있다는 점이다. 안암동 인권청사 건립과 2012년 4월 총선 당시 투표소에 대해 전국에서 처음으로 인권영향평가를 실시함으로써 인권이 실질적으로 행정의 표준이 될 수 있도록 하고, 주민들의 생활 속에서 살아서 작동하도록 구현된 것이

주민 인권학교 개최 (2012.9)

라고 할 수 있다.

　아마도 이러한 내용을 토대로 '실질적인 의미에서는 처음'이라고 말씀을 하신 것이라고 생각된다. 실제로 말뿐만이 아니라 행정과정에 인권을 지표로 삼는다는 것이 처음 해보는 일이다 보니 준비과정에서 치열한 논의가 있었고 인권위원들 사이에서조차 그만큼 걱정도 많았다. 강현수 원장님도 인권도시를 제안하고 인권영향평가를 연구하면서 많은 고민을 했다고 한다.

"우리나라 법도 그렇고 지자체에도 조례가 많이 있는데 작동이 가능하고 실질적으로 변화를 주는 데에는 대체로 미약한 게 사실입니다. 성북구 이전에 어떤 일이 있었냐면, MB 정부 시대에 국가인권위원회가 전국에 지방자치제 인권 조례의 표준안을 만들었어요. 그런데 이게 약간 불순해요. 존재 이유도 없고 워낙 욕을 많이 얻어먹으니까 뭔가 해야겠다는 생각으로 자기들 딴에는 제일 온건한 게 인권조례라고 생각하고 표준안을 만든 거죠. 그런데 제대로 하지도 않았어요. 그래서 제가 작동 가능한 인권조례에 관심이 많아졌어요."

사실 2011년 말 국가인권위원회가 위원장 사퇴 건으로 한참 시끄러울 때 나에게 인권상을 주겠다고 연락이 온 적이 있다. 그런데 그 상을 받아봐야 들러리밖에는 되지 않을 거라는 판단을 하고 거부한 적이 있다. 이왕 상을 받으려면 뭔가 현실을 제대로 변화시키는 일을 좀 해 놓고 받아야 한다는 생각이 들었기 때문이다.

강현수 원장님을 만난 것이 내게도 상당히 중요한 의미이자 계기였다고 생각하는 것은 당시의 인권도시 제안이 민선 5기 지방정부가 어디로 가야 하는지, 뭘 해야 하는지를 구체적으로 제안했다는 점이다.

앞서 소개한 「저성장 시대의 도시정책」에는 지방자치단체장들이 참고해야 할 도시 계획, 도시 발전의 전망, 인권 도시, 복지, 주민 참여 등 여러 분야의 고민과 제안이 모아져 있다. 여기에서 또 하나 의미 있는 사실은 이 책의 주요 책임자였던 김수현 교수님께서 당시 생활구정위원회 위원장이었으며, 또한 이 책에 참여하신 강현수 원장님까지 모두 성북구 생활구정위원회에 위원들이었다는 점인데, 성북구의 새로운 도전의 원동력을 확인할 수 있다 하겠다.

실질적으로 작동하고 주민이 보장받는 인권 추진 체계를 만들다
막상 인권도시를 행정에서 구현하는 것이 쉽지는 않았다. 모든 것이 처음이다시피해서 어디서부터 시작해야 할지도 잘 몰랐고, 또 인권영향평가는 작동과정이 복잡하기까지 했다.

"제일 어려웠던 건 전담조직이에요. 추진체계에는 돈과 사람이 필요하잖아요. 성북구가 의미 있는 것은 우리나라에서 최초로 감사실 안에 인권전담팀을 만들고 공채로 인권전문가인 민간인을 뽑았다는 거예요. 다른 곳에는 없어요. 충청남도 같은 경우에는 주무관 한 명이 맡고 있는데, 그분이 하고 있는 인권 업무는 본인 전체 업무의 10분의 1밖에 안돼요. 그러니까 일이 체계적으로 진행이 되기에는 좀 무리가 있죠. 그 다음에 인권기본조례를 만들었는데 다른 곳의 표준안 조례와 완전히 달라요. 훨씬 구체적이죠. 일단 분량도 2~3배는 될걸요? 그리고 인권조례를 위한 위원회를 구성했는데 제가 볼 때에는 이게 제일 중요해요. 제가 알기로는 백여 개 자치단체에서 인권

인권도시 및 인권영향평가 소개 (서울신문. 2012.11.28)

조례를 만들 것으로 알고 있는데 그 중에서 실제로 위원회를 구성한 곳은 십여 개밖에는 안돼요. 심지어 그 조차도 형식적인 곳이 많은데 각 분야의 인권전문가들이 모여서 인권위원회를 구성한 것 또한 성북구가 처음이에요."

성북구 인권위원회는 지금도 한 달에 한 번씩 모이고 있다. 이것은 사실 열정과 성의를 지니고 있지 않으면 쉽지 않은 일이다. 돈을 주는 것도 아니고 외부에 크게 표시도 나지 않는 일인데도 말이다. 아마도 이분들에게 실질적인 결정 권한을 주었다는 것도 남다른 일이라면 일일 수 있겠다. 인권 위원들 면면을 보면 고려대학교 박경신 교수님을 비롯하여 한국인권재단, 천주교 인권위원회 위원들로 이분들은 국가인권위원회 위원으로 가도 전혀 빠지지 않는 전문가들이다. 이처럼 전국의 인권 전문가들이 모여서 독립성과 자율성의 권한을 지니고 실질적인 인권거버넌스로 작동하고 있는 것이다. 참으로 감사하고 또 감사한 일이다.

또한 인권조례가 실질적으로 행정체계 내에서 작동가능한 제도를 실행 중이라는 사실이 다른 곳과는 상당히 다른 점이라고 할 수 있는데 강현수 원장님께서 이와 같은 내용을 바탕으로 서울시에도 인권도시를 제안하여 서울시도 현재 인권정책을 추진하고 있다.

"제가 하나 또 자랑하고 싶은 건 인권영향평가인데요. 인권영향평가는 대한민국 최초가 아니라 세계 최초입니다. 그리고 다른 곳에는 인권위원회만 있는데 성북구에는 그 위원회를 둘러싼 인권센터 시민위원회가 있습니다."

　시민위원회의 경우에는 인권학교 1기와 2기를 진행한 것을 바탕
으로 인권센터가 구축됨과 동시에 시민위원들을 위촉해서 훨씬 더
많은 사람들이 인권활동을 하도록 하겠다고 계획을 가지고 있다.

　"인권센터 시민위원회도 성북구가 우리나라 최초입니다. 인권위원
회라는 전문가들이 성북구의 50만 주민들과는 거리가 멀 수 있거든
요. 그래서 일반 시민들 중심으로 보통사람들의 인권 의식을 가진
사람들을 교육해서 인권거버넌스의 주체로 만든다는 것 또한 성북
구가 최초임과 동시에 상당한 모범사례라고 생각합니다. 국가인권
위원회의 표준안은 작동이 불가능한데 성북구는 너무 작동이 빡빡
해서 담당 공무원들이 힘들 정도 아닌가요?"

인권도시가 공무원의 마음에 새겨지다

우리 공직자들과 관련해서 최근에 큰 보람을 느낀 일이 있다. 정릉 1
동에 기존 주택 2층 건물을 리모델링하여 커뮤니티 센터를 만들었
다. 이 곳은 어르신들만의 쉼터가 아니라 세대복합형 커뮤니티의 중
심으로 발전시키자는 주민들의 제안을 받아들여 조성한 곳이다. 운
영도 전국 최초로 동네주민들이 만든 협동조합에 위탁을 준 곳인데
동네에 공공시설이 전무하던 문제가 해결된다며 모두들 좋아하셨다.
그런데 준공식 하는 날에 가서 보고는 깜짝 놀란 일이 있었는데, 원
래 설계에는 없었던 엘리베이터가 3층 옥상까지 올라가도록 만들어

져 있었던 것이다. 그래서 '대체 어떻게 된 일이냐'고 물어보니까 직원들이 중간에 설계를 바꿨다는 것이다.

'인권도시를 하는 성북구에서 어르신들이 이용하는 건물에 엘리베이터가 없으면 되겠느냐'면서 나한테 보고도 하지 않고 실무선에서 결정하고 예산도 충당해서 만든 것이다. 건축법으로는 5층 이상에서만 엘리베이터 설치가 의무인데다 그 비용도 만만치 않아서 좀처럼 이런 경우를 찾을 수 없기 때문에 더 놀라운 일이었다. 그런 모습을 보면서 인권 전담부서뿐만 아니라 건축과와 사회복지과 직원들에게도 우리가 추진하는 인권도시의 목표가 행정체계 내에서 작동하고 있구나 하는 생각이 들어 굉장히 뿌듯했던 기억이 있다.

그리고 또 하나는 길음 1동에 '소리마을'이라고 서울시에서 최초

인권정책 열린토론회 개최 (2013.4)

로 주거환경 관리사업을 했던 동네가 있는데, 그곳의 4층짜리 커뮤니티 센터에도 만들지 않아도 되는 엘리베이터가 설치되어 있다. 건축과 직원의 말에 따르면 건물의 배치 또한 인권의 개념을 적용했다고 하는데, 실내 공간뿐만 아니라 야외 테라스도 만들어서 식물을 키우면서 삶의 여유를 느낄 수 있도록 하였으며, 채광도 아주 잘 되도록 설계를 했다고 한다.

인권 건물이라고 이름을 붙이고 설계를 한 것이 아닌데도 담당 공무원들이 알아서 스스로 인권영향평가를 한 것이다. 예를 들어 노인정이 10평 있는 것보다 8평을 노인정으로 만들고 2평 정도는 쾌적하게 야외 공간을 만들어서 운동도 하고 맑은 공기도 맡고 식물도 키우고 햇빛 좋은 날에는 앉아서 커피도 마시면서 낮잠도 즐길 수 있어야 한다고 생각을 한 것이다.

우리 구에서 인권도시를 최초로 시작하고 제안했던 위원회 분들의 노력이 우리의 행정시스템 내에서 사람들에게 영향을 주고 실제로 모든 행정 체계 내에서 능동적으로 작동하고 있다는 점에서 정말 기쁘고 뿌듯했다.

전 세계 전례 없는 인권영향평가를 시행하다

"인권영향평가 용역보고서가 정말 어려웠던 것은 세계적으로 도시개발에 대한 인권 평가는 있었지만 구체적인 건물에 한 적은 없다는 것이었어요. 그런데 인권위원회에서 이런 조례를 만들어 놓은 것이죠. 그때 저는 반대했어요. 한국의 행정 수준에서는 불가능하다고요.

그런데 인권위원님의 강력한 의지로 인권영향평가가 조례에 포함되게 되었죠."

덧붙여서 강현수 원장님이 흥미로운 이야기를 하나 해 주었다. 구글에서 두 가지 단어를 검색하면 대부분 수백만 건 이상의 결과가 나오는데, 강현수 원장님이 건축의 'architecture'와 인권의 'human rights'를 검색했더니 다섯 개 정도만 나온다고 한다. 한 블로거가 만들어 놓은 문건 하나 말고는 없었다고 한다.

"제가 유명한 건축가들한테 물어보니까 다들 모른다고 해요. 지금까지 인권에 대해 생각한 건축가가 없는 거예요. 지금은 아마 검색해 보면 약 200~300개 나올 거예요. '건축, 인권'으로 검색하면 성북구 사례만 나와요. 그래서 당시 김홍균 교수님을 찾아뵙고 어떻게 했으면 좋겠냐고 물었더니 '이것은 앞으로 한국 건축학계의 미래 먹거리가 될 것이다. 내가 책임지고 젊은 건축가들 모아서 이 내용으로 워크숍을 계속하겠다.'라고 할 정도였어요."

사실 '인권영향평가 인증 1호 청사'로 기록될 안암동 복합청사의 설계도 상당히 힘들었다. 인권전문가를 포함한 심사위원회에서 설계 공모를 하고 인권건축감리단의 자문도 받고 설문조사와 설명회를 통해 주민 의견도 반영했지만 결국 설계를 다시 하기도 했다.

"당시 설계 공모를 할 때 저와 담당 공무원들이 엄청 싸웠어요. 인

안암동 인권청사 기공식(서울신문. 2013.11.29)

권 담당 공무원과 건축담당 공무원들과도 많이 싸웠고요. 한쪽은 무조건 입찰을 해야 한다고 하고, 저는 입찰을 하면 평가가 안 된다는 입장이었어요. 결국 절충을 하긴 했지만 문제는 설계안을 평가할 건축가가 없는 거죠. 인권적 마인드를 가지고 있는 건축가가 없으니까 설계 공모를 통해서 사람을 발굴할 능력이 아직까지는 우리나라에 없었던 거예요. 그래서 우여곡절을 많이 겪었지만 안암동 인권청사가 세워지면 아마 인권계가 아니라 건축계의 큰 이슈가 될 겁니다. 정말 세계적으로 의미 있는 건물이 되지 않을까 생각을 해요."

안암동 인권청사는 설계 당시부터 1층에는 민원실을 넣어야 한다는 것을 가지고도 공청회를 여러 번 해야 했다. 1층이 민원실이 되면 다른 공공청사와 어떤 다른 특색이 있겠느냐는 것부터 장애인들은 1층에서 일을 처리할 수 있어야 한다는 것까지 주민들 사이에서도 많은 논쟁이 있었다.

그래서 장애인들은 1층에서 민원을 볼 수 있게 하고 나머지 공간은 카페 형식으로 굉장히 넓게 마련하여 누구나 사방에서 쉽게 접근할 수 있도록 하고 2층에는 민원실을 만들었다. 그런데 그 과정에서 어려웠던 점 중의 하나는 '인권 청사'에 대한 주민들의 약간의 선입견 같은 것이었다. '인권'이라고 하면 정치적인 냄새도 좀 나는 것 같고 소수자나 장애인의 권리 등으로 생각하기 쉽다 보니까 자신은 해당되지 않는다고 생각한 주민들도 있었다. 인권이 자기 생활 속에서 작동하고 보장받는 것이라고는 생각하지 않은 것이다. 그런데 이것은 역설적으로 그만큼 우리나라가 인권과는 아직 거리가 멀다는 것을 보여주는 것이 아닌가 싶다.

실제로 건물을 짓는 과정에서 상당히 격렬하게 부딪치기도 하고 항의도 참 많이 받았다. 그래서 주민들을 설득하기 위해서 토론회도 여러 번 열었는데, 이처럼 주민들과의 커뮤니케이션을 통해서 설계안이 확정되어 온 진통의 과정 또한 의미가 있다고 생각한다. 이것이야말로 우리가 추구하고자 했던 실제로 작동하고 보장받는, 실제로 주민들과 상호작용하면서 발전해 나가는 과정을 볼 수 있는 중요한 사례라고 할 수 있기 때문이다.

이와 같은 과정을 통해 지금은 안암동 청사 외에 다른 건물들에도 인권영향평가를 실시하기에 이르렀다. 인권영향평가제도의 시스템 설계에 있어서 평가 지표와 점검표도 강현수 원장님이 모두 개발해 주었는데, 그때 고민했던 것은 '재개발이나 대규모 거주지의 이동이 발생할 경우에 어떻게 할 것인가' 하는 점과 '정책에 대한 인권평가를 할 때 그 범위를 어디까지로 할 것인가' 하는 문제였다. 공무원들이 지나치게 부담을 갖지 않으면서도 인권영향평가가 효과적으로 실효성을 지닐 수 있도록 하는 균형을 찾는 것이 가장 큰 고민이었는데, 결론적으로 인권영향평가의 대상은 3억 원 이상의 예산이 소요되는 사업으로 하고 1년 유예를 거쳐 올해부터 의무적으로 실시하도록 하고 있다.

그런데 여기에서 발생하는 또 하나의 문제는 재개발 구역의 인권영향평가도 의무적으로 해야 하는데 그 평가를 할 회사나 단체가 없다는 것이다. 이 또한 우리나라가 아직은 인권영향평가나 인권 지표지수에 대한 광범위한 사회적 인프라를 갖고 있지 못하다는 것을 그대로 반증하는 것이라고 할 수 있겠다.

그런 점에서 진정하게 작동하고 보장받는 인권도시는 이제 시작일뿐이다.

소득 양극화 해소의 출발! 생활임금제

[권순원 숙명여자대학교 교수]

왜 생활임금인가?

민선5기 성북구청장으로 취임한 후 3년 반이 흐르는 동안 사람에 투자하는 구정을 위해 많은 노력을 해 왔다.

지금 누군가 나에게 '당신이 한 일 중 가장 의미 있게 꼽고 싶은 일이 뭐냐'고 묻는다면 인권도시 추진과 생활임금제도 도입의 두 가지를 들고 싶다. 물론 친환경 무상급식, 아동친화도시, 사회적 경제도 하나같이 모두 의미 있고 애정이 가는 분야이지만, 우리나라의 현재 상황을 볼 때 위의 두 사업이 가장 의미가 있지 않은가 싶기 때문이다.

먼저 인권도시와 관련해서는 앞장의 글로 갈음하고 두 번째인 생활임금 또한 인권의 문제, 바로 노동권이다. 지방자치단체 수장으로서 자본주의에서 가장 중요한 가치 중 하나인 노동에 대해 고민하고 그 대안을 제기했다는 점에서 큰 의미를 부여해보고 싶다.

우리 구는 참여연대, 노원구와 함께 생활임금을 도입하기로 하고, 2013년 1월부터 국내 최초로 우리 구 도시관리공단과 성북문화재단에 적용하였다. 생활임금은 최저임금에서 더 나아가 주거비, 식료품비, 교육비, 문화비 등을 종합적으로 고려해서 노동자가 인간다운 삶을 영위할 수 있도록 적정소득을 보장하는 임금이다.

2014년 최저생계비는 3인 기준으로 월 133만원에 불과하다. 이는 국민기초생활보장법에서 정의하고 있는 최저생계비, 즉 '건강하고 문화적인 생활을 유지하기 위하여 매월 소요되는 최소한의 비용'에는 턱없이 부족한 실정이다. 이보다 더 큰 문제는 2014년의 최저임금은 시간당 5,210원으로 월급여로 환산했을 때 108만 원밖에 되지 않는다는 점이다. 3인 기준 최저생계비인 월 133만 원에도 미치지 못하는 비현실적인 수준이다. 더군다나 현재의 최저임금은 형식상

국내 최초 생활임금도입 합동 기자회견 (YTN. 2012.11.15)

정책임금이지만 사실상 노사 간의 교섭에 의해 결정되는 교섭임금이라서 이러한 정책적 목표를 반영하기조차 어려운 것이 현실이다.

유럽연합은 회원국들에게 노동자 평균임금의 60%를 최저임금으로 책정할 것을 권고하고 있다. 그리고 우리나라 노동계는 50%를 요구해 왔지만 현실은 30%를 조금 넘는 수준이다. 우리 성북구에서 적용한 생활임금은 5인 이상 사업장 노동자 평균임금의 50%와 서울시 물가 가중치인 16%의 절반인 8%를 반영하여 5인 이상 사업장 노동자의 평균임금의 58%를 적용하고 있다.

생활임금의 가장 큰 의미는 노동계에서 그토록 주장해왔던 노동자 평균임금의 50%를 적용했다는 점이다. 최저임금과 최저생계비가 저임금·빈곤 및 소득불평등 해소를 위한 본연의 역할을 하고 있지 못

2014년 최저임금과 성북구의 생활임금 비교

하고 있는 상황에서 최저임금을 넘어선 생활임금의 적용은 노동의 가치를 회복하고 대한민국의 빈곤갭을 줄이는 새로운 이정표라고 할 수 있다.

생활임금의 도입으로 우리 성북구의 예산은 2013년에는 1억 5천만 원, 2014년에는 1억 2,500만 원이 추가로 투입되었다. 1억여 원의 예산이 결코 적은 돈은 아니지만 사회양극화 해소와 근로빈곤층을 위한 지방정부의 선도적인 해결을 위한 사회적 비용이라고 한다면 수백 배의 가치가 충분히 있다고 할 수 있을 것이다.

미국에서 짧은 인연이 성북에서 생활임금으로 이어지다
우리 성북구는 올 상반기 안에 생활임금 조례를 제정할 계획이다. 이미 시행 중인 생활임금제를 명문화하여 지속성과 안정성을 다지고 다른 지방자치단체로까지 확산시키기 위해서이다.

이를 위해 작년 10월에 우리 성북구는 노원구청과 함께 한국고용노사관계학회에 의뢰하여 '생활임금 활성화 및 확산 전략에 대한 연구'를 수행했다. 올해 1월에 연구용역의 책임연구원인 권순원 숙명여자대학교 경영학과 교수님을 만나 생활임금의 의미와 주요 쟁점사항에 대해 이야기를 나눌 수 있었다.

권순원 교수님의 장인어른은 바로 권영길 전 의원님이다. 권영길 전 의원님은 민주노총 위원장과 민주노동당 국회의원을 지내신 노동계의 큰 어르신이다. 나와 만났을 당시 권순원 교수님은 먼저 권영길 전 의원님이 단식농성 중이라면서 안타까움을 나타냈다. 상황은 이렇다. 작년 12월 철도노조 파업과 관련하여 1995년 민주노총 설

구청장실에서 만난 권순원 숙명여대 교수 (2014.1)

립 이후 최초로 민주노총 본부에 공권력이 투입되었다. 한국노총마저 이에 항의해 정부와 모든 대화를 거부하고 있는 상태이다. 권영길 전 의원님은 민주노총 지도위원들과 함께 노동탄압에 항의하기 위해 단식농성을 하게 된 것이다. 그 뉴스를 듣고 염려가 되었는데 소식을 다시 들으니 마음이 안타까워졌다. 권순원 교수님과 권영길 전 의원님이 사위와 장인 관계라서일까? 두 분 다 노동문제에 전력을 다하고 계시는 모습이 예사롭지 않았다.

권순원 교수님과 나와의 인연은 참 특별하고 재미있게도 한국이 아닌 미국에서 시작했다.

"제가 코넬대학교에서 유학을 했는데, 2001~2년에 코넬대학교에서 한국인 유학생 학생회장을 했어요. 아내와 제가 둘 다 학생이라 우리가 학생회를 떠맡을 때였지요. 당시 구청장님이 공부하시던 시라 큐스대학과 코넬대학이 1시간 거리에 있어서 코넬대학에서 체육대회를 했어요. 제 처가 구청장님 대학교 후배라 인사를 했다고 하더라고요. 그때는 몰랐는데 제가 예전에 구청장님 뵈러올 때 그 인연을 이야기하더라고요."

10여 년 전에 머나먼 이국땅에서 권순원 교수님의 부인과 인사를 나누고 지금은 생활임금이라는 주제로 권순원 교수님과 다시 만나게 된 것이다. 예사롭지 않은 인연이라는 느낌이 들었다.

생활임금이 도입될 수 있었던 것은 2012년 8월 성북구와 노원구에 참여연대가 정책제안을 하면서부터였다. 권순원 교수님에게 생활임금에 관심을 갖게 된 특별한 계기가 있는지를 물었다.

"제가 유학할 때 전공이 노동분야로 생활임금은 그때 처음 접했어요. 2001년쯤에 뉴스를 보니 하버드대학에서 일하고 있는 노동자들을 위해 하버드대학생들이 먼저 생활임금운동을 전개하면서 일종의 노학연계가 이루어졌지요. 결국 하버드대학에서 노동자들에게 생활임금을 적용하기로 하여 캠페인이 성공을 했거든요. 그것을 계기로 자료를 더 찾아보니 미국 각 지자체에서 관련운동이 활발하게 진행되고 있더라고요. 그래서 한국에 돌아가게 되면 이것을 우리 조건에서 가능한 방식으로 운동도 하고 연계해서 한번 해 봐야겠다는 생각을 하게 되었지요."

2001년 하버드대학생들의 생활임금 쟁취운동.
이미지 출처 www.studentsagainstwar.net

권순원 교수님은 2006년에 공부를 마치고 돌아와 숙명여대에 자리를 잡고 참여연대 노동사회위원회 실행위원장으로 일하고 있다고 한다.

외부위탁을 직접고용으로, 최저임금을 생활임금으로

언제였을까? 성북구청장으로 취임 후 우연히 청소노동자들이 밥상도 없이 휴게실 바닥에 신문지를 깔고 식사를 하는 모습을 보고 너무나 깜짝 놀랐던 기억이 있다. 그분들은 우리 구청의 청사관리 업무를 맡은 성북구 도시관리공단이 외부용역업체에 위탁을 준 형태로 간접고용되어 있는 분들이었다. 세상의 노동에는 차별이 없어야 한다고 생각하는 구청장이 있는 구청사에서 이런 일이 벌어지다니……. 충격의 깊이만큼 그에 대한 대응속도도 빨랐다. 우선 그 날 바로 식탁과 냉장고를 사 드리도록 조치를 한 후 유사상황에 대해 전체 점검과 조치를 지시했다.

그리고 구청 청소노동자, 구내식당 조리보조원, 민원안내 도우미 등 성북구 도시관리공단이 위탁한 용역직원들을 용역업체와 계약기간이 끝나자마자 성북구 도시관리공단으로 직접 고용하도록 하였다. 그 결과 구청에서 일하던 노동자는 고용안정과 임금 상승효과를, 구청은 예산절감 효과를 얻을 수 있었다.

지난 1월 중순 무렵이었다. 설날을 맞이하여 구 청사를 청소하는 분들과 주차관리 하는 분들과 점심을 함께 할 기회가 있었는데 어느 한 분이 말문을 열었다. 우리 성북구가 2012년 11월 국내 최초로 생활임금을 도입한다는 발표 후 MBC와 YTN 등 여러 방송에서 인터뷰를 했는데 그때마다 단골로 출연했던 분이다. TV 뉴스에 출연한 후에 주변사람들로부터 전화를 많이 받았다고 한다.

"성북구 도시관리공단으로 소속이 바뀌다보니 월급이 올랐어요. 거기에 복지포인트도 1년에 120만 원을 받게 되니 '정말 세상에 이런 일이 다 있구나' 하는 생각을 했어요. 그동안은 주면 주는 대로, 하라면 하라는 대로 할 수밖에 없었지요. 이것만으로도 고마운 일인데 생활임금으로 또 월급이 올랐잖아요. 그래서 TV 인터뷰할 때 긴장한 게 아니라 웃음이 자꾸 나와 여러 번 다시 찍었답니다."

역시 이 말을 하면서 함박웃음을 짓는 모습을 보면서 가슴이 뭉클

해졌다. 노동권은 헌법에서 보장한 권리임에도 아직 우리나라 저임금 노동자들에게는 법전상의 권리에 불과했구나 하는 생각이 들었기 때문이다.

노동의 가치를 회복하는 생활임금

생활임금은 참여연대에서 우리 성북구와 노원구에 제일 먼저 제안한 줄 알았는데 권순원 교수님의 말을 들어보니 사실 서울시에 먼저 제안했었다고 한다.

"박원순 당시 희망제작소장님이 2011년 10월 서울시장 보궐선거에 출마했을 때 제가 금융경제연구소장을 하고 있었어요. 그래서 생활임금 캠페인을 공약으로 내걸고 선거이슈화 해보자고 했는데 기간이 짧아서 선거공약으로 하지는 못했어요. 선거가 끝난 후 다시 참여연대에서 박원순 서울시장에게 공식적으로 제안했죠. 그런데 이번에는 당시 서울시가 기간제 노동자와 간접 고용된 노동자의 정규직화 방안을 모색하고 있던 때라 생활임금 캠페인을 속도감 있게 진행하기가 사실상 어려울 것 같았어요."

그래서 참여연대는 기초지방자치단체와 생활임금을 논의해 보기로 방향을 바꿨다고 한다.

2012년 8월에 참여연대에서 우리 성북구와 노원구에 생활임금을 제안했을 때 이를 적극적으로 검토할 수 있었던 건 노동, 특히 심화되는 양극화로 근로빈곤층이 증가한다는 문제의식 때문이었다.

재작년 대선에서 경제민주화는 주요쟁점 중 하나였다. 경제민주화라는 건 재벌을 없애자는 게 아니라 경제주체들에게 민주적으로 동일한 기회를 제공하자는 것이다. 우리나라의 경제구조는 대기업 위주의 수출지향형 성장 패턴이기 때문에 국내총생산에서 내수, 즉 민간소비가 차지하는 비중이 미국 70%, 일본과 유럽 국가들은 60%대에 이르는데 우리나라는 겨우 50% 수준에 그치고 있는 실정이다.

　얼마 전의 한겨레신문 보도(2014.2.2)를 보면 연구개발 보조 1조 4천억 원, 비과세 감면 7조 1천억 원, 공공조달 12조 8천억 원, 정책자금 105조 등으로 해마다 국가에서 대기업에 지원하는 금액이 연간 126조 원을 넘는다고 한다. 이러한 대기업 지원이 가계소득으로 이어진다면 그나마 의미 있는 일이겠으나 한국은행의 국민소득 통계자료를 보면 2008년~2011년 동안 성장의 수혜가 기업에 집중되었음을 알 수 있다. 이 기간 동안 우리나라의 연평균 실질소득이 3.2% 가계 실질소득은 2.4% 성장한데 반해, 기업 실질소득은 가계 실질소득의 거의 7배인 16.1%가 성장한 것이다.

　낙수효과, 즉 잔에 물이 넘치면 자연스럽게 아래로 흘러내려야 하는데 이렇게 쏟아 붓는데도 물은 넘쳐 흐르지 않고 있는 실정이다. 작년 6월말 기준으로 국내 10대 그룹의 사내유보금만 477조 원에 달한다고 하니, 재계에서 주장하는 일명 낙수효과가 얼마나 허울만 있는 명분인지를 보여주는 통계라고 할 수 있다. 낙수효과에 대한 권순원 교수님의 평가가 이어진다.

　"낙수효과라는 게 사실은 국민소득 GDP 기준으로 4만불이라 하더

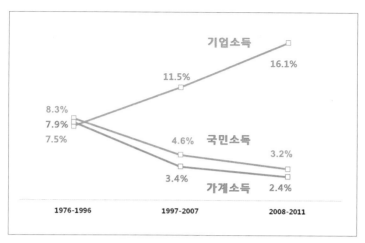

국민소득중 기업소득·국민소득·가계소득 비중 비교 (한국은행)

라도 상위 10%의 대기업과 상위 소득 계층들이 독점하고 있다면 이를 통해 유지되는 경제가 얼마나 지속가능할지에 대해서는 의문이에요. 오히려 3만불이면서 소득의 50%, 60%, 70%가 소득 계층들에게 골고루 분배가 되고 그것을 기반으로 경제가 순환이 될 때 훨씬 더 지속가능하고 안정적인 사회가 되는 거죠. 스티글리츠 교수의 최근 저서『불평등의 대가』를 보면 미국의 양극화가 얼마나 심한지 나오잖아요."

조지프 스티글리츠는 노벨경제학상을 받은 세계적인 석학이다. 예일대, 듀크대, 프린스턴 대학 등 소위 미국에서 높게 평가되는 대학의 교수를 거쳐 지금은 컬럼비아대학 교수로 재직하고 있다. 클린턴 정부에서는 경제자문회의 의장을 지냈으며, 세계은행 수석 부총재로도 일했다. 스티글리츠는『불평등의 대가』에서 2008년 세계경제위기 이후 더욱 심화된 소득격차와 사회양극화로 인한 중산층의 몰락을 경고하고 있다. 부가 한쪽으로 독점되면서 현재 미국은 완전한 불황에 불행하고 불공정하고 부정의한 사회로 내몰리고 있다는 것이 그의 진단이다. 그런데 여기서의 문제는 이와 같은 양극화현상이 비효율성의 중심이라는 것이며, 이는 우리나라에서도 예견되고 있다고 권순원 교수님은 이야기하였다.

"경제가 순환되려면 가계가 경제활동을 통해 돈을 벌어 은행 또는 자본시장에 투입하거나 저축하고, 자본시장이나 은행은 이 돈을 다시 생산적 활동을 하는 기업에 투자하고, 기업은 돈을 벌어서 개인에게 소득으로 제공을 하는 것이 선순환의 경제라고 할 수 있죠. 그런데 우리는 완전히 거꾸로 되어 있어요. 은행은 기업에 투자하는 게 아니라 가계에 투자를 하고 있어요. 2002년을 기점으로 가계대출과 기업대출이 역전이 되어 지금은 가계부채가 1,000조 원에 이르고 있거든요. 상황이 이러다보니 가계의 가처분 소득은 빚 갚고 교육비 대느라 점점 줄어들어 경제는 더 어려워지는 있는 겁니다."

서울과 같은 대도시는 대부분 서비스업이 발달하고, 특수고용직 노동자, 사내하청 노동자가 계속 증가하고 있는 실정이다. 더군다나 노조를 통해 노사관계 문제를 해결할 수 있는 구조를 제대로 가져보지 못했기 때문에 견제와 균형이 아닌 자본과 힘의 논리가 노동자를 압박하고 있는 상황이다. 이러다 보니 비정규직이나 자영업자, 소상공인들이 많은 지역경제는 더 힘들어질 수밖에 없다. 구청장의 입장에서는 지역 주민들의 가처분 소득을 늘리는 게 지역경제 활성화의 핵심이라고 할 수 있다. 삼성전자가 최고의 수익을 올린다고 지역경제가 활성화되지 않는다는 것은 이미 구청장으로서 뼈저리게 느끼고 있었기 때문이다. 그렇다고 삼성전자로 대표되는 대기업을 해체하자는 것은 아니다. 다만 대기업 위주의 경제가 아닌 기업경제와 지역경제로 대표되는 가계경제가 더불어 발전하자는 것이다. 노동자들이 정말 문화적인 생활이 가능할 정도로 소득이 증가해서 가처분소득도 늘어나야 삼성에서 만들어내는 TV나 스마트폰이 더 잘 팔리는 효과도 있기 때문이다.

"구청장님이 지적하신 것처럼 왜곡된 기형적 고용기업들이 굉장히 많이 늘어나고 있어요. 근로기준법에 의해 보호를 못 받는 특수고용직 노동자와 일명 하청업체 노동자, 즉 간접고용 노동자만 계속 증가하고 있지요. 특수고용직의 규모를 추계해 보면 정부에서는 60만, 80만 얘기하지만 제가 연구한 것에 기반해서 추계해 보면 150만 정도는 된다고 봐요. 이들은 이중착취, 삼중착취의 고리에 몰려 있는데 노동조합이라고 하는 게 너무나 취약해서 사실상 이들을 대리할 만한 누군가가 아무도 없어요."

그러면서 권순원 교수님은 근로빈곤층과 사회양극화 문제에 대해 정치권이나 정부가 실제로 가능한 프로그램을 통해 접근을 해야 한다고 강조했다. 이들은 너무 큰 차원의 고민만 하는데 사실상 실효성도 없다 보니 하위 근로 계층은 점점 늘어나고 있다고 진단하였다.

생활임금

'자동차 왕' 헨리 포드는 1914년 1월 5일 당시 하루 8시간 노동을 기준으로 5달러의 일당을 지급하겠다고 발표했다. 당시 동종업계 평균보다 두 배 더 높은 수준이었다. 월스트리트저널은 '경제적 범죄'라고 성토했다. 포드는 파격적 임금인상의 명분으로 인도주의를 표방했다. "노동자의 임금이 충분치 않으면 자녀들을 제대로 먹일 수 없고, 아이들은 영양실조에 빠지게 된다. 이들은 허약한 노동자로 자랄 수밖에 없고, 취업한다 해도 산업현장의 생산성을 떨어뜨리게 된다."

포드는 노동 수요와 공급에 따라 결정된 시장임금이 아니라 사회적 임금을 지급한 것이다. 그는 노동자가 곧 소비자로서 기업의 성장을 이끈다고 생각했다. 자동차 노동자가 임금을 모아 자동차를 살 수 없다면 어떻게 열성을 다해 일하겠는가. 실제로 당시 대당 850달러였던 'T 모델' 승용차는 컨베이어벨트 시스템이 도입되면서 대량생산이 가능해짐에 따라 차츰 값이 내려 1917년에는 대당 360달러였다. 포드 노동자가 대략 3개월분 임금을 모으면 살 수 있는 수준이었다.

인간다운 삶을 영위할 만큼 임금을 줘야 한다는 포드의 선구적 생각은 오늘날 생활임금 개념으로 이어졌다. 서울 성북구와 노원구는 지난해 전국 처음으로 생활임금제를 공공부문에 도입했다. 생활임금이란 최저임금에서 더 나아가 최소한의 인간적, 문화적 삶을 영위할 수 있도록 적정 소득을 보장하는 기준이다. 상당수 선진국과 그 지방자치단체들은 1990년대 초반부터 생활임금제도를 시행하고 있다.

정부가 지난해 정한 최저임금(시간당 5210원)이 전체 노동자 평균임금의 38%에 그치는 반면 성북구와 노원구의 생활임금은 평균임금의 절반에 서울시 생활물가 조정분(8%)을 더해 평균임금의 58%로 산정한다. 작년 생활임금은 135만7000원(시간당 6490원)이었다. 올해에는 143만2000원(6850원)으로 4일 결정됐다. 생활임금은 성북문화재단 등에서 일하는 청소·경비·주차·시설관리 등 계약직 110명에게 지급된다.

미국 유럽 일본 등 선진국 경제의 장기 침체로 인해 세계경제가 저성장의 늪에 빠졌다. 만성적 수요 부족의 원인으로 최근에는 노동분배율 저하가 부각되고 있다. 뒤늦게나마 오바마 미국 대통령도, 캐머런 영국 총리도, 아베 일본 총리도 모두 최저임금과 임금 인상을 옹호하고 나섰다. 투자 활성화와 기업하기 좋은 환경만 외칠 것이 아니라 실질임금 인상 필요성에도 눈을 돌려야 할 때다. 공공부문부터 생활임금이 확산되기를 기대한다.

임항 논설위원 hnglim@kmib.co.kr

"실질임금 인상을 위해 공공부문부터 생활임금 확산"(국민일보. 2014.2.6)

결국 제도와 현실 사이의 간격을 줄일 수 있도록 지방정부들의 역할이 중요하다는 것이다.

"생활임금이 정말 중요한 정치적 의제와 사회경제적 차원의 중요한 정치적 전략으로 자리매김하게 되면 그 과정에서 지방정부로서 성북구와 노원구가 했던 역할이 상당히 큰 의미를 가질 수 있을 것입니다."

미국 최저임금 인상 및 생활임금 쟁취운동

작년 말과 올해 신문을 보면 미국의 소식이 눈길을 끈다. 바로 미국의 오바마 대통령은 최저임금을 올리고 각 지방자치단체들은 생활임금을 제정한다는 뉴스다. 현재 캘리포니아주에 소속된 도시의 1/3이 생활임금 조례를 제정했다고 한다. 그동안 전미서비스노조(SEIU) 등 미국 노동조합과 지역사회가 '좋은 일자리 캠페인'을 통해 소득불평등과 정부 역할을 제기하며 최저임금을 생활임금 수준으로 올리자는 운동을 벌여온 결과라고 할 수 있다.

미국의 오바마 대통령은 2013년 국정연설에서도 연방정부 계약노동자들이 최저임금 인상 계획을 발표했다. 그러나 의회의 반대로 1년 이상 표류하자 의회의 승인 없이 실행할 수 있는 행정명령을 지난 1월 말에 발동했다. 미국의 경우 연방법에 의해 매출액 50만 달러 이상 기업에 시간당 7.25달러를 최저임금으로 제시하고 있는데 2009년 이후 5년째 7.25달러로 동결되고 있는 상황이었다. 이번 오바마의 결단으로 연방정부 계약노동자들의 최저임금은 2015년까지 시간당

10.10달러로 인상될 계획이다.

한 가지 흥미로운 여론조사가 눈에 띈다. 2013년 11월의 미국 CBS 여론조사 결과를 보면 당적에 관계없이 최저임금 인상을 선호하는 의견이 압도적으로 많았다고 한다. 무당파는 64%가, 심지어는 미국의 보수파라고 할 수 있는 공화당 지지자마저 57%가 최저임금 인상에 찬성할 것이다. 극심한 빈부격차로 유권자들이 지지 정당 여부에 큰 상관없이 최저임금 인상에 찬성하고 있다는 점은 눈여겨볼 만한 부분이다.

또 한 가지 재미있는 사례가 있다. 미국 워싱턴주에 위치한 인구 2만 7천여 명의 소도시인 시택시에서는 작년 11월 5일 국제공항 서비스업 노동자의 시간당 최저임금을 9.19달러에서 15달러로 인상하는 조례를 주민투표에 붙였다. 등록유권자가 12,000여 명에 투표율은 약 50%로 6,001명이 투표를 했는데 선거결과는 찬성 3,039표(50.6%), 반대 2,962표(49.4%)로 표차이가 77표에 불과했다. 미국에서는 재검표를 하는 사례가 거의 없지만 반대측의 강한 요구에 따라 수작업으로 재검표까지 하게 되었고 결국 한달 뒤에 생활임금 조례를 제정하는 주민투표 결과가 공식 확정되어 발표되었다고 한다.

생활임금 확산 전략 – 먼저 실행하고 조례를 통해 확산

성북구와 노원구에서 2013년 1월 국내 최초로 시행된 생활임금제도는 다른 지방자치단체로까지 확산되었다. 먼저 부천시는 재의결 끝에 2013년 12월 조례를 제정했으며 강남구도 2013년 11월에 발의되어 현재 구의회 상임위원회에 보류된 상태이다. 그리고 경기도에서는 얼마 전 2월 경기도의 재의요구 끝에 부결되었다.

생활임금 시행방법에서 우리 성북구가 앞의 지방자치단체와 달랐던 점은 조례를 먼저 만들지 않고 구청장의 권한이 미치는 실행가능한 범위 내에서 실시했다는 점이다. 이것은 성북구 출연기관인 성북구 도시관리공단과 구청장이 이사장으로 있는 성북문화재단에 생활임금을 적용했기에 가능할 수 있었다. 이에 대한 권순원 교수님의 평가다.

"부천시는 생활임금조례를 성북구보다 먼저 제정했지만 노사민정이라는 거버넌스 차원에서 추진하다 보니 입법과정이 복잡했고 절차상 어려움도 많아 오히려 실행이 늦어졌다고 할 수 있습니다. 생활임금 같은 사례는 일단 실행하는 게 중요하죠. 이 부분은 정치적 결단의 문제입니다. 모든 이해당사자의 합의를 거치는 것도 중요하지만 제도화하는 과정에서 여러 문제가 발생할 수 있거든요. 일단 가능한 범위에서 시행하고 법제화하는 성북구와 노원구의 전략이 훨씬 더 효율적이었다고 생각합니다."

앞서 말한 것처럼 우리 성북구도 조례 제정을 준비 중으로 늦어도 상반기 안에는 만들어질 것이다. 조례가 제정되면 용역·공사계약 같은 간접고용 노동자까지 생활임금을 확대해 나갈 계획이다.

사실 간접고용까지 생활임금을 적용하도록 하는 성북구의 생활임금 조례는 치열한 법리 논쟁이 예상된다. 법제처의 법령해석을 참고

하면 생활임금 조례에서 용역·공사계약 같은 간접 고용까지 포함할 경우 생활임금을 지급하도록 하는 협약서는 특약이나 조건을 정하지 못하도록 한 지방자치단체를 당사자로 하는 계약에 관한 법률에 위배될 수 있기 때문이다. 이에 대해 권순원 교수님은 법리논쟁 촉발이 바람직하다고 하였는데 일종의 노이즈 마케팅이라고 할까? 생활임금에 대해 논쟁을 만들면서 우리나라의 소득 양극화와 노동문제에 대한 사회의 관심 폭을 높일 수 있다면 이 또한 확산전략이라고 할 수 있기 때문이다.

생활임금 조례를 준비하고 있던 지난 1월에 한 가지 반가운 소식이 전해졌다. 지방자치단체가 공공부문 노동자에게 최저임금 이상의 임금액, 즉 생활임금을 결정해 적용할 수 있도록 법제화가 추진된다는 소식이다. 민주당의 김경협 의원을 중심으로 원혜영, 은수미, 전순옥, 남윤인순 의원들이 최저임금법 개정안을 발의한 것이다. 생활임금이 제도로써 안착되고 대한민국 전 지방자치단체로 파급될 수 있도록 최저임금법 개정안이 하루 빨리 통과되었으면 하는 바람이다.

성북구 생활임금, 비정상적인 대한민국 노동문제를 정상화하는 밑거름
지난해 3월에 우리 성북구가 주도하여 만든 '전국 사회연대경제 지방정부협의회'를 중심으로 '전국 사회적 경제 매니페스토 실천협의회'의 창립대회가 이번 3월 6일에 개최될 예정이다.

한국 매니페스토 실천본부와 협약을 맺고 활동을 하게 될 '전국 사회적 경제 매니페스토 실천협의회'의 핵심 의제로 먼저 '사회책임조달제도'와 '생활임금제도'를 제안할 계획이다. 한국매니페스토 실천

본부도 이러한 움직임에 대해 적극 환영하고 있다. 지역경제 활성화, 저임금 노동자들의 소득개선과 직결된 공약을 확산할 수 있고, 지방선거가 끝난 후에는 '전국 사회적 경제 매니페스토 실천협의회'를 근거로 공약을 이행하라고 지방자치 단체장들을 압박할 수 있기 때문이다.

지난 1월 22일에는 국회에서 민주당에서 주최하는 민주당 지방자치단체 정책대회가 있었다. 이 대회는 민선5기 지방정부의 민생복지 성과를 홍보하고 공유하기 위해 마련한 자리였는데 우리 성북구는 이 대회에 '국내 최초 생활임금제 도입'(부제는 '최저임금을 넘어 생활임금으로, 소득양극화 해소의 출발'이다)을 제출하여 우수 정책사례에 선정되어 표창도 받았다. 그리고 민주당 지도부와 민주당 소속의 각

민주당 지방자치단체 정책대회에서 생활임금 발표 (2014.1.22)

지방자치단체장 앞에서 생활임금제도에 대해 발표하기도 했다.

발표 자리에서 나는 우리 구의 생활임금제도를 소개하며, 소득양극화 해소를 위해 생활임금 제도를 지방선거에서 민주당의 전국적 핵심의제로 설정할 것을 제안했다. 그리고 이를 위해 생활임금을 중앙당 공약으로 추진하고 각 지방자치단체에서 도입할 수 있도록 지원해 줄 것을 요청했다. 아울러 생활임금제도를 위탁·용역계약이라는 간접고용까지 확대할 경우 법적공방이 예상되는 만큼 사회적 공론화를 위한 지원이 필요하다는 점을 강조했다.

우리 구가 생활임금을 적용했다고는 하지만 이 금액도 저임금 노동자가 인간다운 삶을 누리기에는 턱없이 부족한 실정이다. 하지만 민주당 지방자치단체 정책대회에서 발표한 생활임금 발표 자료의 부제처럼 '최저임금을 넘어 생활임금으로, 소득양극화 해소의 출발'이라는 점에서 의미 있는 시도라고 할 수 있다. 한동안 일자리가 복지라는 말이 있었는데 좋은 일자리가 진정한 복지라는 말로 바꿔야 할 것이다.

권순원 교수님도 우리나라 노동자의 임금이 노동력을 건강한 상태로 지속적으로 재생산될 수 있어야 한다고 강조하였다.

"우리나라에서 최저임금은 이미 정책임금으로서 위상을 상실한지 오래됐어요. 성북구와 노원구에서 시작한 생활임금이 최저임금을 견인하고 궁극적으로는 생활임금으로 최저임금이 수렴될 수 있도록 해야 할 것 같습니다."

생활임금이 저임금 계층의 임금 하한을 높이는 보완적 전략이자 한국형 연대임금 정책의 하나로 대한민국의 전 지방자치단체로 확산되어 근로빈곤층의 증가, 소득불평등 심화라는 정말 비정상적인 문제들의 정상화에 밑거름이라는 되었으면 하는 바람이다.

성북구는 사회적 경제의 메카

[노란들판 양현준 경영이사]

[놀이나무 이원영 대표]

[대지를 여는 바느질 이경재 대표]

지역경제 활성화로 이어지는 사회적 경제

최근 대기업에 집중된 경제구조, 고용 없는 성장, 사회적 양극화, 침체된 지역경제 등의 문제를 해소하고 사회 통합을 위한 방법으로 사회적 경제가 대한으로 떠오르고 있다. 사회적 경제는 이윤을 얻기 위해 고용하는 것이 아니라 고용하기 위해 이윤을 추구하는 경제활동을 일컫는다. 바로 사회적 기업, 마을기업, 협동조합 등이 사회적 경제 조직이라고 할 수 있다. 지방자치단체 등 공공기관이 사회적 경제 활성화를 위해 팔을 걷어 붙여야하는 이유는 사회적 경제에서 발생한 이익 등이 지역 주민들의 이익과 일자리창출 등으로 이어지는 선순환 구조를 지향하기 때문이다. 그것은 곧 주민이 수혜의 대상에서 멈추는 것이 아니라 지역변화의 주체로 참여하는 것을 의미한다.

우리 성북구는 2011년 12월에 전국 최초로 '사회적 기업 허브센터'를 설치하고, 역시 전국 최초로 '사회적 기업 투자설명회'와 '사회적 경제 박람회'를 개최하였다. 이를 통해 사회적 경제 조직을 기업과 연계·후원하고 투자 가능한 기업을 발굴해 지속 성장이 가능하도록 지원하였다. 그리고 2012년 7월에는 사회적 경제과를 신설하여 공동체 활성화의 방안으로 사회적 경제를 전략과제로 설정하고 마을 만들기와 연계한 사회적 경제 구축을 추진해왔다.

우리나라의 사회적 경제 관련주체들은 아직 자생력을 갖추지 못한 면이 있다. 사회적 기업 중 영업이익을 낸 곳이 20% 안팎에 불과하며 그나마도 정부지원 중단 시 운영이 어려운 실정이라고 한다. 그래서 우리 구는 전국 최초로 사회책임조달 제도를 도입하여 사회적 경제제품 우선구매 조례(성북구 사회적 경제 제품 구매촉진 및 판로지원에 관한 조례)를 제정하였는데 공공기관이 필요한 제품과 서비스를 구매할 때 고용, 사회통합 등 사회적 가치를 고려하는 것을 말한다. '사회적 경제 제품 우선구매' 조례 제정 전인 2011년에는 사회적 경제제품 구매실적이 5억 9천만 원이었는데 조례 제정 후인 2012년에는 10억 원, 2013년에는 약 22억 원으로 확대되었으며, 올해는 30억 원을 목표로 하고 있다. 성북구 한 곳에서 도입한 사회책임조달만으로도 사회적 경제 조직의 시장이 급속도로 성장한 것이다. 이를 정부와 전국의 지방자치단체 차원으로 확대한다면 그 성과는 상상하기 어려울 정도로 커질 것이다.

또, 2013년 3월에는 우리 성북구가 주도하여 지방자치법에서 규정하고 있는 행정협의회인 '전국 사회연대경제 지방정부협의회'가 만들어졌다. 이 조직은 사회적 경제를 주제로 전국의 지방자치단체들이 모여 만든 단체로 사회책임조달 관련 법률제정을 위한 입법청원 활동을 벌였다. 이어서 '사회적 경제 지방의원 협의회', 성북구의 신계륜이 중심이 되어 '국회 사회적 경제 포럼'도 꾸려졌다. 여기에 국회의원·지방정부·지방의회·시민의 4자가 모이는 사회적 경제 연대체도 구성되어 오는 3월 6일에 전국 사회적 경제 매니페스토 실천협의회가 꾸려질 예정이다. 이는 대한민국의 정치사에도, 지역경제 활성화를 위해서도 상당히 의미 있는 일이라고 할 수 있다.

정당 내부에서도 사회적 경제에 대한 관심이 높다. 민주당은 사회적 경제 정책협의회를 설치키로 하고 위원장에 신계륜 의원을 임명

전국 사회적 경제 매니페스토 실천협의회 준비위원회 워크숍 (2014.2.14)

했으며, 새누리당에서도 유승민 의원을 위원장으로 해서 사회적 경제 특별위원회가 구성되었다. 사회적 경제에 대해 여야를 넘나드는 유의미한 사회적 합의가 이루어진 것이라고 볼 수 있다.

또 한가지 반가운 소식은 문재인 국회의원이 가칭 '사회적 가치 기본법'을 발의할 예정이라고 한다. 이는 공공기관의 조달, 개발, 위탁, 민간지원 사업에 있어 비용절감이나 효율성만을 중시하기보다는 공동체 발전에 기여할 수 있도록 사회적 가치를 균형 있게 반영하는 것을 의무화하는 내용으로 바로 우리 성북구가 국내 최초로 도입한 사회책임조달제도인 사회적 경제제품 우선구매 조례의 기본가치가 법률로 반영된 것이라고 할 수 있다.

사회적 가치 기본법을 대표 발의할 예정인 문재인 의원이 지난 2

사회적 가치 기본법 발의 토론회에서 발표하는 김영배 성북구청장 (2014.2.10)

월 10일 "착한 경제, 어떻게 만들 것인가"라는 주제로 토론회를 개최하였다. 나는 이 자리에 가장 활발하게 사회적 경제가 이루어지고 있는 지방정부를 대표하여 지정토론자로 참여하여, 국내 최초로 도입한 성북구의 사회적 경제제품 우선구매 조례의 성과를 소개하고, 사회책임조달 제도관련 법률 제정의 필요성에 대해 역설했다.

이처럼 우리 성북구는 사회적 기업이 더욱 단단하게 뿌리내릴 수 있는 건강한 토양을 만들기 위해 끊임없이 노력해 왔다. 여기에 성북구 사회적 기업들의 노력까지 더해져서 사회적 가치 추구는 물론 기업으로서의 성과도 가시화 되는 등 많은 우수 사례를 배출하고 있다. 최근의 서울시 사례만 보더라도 우리 성북구 사회적 기업들의 성과는 눈부시다. 작년 12월 서울시는 성장 가능성이 있고, 다른 기업의 모델이 될 만한 우수 사회적 기업 13곳을 발표했다. 이 중에 우리 성북구의 사회적 기업이 3개나 포함되어 있는데 노란 들판, 나눔하우징, 극단 '날으는 자동차'가 바로 그 주인공들이다. 서울시는 이 13곳의 사회적 기업들에게 공동브랜드를 사용하도록 하고, 판로 및 홍보・마케팅 지원 등을 통해 집중 육성할 계획이라고 한다.

하지만 사회적 기업들이 자생력을 갖추고 일반 기업들과 어깨를 나란히 하기에는 여전히 만만치 않은 것 또한 현실이다. 그동안 여러 차례에 걸쳐서 성북구의 사회적 기업가들을 만날 기회가 있었는데 이들이 현장에서 느끼는 애로사항과 고민은 내가 생각했던 것보다 더 구체적이고 더 치열했다.

우선, 본인들 스스로 기업을 이끌고 있는 대표들임에도 불구하고 직원이 아닌 대표 중심으로만 부각되는 기업 문화에 대한 경계를 늦추지 않고 있었다. 실제로 지역에 사는 분들 중에 대표가 아닌 직원이나 소비자들이 훨씬 더 많은 상황 속에서 사회적 기업이 성장하기 위해서는 일하는 사람들이 중심이 되어야 한다는 것이다. '우리 회사 최고'라는 자부심이 때로는 기업의 위기를 넘기는 힘이 되기도 하는데 사회적 기업에서 일하는 모든 이들이 주목을 받을 수 있으면 애사심은 물론 사회적 책임감과 더불어 지역에 대한 애착도 더욱 높아지기 때문이다. 그리고 이를 통해 지역 문화를 중심으로 사회적 기업이 성장하는 문화를 만들어야 한다고 했다. 이와 같은 이야기를 들으면서 그동안 내가 갖고 있던 고민도 조금은 풀리는 듯 했다.

'도시는 있는데 마을은 없고, 주민은 있는데 이웃은 없는 지금의

성북 사회적기업 허브센터에서 만난 사회적기업 대표들 (2013.10)

현실 속에서 어떻게 사회적 경제를 이끌어 갈 수 있을까?' 이것이 그동안 사회적 기업과 관련한 나의 고민 중 하나였다. 성북구에서 같은 지향점을 갖고 있는 이들이 마음과 힘을 모은다면 더불어 함께 만드는 공동체의 기반인 사회적 경제 구축이 그리 어렵지만은 않겠다는 생각이 들었다.

함께 뛰노는 노란 들판을 꿈꾸다
- 노란들판 양현준 경영이사

앞서 말한 것처럼 서울시에서 우수 사회적 기업 13곳 중 한 곳으로 선정된 노란들판은 노들장애인 야간학교가 그 시초이다. 장애인들의 취업을 고민하다가 2006년에 창립하여 2008년에는 '실사 출력분야 수도권 1호' 사회적 기업으로 고용노동부 인증을 받기도 했다. 현재 노란들판에는 모두 17명의 직원이 일하고 있으며, 직원 중 장애인은 11명, 비장애인은 6명이다. 장애를 가진 직원들은 색감과 디자인 실력을 갖춰야 하는 회사에서도 자신에게 적합한 일을 찾는다면 몸이 불편한 것은 아무런 문제가 되지 않는다는 것을 몸소 보여주고 있다고 한다.

노란들판의 양현준 경영이사는 그동안 고용에 대한 가치문제를 최우선으로 삼았으나 기업으로서의 영리 추구 문제도 외면할 수 없기 때문에 많은 고민을 했다고 한다. 그동안 경영상의 어려움도 많았는데 그 중에서도 사회적 기업이기 때문에 직원 임금 중 일정부분을 지원받았던 것이 2011년에 종료되면서 재정적으로 어려움을 겪었을

야학부터 일터·직업훈련까지… '장애는 없다'

3년 전 작업장 출발… 현수막 만들며 꿈꾸는 일터로
관공서·시민단체가 주문처… 고객층 다양화 나서

사회적기업 기획특집 기사로 소개된 노란들판 (경향신문. 2009.10.5)

때가 가장 힘들었다고 한다. 실제로 사회적 기업에 대한 인건비 지원이 종료되면 이를 극복하지 못하고 결국 문을 닫는 기업이 많은 것이 현실이기도 하다.

적지 않은 규모의 적자를 감당해야 했던 노란들판은 지금이 아니

면 늦는다는 생각으로 오히려 더 공격적으로 사업을 펼쳤다고 한
다. 수준 높은 디자인 경쟁력을 갖춘 뒤 현수막뿐만 아니라 팜플릿
과 화보 등 인쇄 출판분야로까지 확장했었는데, 이를 통해 매출도 많
이 증가하여 2012년에는 매출 8억 4천만 원에, 순이익 4,200만 원을,
2013년은 매출 11억 8천만 원에, 순이익 5,000만 원을 거두었다고
한다. 올해에는 직원 수도 늘리고 더욱 성장할 수 있을 것 같다고 하
니, 자칫 좌절과 절망에 빠질 수 있었던 많은 이들이 함께 일군 희망
에 박수를 보내고 싶다.

놀이가 교육이다
- 놀이나무 이원영 대표
교육·문화 콘텐츠 개발 사회적 기업인 놀이나무는 온라인 커뮤니티
에서 시작하여 2010년에 사회적 기업으로 변신한 회사이다. 놀이나
무는 사회적 기업의 인건비 지원이 작년까지였는데 임금지원 첫해
부터 적자가 났다고 한다. 지원을 받을 때에도 직원들 월급날만 되
면 스트레스를 받았는데 그보다 더 괴로웠던 것은 이원영 대표 본인
이 경영학을 배운 적도 없고 회계도 몰라서 회사 운영이 막막했을 때
라고 한다. 다행히 놀이나무는 사회적 기업으로 인증을 받은 후 SK의
사회적 기업 지원시스템을 통해 한 달에 한 번씩 경영컨설팅을 받으
면서 마케팅을 열심히 한 결과 그 전까지만 해도 불가능해 보였던 흑
자를 4년차인 작년에야 처음으로 보게 되었다고 한다.

이와 같은 성과를 얻기까지 많은 어려움이 있었다고 한다. 초창기

에 경력 단절 여성들을 직원으로 채용했는데 경험이 없다보니 이들이 자리잡는 데만 2년 정도의 시간이 걸린 것이다. 어찌 보면 엄청난 출혈을 감수할 수밖에 없는 상황 속에서 2, 3년을 기다린 결과 그 직원들이 지금은 전문가로 성장했고 더불어 회사에 대한 충성도와 애사심도 높아졌다고 한다. 이처럼 회사 일을 내 일처럼 여기는 직원들 덕분에 콘텐츠 개발에 더욱 전념할 수 있었고 이를 바탕으로 믿을만한 기업, 부모들이 신뢰하는 기업의 이미지를 쌓을 수 있었다.

이원영 대표는 사업을 하면서 생활협동조합과 놀이나무 회원들 간의 공통점을 발견하고 생활협동조합 회원들을 대상으로 공동 마케팅을 진행했다. 그 결과 90% 이상이 신입회원으로 가입하여 좋은 협력 모델을 발견했다고 한다.

놀이나무처럼 사회적 기업가들이 시행착오를 줄이기 위해서는 전

놀이나무의 남산한옥마을 견학프로그램

문가에 의한 경영컨설팅이 중요하다. 이때 일반 기업과는 다른, 사회적 기업만을 위한 맞춤형 컨설팅이 이뤄져야 한다. 왜냐하면 '사회적 가치'와 '영리 추구'의 두 가지를 모두 잘 경험해 본 전문가는 많지 않은 현실 속에서 이 두가지 가치를 함께 묶어주는 컨설팅이 중요하기 때문이다. 하지만 사회적 기업으로서의 가치도 관리해 주고 기업으로서 이윤도 창출할 수 있도록 도와주는 문화를 만들고 정착시키기에는 여전히 미흡한 현실이 아쉬울 따름이다.

"후배 사회적 기업가들을 보면 우리가 실패했던 것, 하면 안 되는 것들을 또 다시 반복하고 있더라고요. 그게 너무 안타까웠어요."

사회적 기업가들은 자신들이 겪어 온 시행착오를 후배들이 그대로 이어가는 모습을 보면서 경험자들과 접촉할 수 있는 기회가 많았으면 좋겠다는 이야기를 많이 했다. 특히, '왜 실패했는가?' 하는 위기관리 교육이 필요한데 이를 이론이나 학문적으로 전달하는 데에는 한계가 있을 수밖에 없기 때문이다. 실질적인 경험을 바탕으로 구체적으로 전달이 된다면 초보 사회적 기업가들은 선배들이 겪은 시행착오를 조금이나마 줄일 수 있을 것이기에 사회적 기업가들의 네트워킹이 무엇보다 중요한 문제라고 할 수 있다.

에코웨딩과 마을결혼식의 개척자
- 대지를 위한 바느질, 이경재 대표
성북구의 사회적 기업 중에는 서울의 대표적 친환경 사회적 기업으로 각광받고 있는 '대지를 위한 바느질'도 있다. 그동안 여러 상도 타고 사업도 많이 크고 있는 성북구의 대표적인 사회적 사업가라고 해도 과언이 아닌 이경재 대표와 이야기 할 기회가 있었다. 이 당찬 아가씨가 사회적 기업가로 성공하기까지는 참으로 많은 우여곡절이 있었다고 한다.

국민대학교 의상디자인학과를 졸업한 이경재 대표는 닉스인터내셔널이라는 패션 회사에서 기획 MD로 인턴 생활을 거쳐 SBS 의상실에 취업한 후 촉망받는 디자이너 생활을 이어갔다. 처음에는 방송국에서 일한다는 것 자체가 그저 재미있었는데 시간이 지날수록 회사 생활에 회의가 들었다고 한다. 그러던 중 강원도와 인연이 닿아 아예 그 곳으로 내려갔다고 한다. 마을 주민 모두의 것이었기에 오히려 아무도 관리하지 않던 건물을 펜션으로 바꿔 운영하며, 공부를 더 해보고 싶다는 생각으로 국민대학교 그린디자인대학원에 다니게 되었는데 이를 통해 옷과 패션에 대한 생각이 완전히 뒤바뀌는 계기가 되었다고 한다. 환경에 대해 공부하다 보니 오늘날의 지구 환경 문제가 생각보다 심각하다는 것을, 그래서 자연에 해가 되지 않는 삶, 자연에 해가 되지 않는 옷에 대한 생각을 하게 된 것이다.

"그동안 저는 옷을 왜 만들어야 하는지에 대한 의문을 갖지 않았어요. 그저 칭찬받는 옷, 잘 팔리는 옷을 만들려고 했던 제가 어떤 옷을 왜 만들어야 하는지에 대한 질문을 대학원에 와서 처음 하게 된 거예요. 그러면서 최소한 환경에 피해를 주지 않는 옷을 만들어야겠다는 생각을 했죠."

그 첫 번째 아이템은 바로 웨딩드레스였다. 웨딩드레스는 생산단가를 낮추기 위해 합성섬유로 만드는 경우가 많은데 석유에서 뽑아내기 때문에 한정된 자원을 고갈시키고 땅에 묻어도 분해되지 않는 골칫덩어리 소재라고 한다. 그래서 이 대표는 실크에 비해 훨씬 저렴하지만 실크와 비슷한 광택과 촉감을 내고 땅에 묻으면 쉽게 분해되어 자연으로 돌아가 토양의 일부가 되는 옥수수 전분, 천연 한지, 쐐기풀 섬유 같은 친환경 소재에서 뽑아낸 섬유로 드레스를 만들고 디자인 단계부터 간단히 수선만하면 일상복으로 가능하도록 활용성을 높이는데 주안점을 두었다고 한다. 강원도에서 전시용으로 친환경 웨딩드레스 두벌을 만들었는데 전시가 끝난 후에 인터넷으로 날아온 '저 드레스 하나만 만들어 주세요.'라는 쪽지를 계기로 아예 사업을 시작하게 된 것이다. 지금은 웨딩드레스뿐만 아니라 결혼식 전반에 걸쳐서 환경을 살릴 수 있는 방법을 고민하여 뿌리를 자르지 않은 식물로 만든 살아 있는 부케, 친환경 종이에 콩기름으로 인쇄하고 앨범을 재활용할 수 있는 청첩장, 예식이 끝난 후 하객들에게 나눠드릴 수 있는 화분장식, 유기농 식사, 공정여행으로 떠나는 신혼여행 등 에코웨딩 시스템을 갖추고 있다.

이경재 대표는 처음에는 두 명의 직원으로 회사를 시작해서 열한 명까지 늘었다가 지금은 다섯 명의 직원으로 회사를 운영하고 있다고 한다. 직원 수의 변화 못지않게 많은 부침을 겪은 것이다.

"패션 쪽에서도 그린디자인을 했는데 기업 중에서도 사회적 기업을 하는 거예요. 그래서 직원을 뽑을 때 의지를 먼저 봤어요. 환경에 대한 인식이 있는지, 사회적 기업에 대해 얼마나 알고 있는지에 중점을 두고 직원을 뽑았는데요. 그랬더니 회사가 참 힘들더라고요."

그저 좋아하기만 하는 것이 아니라 잘하기도 하는 사람을 모아야 하는데 소위 '마인드'만을 선정 기준으로 삼다 보니 직원 개개인은 일도 열심히 하고 회사 분위기도 참 좋은데 매출이 나오지 않았던 것이다. 그래서 생각해낸 것이 '전문인력' 제도로 이대표보다 나이도 많고 경험도 풍부한 직원을 뽑았더니 사람들 관계가 복잡해지면서 파벌까지 생길 정도였다고 한다. '마인드'를 중시했을 때 기업으로서의 성과가 제대로 나오지 않는 문제, '능력'을 중시했을 때 기업의 분위기가 악화되는 문제는 어느 것 하나 외면할 수 없는 중요한 문제일 수밖에 없을 것이다. 기업가가 회사를 운영하는데 있어서 소비자들이 선호하는 질 좋은 제품을 만들어 내는 과정과 이것을 마케팅해서 잘 팔릴 수 있도록 영업하는 과정 등 두 개를 모두 갖춰야 하는 것은 분명하다. 그런 면에서 사회적 기업은 경영적인 측면에서 전문성과 자신들의 독자적인 분야를 만들 수 있을 정도의 충분한 기술과 숙련도를 갖추는 것이 필요하다. 하지만 사회적 기업에 대한 대부분의 지원 사업이 인건비 지원에 집중되고 있는 것이 현실이다.

또한 시장 조성의 문제도 사회적 기업에게는 중요한 문제이다. 우리 성북구는 전국 최초로 시행한 '사회적 경제 제품 우선 구매조례'와 역시 전국 최초로 시행한 '사회적 경제 투자 박람회' 등을 통해서 사회적 경제 조직의 판로개척을 지원하였으며, 사회적 기업허브센터

"사회적 가치를 담는 경제가 중요"

신년기획 왜 사회적 경제인가 2·3·4면

사회적 기업 '대지를 위한 바느질' 대표 이경재씨(33·여)에게 사회적 기업과 친환경은 동의어다. 이는 업체 설립과정에서 입증된다. 대학원 재학 중이던 2005년 옥수수 전분으로 만든 웨딩드레스를 본 예비 신부가 연락을 해왔다.

이를 계기로 몇 개월에 한 번씩 주문이 들어왔고, 2008년 '일반회사'를 설립했다. 이후 국내에 사회적 기업 열풍이 불었다. 이윤을 추구하지만 이윤극대화만을 목표로 하지 않으며 수익의 일부를 사회에 환원한다는 점이 마음에 들었다.

'대지를 위한 바느질'이 고용노동부로부터 사회적 기업 인증을 받은 것은 2010년. 노동부는 결혼으로 인한 환경피해를 최소화한다는 공익을 추구하고 다문화·저소득층에 무료 결혼식을 지원해준다는 점을 높이 평가했다. 사회적 기업이 되면서 경제적 연 지원을 받을 수 있었고 아이도 생겼다. 직원도 채용하기 시작했다. 비로소 지속가능한 기업 형태를 갖추게 된 것이다.

'대지를 위한 바느질'은 웨딩드레스와 부케, 청첩장, 뷔페음식 등 결혼식에 사용되는 모든 것을 제작·판매한다. 일반 업체와 다르게 있다면 모든 작업 과정에서 친환경 등 사회적 가치를 고려하고 반영한다는 것이다.

직원은 이씨를 포함해 디자이너 4명, 봉제 기술자, 웨딩플래너, 홍보 담당자까지 모두 7명이다. 이씨는 직원을 뽑을 때 회사가 추구하는 사회적 가치를 공유할 수 있는지를 먼저 따진

다. 이씨는 "사회환원을 기뻐하고 사회가 바뀌는 것에 함께 신나할 수 있는 사람을 찾았다. 아무리 능력이 있는 사람도 사회적 가치라는 목적을 공유하지 못하면 빠져나갈 수밖에 없다"고 말했다. 이윤창출 재능을 가진 인사를 뽑는 일반 기업의 채용관행과는 확연히 다르다.

대기업을 그만두고 이곳을 선택한 막내 디자이너 황소연씨(27·여)는 사회적 기업에서 추구하는 목적에 막을 여맞다. 황씨는 "쉽게 만들어지고

쉽게 버려지는 패스트패션이 가격을 낮추기 위해 제3세계의 노동력을 착취하는 구조를 받아들일 수 없었다"며 "액생에 기뻐하는 숫자는 어디어마한데 이 돈이 어떻게 되는 거지? 이렇게 돈만 많이 벌면 되나? 그 다음엔 이반 자괴감이 들었다"고 말했다.

근무시간도 일반 기업과 다르다. 오전 10시부터 오후 7시까지인데, 탄력적 근무가 상시적으로 가능하다.

봉제기술자 이효정씨(44·여)는 초등학생인 아이들을 여유롭게 등교시킨 후 출근한다. 아이가 아플 때나 학교 행사가 있을 때는 '당당하게' 일을 본다. 그는 "당장 드레스 봉제작업을 마감해야 하는데 아이가 갑자기 아파서 출근을 못한 날이 있었다"며 "대표가 얼마나 속이 탔겠는가. 그런데도 아무런 눈치를 안 주더라"고 했다.

이성희 기자 mong2@kyunghyang.com

▶ 2면에 계속

'대지를 위한 바느질'은 웨딩드레스에서 음식에 이르기까지 모든 결혼 물품을 직접 제작, 판매하는 웨딩기업이다. 지속가능한 사회적기업이기도 하다. 이경재 대표(왼쪽에서 두번째)와 직원들이 새해 첫날인 1일 서울 영등포 하자센터 사무실에서 친환경 웨딩드레스를 선보이며 활짝 웃고 있다.
김기남 기자 kknphoto@kyunghyang.com

경향신문에 기획기사로 소개된 대지를 위한 바느질 (경향신문. 2013.1.2)

를 통한 경영지원과 컨설팅도 계속해서 이어가고 있는 등 사회적 기업을 위한 다양한 노력을 하고 있다. 이경재 대표도 우리 성북구의 사회적 기업에 대한 지원정책을 높게 평가해 주었다.

"제가 살아오면서 공무원과 이야기를 할 거라고는 한 번도 생각해 본 적이 없었어요. 그런데 성북구의 공무원들은 사회적 기업을 도와주기 위해서 정말 노력을 많이 하시는 거예요. 구청장님의 의지가 정말 강해서인지 다른 구에 비해서 협업도 잘되고 상생이 되는 그림들이 보이더라고요. 지금도 제가 성북구에 있다고 하면 다들 부러워해요."

사실 처음부터 우리 구가 사회적 기업이나 협동조합의 토대가 튼튼했던 것은 아니다. 민선 5기 성북구청장으로 취임할 당시만 해도 사회적 기업이 겨우 5개만 있었고 구에서는 인건비만 지원할 정도로 사회적 경제가 성장하기에는 어려운 환경이었다. 척박하기는 지역경제 또한 마찬가지였다. 결국 건강한 지역경제와 공동체 재생을 위해서는 사회적 문제도 해결하고 일자리도 만들 수 있는 사회적 경제가 필수적이라는 결론에 다다르게 되었다. 송경용 신부님, 이소영 함성 대표님, 박학용 동네목수 대표님 등 다양한 사회적 경제의 활동가와 전문가들을 만나 함께 고민하고 사회적 경제 조직에 대한 성북구만의 다양하면서도 차별화된 지원을 통해 성북구 사회적 경제 조직들이 뿌리를 내리고 이제는 제법 견고하게 자리를 잡아가고 있는 모습을 보니 자랑스러운 마음까지 들 정도였다.

"기업이 열 개 생겼다가 문을 닫는 경우를 보면 일반 벤처기업이 사회적 기업에 비해 두 배가 많대요. 사회적 기업은 돈이 목적이 아니기 때문에 사회적 가치를 추구할 수 있다면 돈을 잘 벌지 못해도 그냥 가는 거죠."

사회적 기업이 추구하는 가치의 핵심은 '사회적 기업을 왜 하는가?'라는 문제의식을 잃지 않는 것이라고 생각한다. '돈'을 추구하는 일반 기업가들은 수익이 나지 않으면 금방 포기하지만 사회적 '가치'를 추구하는 이들은 그 가치에 대한 실현 욕구가 강하기 때문에 당장은 어려워도 일단은 앞으로 더 나아가고자 하는 것이다. 더불어 같이 사는 공동체를 위해서라도 이제 우리 사회도 재화의 효용성뿐만 아니라 사회적 가치까지 함께 추구하는 시대로 전환되어야 할 것이다.

사회적 기업에 대한 국가의 지원을 토대로 점차 자생력을 갖춘 사회적 기업도 생겨났다. 그 결과 초창기 때보다는 뛰어난 인력이 사회적 기업의 문을 두드리기 시작하면서 활동 영역도 훨씬 넓어졌다고 한다. 그런데 사회적 기업의 활약이 커진 만큼 또 다른 문제가 불거졌으니, 그들이 애써 일궈놓은 사업 기반에 기존의 기업들이 무임승차 하려는 것이다.

'대지를 위한 바느질'의 경우 친환경 웨딩드레스에서 더 나아가 서울시 시민청을 설득해서 6개월 여의 준비기간 끝에 에코 웨딩시스템을 만들어 기존 결혼문화의 거품을 걷어내고자 했다고 한다. 그런데 이 에코 결혼식이 성공적으로 치러진 후 수익성만 노리는 다른 웨딩업체들이 밀고 들어오면서 오히려 '대지를 위한 바느질'은 그 시장에서 밀려나는 상황이 되어 버렸다고 한다. 사회적 기업이 아무리 좋은 사회적 가치를 추구하고자 해도 거대 자본과 조직을 바탕으로 비슷한 상품을 만들어내면 애써 만들어 놓은 시장을 그저 빼앗길 수밖에 없는 것이다.

이 같은 상황을 방지하기 위해서 우리 구에서 시행하고 있는 것이 바로 사회적 경제 제품 우선구매 조례이다. 성북구에서 사회책임조달로 구매한 내용을 보면 물품에 치우친다는 지적도 있다. 하지만 성북구 관내에 있는 사회적 경제 조직이 그리 많지 않고 더군다나 현재는 상위법이 없다 보니 아직까지 2,000만원 이상은 수의계약을 할 수 없다는 단점이 있다. 계약할 수 있는 금액의 범위가 적기 때문에 초기에는 사회적 기업에게 단비가 되지만 매출을 늘리고 몸집을 키우는 데에는 한계가 있을 수밖에 없는 것이다. 그래서 전국 사회연대경제 지방정부협의회에 사무총장 자격으로 제안하여 사회책임조달 관련 법률 제정을 위해 입법청원 활동을 벌이기도 했다.

이경재 대표는 지난 3년 간 에코웨딩 확산을 위해 달려왔다면 이제는 잘못된 결혼문화를 바꾸는데 초점을 맞추고 있다. 우리나라에 전문 웨딩업체가 들어서고 대기업화 되면서 강남 지역의 업체를 거치지 않고는 결혼식을 할 수 없는 시스템이 되어 버린 결혼문화를 바꿔보겠다는 생각을 했다고 한다. 바로 사업자 중심의 불합리한 구조를 바꾸기 위해 이른바 '모두가 행복한 마을 결혼식'을 통해서 메이크업과 웨딩드레스 등 모든 결혼준비를 할 수 있도록 하여 결혼식에서 발생하는 경제 효과를 마을로 되돌려 지역 경제를 활성화 하고자 한 것이다.

"성북구청에서 세 쌍의 마을 결혼식을 했는데 예식장과 음식에 대한 반응이 정말 좋았어요. 음식 같은 경우에는 서도칼국수에서 왕만두를, 길음시장에서 묵을, 성북천 주변 상가에서 전과 막걸리를, 오복 떡집에서 떡을 가지고 오는 식으로 진행했거든요. 같이 만들 수 있는 음식을 성북구 관내의 정릉시장이나 보문시장, 길음시장에서 재료를 구입해서 만들기도 했는데요. 당연히 신랑신부가 선택할 수 있고 독점이 되지 않는 시스템으로 만들려고 했는데 사람들의 평이 다 좋았어요."

성북구에 있는 미장원에서 헤어메이크업을 하고 성북구의 꽃집에서 친환경 부케를 만드는 등 결혼식의 모든 과정이 성북구 안에서 이루어졌다면서 당분간은 이와 같은 마을 결혼식이 성북구에서 완전히

"웨딩드레스, 식이 끝나면 평상복으로 수선해드려요"

세상 그 누구보다 아름답고, 생애 그 어느 순간보다 빛나고 싶은 사람이 바로 결혼식 날 '신부(新婦)'다. 그 욕망을 공식적으로 풀어내도 되는 결혼식은 그래서 종종 과한 느낌을 준다. 특히 식장, 의상, 웨딩드레스 등 결혼관련 상품이 최다 '패키지화' 된 한국의 결혼식은 비싸면서도 천편일률적이다. 결혼식 날 단 하루를 위해 만들어지고 버려지는 물품들이 환경을 심하게 오염시킨다는 것도 문제다. 이런 상황에서 진정한 의미의 결혼이 무엇인지 묻고, 상업화된 한국의 결혼문화에 대안을 제시하는 이가 있다. 사회적기업 '대지를 위한 바느질'의 이경재(31) 대표다.

이씨는 원래 의류회사와 방송국 영상실에서 일하는 평범한 패션디자이너였다. 그런 이씨가 '옥수수 전분'을 이용해 웨딩드레스를 만드는 그린(green) 디자이너가 된 것은 한 방송을 통해 국민대 윤호섭 교수의 인터뷰를 보고서다. 이씨는 "환경이 이렇게 되기까지 디자이너의 잘못은 없나"라는 윤 교수의 물음에 내 마음이 움직였다"고 말했다. 그 길로 이씨는 국민대학교 환경디자인 대학원에 진학했고, 자신의 전공인 '패션'을 통해 환경과 공존할 수 있는 디자인을 하기 시작했다.

이씨는 쐐기풀, 한지, 옥수수 전분 등을 소재로 친환경 드레스를 만들기 시작했다. 일년에 170만 벌씩 버려지는 썩지 않는 드레스는 새롭게 출발하는 한 가정의 시작과는 어울리지 않다고 생각했기 때문이다.

2006년 연 첫 개인전에는 친환경 소재를 이용한 웨딩드레스 열여섯 벌을 전시했다. 이 개인전을 보러 온 여성 관람객이 옥수수 전분으로 만든 드레스를 입고 결혼한 첫 번째 신부가 되었다. 어디선가 이야기를 듣고 온 다른 예비신부도 "나도 그 드레스를 입고 싶다"며 주문을 해왔다.

화분 꽃장식, 하객에게 선물로
유기농 음식, 남는 건 싸가도록
"아직 장소 제약 많아 아쉬워"

시간이 지나자 '다른 건 친환경이 안 되느냐'는 문의도 들어왔다. "제일 쉬운 것부터 바꾸자"는 생각에 청첩장을 재생지와 콩기름 잉크를 이용해 만들기 시작했다. 이씨는 "그러다 보니 유기농 결혼식 음식도 하게 됐고, 결혼식이 끝나고 화분에 심을 수 있는 뿌리가 살아있는 부케도 생각하게 됐다"며 미소를 지었다.

이씨는 이처럼 친환경 재료만으로 결혼식을 올리는 것을 '에코웨딩'이라고 이름 붙였다. 2006년부터 지금까지 '대지를 위한 바느질'을 통해 500여 쌍이 '에코웨딩'으로 결혼을 했다. 많은 수는 아니지만 매년 그 숫자는 꾸준히 늘고 있다. 결혼식 후 평상복으로 수선해주는 친환경 웨딩드레스는 신부가 두고두고 입을 수 있었다. 유기농으로 만들어지고 남은 건 집에 싸갈 수도 있는 결혼식 음식을 부모님들은 만족해했다. 버려지는 꽃 대신 선물할 수 있는 화분으로 장식받은 식장은 하객에게도 좋은 추억으로 남겨졌다. 그러면 결혼 후 버려지는 웨딩드레스, 음식, 꽃이 전부 하나의 '의미'로 다시 태어난 것이다.

그러나 힘든 점도 있다. 결혼식을 할 장소 찾는 게 쉽지 않다는 것이다. 결혼식장을 예약하면 꽃 장식이나 음식 등을 무조건 해야 하는 그 업체의 불문율이라서 에코웨딩을 하려면 공원 등 야외를 찾아야 한다. 이씨는 "야외 웨딩은 시간과 날씨 등의 제약이 많아서 에코웨딩을 하고 싶어도 결국 못하는 커플이 많다"고 어려움을 토로했다.

하지만 진심은 통하는 법이다. 작년 8월 이씨는 프랑스 명품 브랜드 '까르띠에'에서 사회적이고 환경적인 의미를 자체내기에 사업을 하는 여성사업가에게 주는 상인 '여성창업상(Women's Initiative Awards)'을 수상했다. 이씨는 수상이 확정된 순간, 여기까지 오는 데 수많은 사람들의 도움이 있었다는 걸 깨달았다고 했다. "천연실을 만드는 공장이 없었다면, 유기농 농사를 짓는 농부가 없었다면 어떻게 했을까요?"라고 말한 이씨는 "더 많은 사람들이 결혼의 진정한 의미를 깨닫고 참여했으면 좋겠다"는 바람을 드러냈다.

— 글·사진=신보경 더나은미래 기자
bo.shin@chosun.com

대지를 위한 바느질의 친환경 결혼식 에코웨딩 (조선일보, 2011.4.5)

자리 잡을 수 있도록 집중할 계획이라고 한다. 그리고 성공적으로 안착한 성북구 모델을 서울시 자치구 4군데 정도에 확산시킨다면 건강한 결혼식 문화를 통해 지역경제 생태계 조성에 도움이 될 것이라고 확신하고 있었다.

이 같은 마을 결혼식은 구청장으로서 마을과 지역경제에 대해 관심을 갖게 되면서 욕심을 냈던 프로그램이다. 이런 생각을 구체화하기 전에 이미 대지를 위한 바느질이 착실히 그 기반을 닦고 있는 것을 보면서 흐뭇한 마음이 드는 건 어쩔 수가 없었다.

여기에서 조금 더 나아가 성북구의 역사문화 자원을 활용한 마을 결혼식을 만드는 것이다. 구청에서 결혼식을 한다고 하면 저렴한 결혼식, 허술한 결혼식이라는 인식이 없지 않은데 성북구에 자리 잡은 한국가구박물관이나 간송미술관, 길상사 등의 사찰에서 결혼식을 한다면 문화적으로도 큰 의미가 있는 것은 물론이며, 의미 있는 장소에서 새로운 인생을 출발하는 신랑·신부에게도 특별한 의미가 될 것이다.

또 하나는 친환경 웨딩드레스와 관련해서 웨딩드레스를 한복으로 제작하는 건 어떨까 하는 생각이다. 일반 드레스는 직접 제작을 하고 친환경 한복은 제작된 것을 대여해 주는 식으로 결혼식을 진행하는 것도 좋을 것 같다. 그리고 장위 부마축제처럼 고증된 결혼식을 왕실의 절차에 따라서 하는 것도 좋을 것이다. 기존 결혼식의 문제점을 해결하기 위해 거품을 빼면서도 차별화된 성북구의 마을 결혼식이 새로운 멋과 트렌드를 만들어 갔으면 하는 바람이다.

6

벤처기업의 산실, 성북 스마트 앱 창작터

[청년두레 허승원 대표]

전국 최우수 1인 창조기업

성북구청 사거리에서 한성대입구역으로 가다보면 오른쪽으로 보이는 드림트리 빌딩 6층에 젊은 청년들의 꿈이 송골송골 샘솟고 있는 곳이 있으니 바로 성북구 스마트 앱 창작터이다. 성북구는 지난 2011년 7월 전국 최초로 직영 스마트 앱 창작터를 개원하고 정보통신(IT) 분야 청년 일자리 창출에 힘을 더하고 있다.

성북 스마트 앱 창작터에서는 스마트 애플리케이션과 솔루션 개발을 위한 각종 스마트 기기와 개발 프로그램, 컴퓨터, 작업실, 세미나실, 회의실 등을 무료로 제공하는 것은 물론 개발 관련 역량 강화에 필요한 전문 기술과 1인 창조기업 창업에 도움이 되는 다양한 정보도 함께 지원하고 있다. 대학졸업자와 졸업예정자를 대상으로 창업 계획 실현 가능성, 사업 계획의 독창성, 상품성 등을 평가하여 매년

"1인창조기업 육성 가장 잘했다"

성북구, 중소기업청 최우수기관 선정

서울 성북구가 지난 한해 1인 창조기업 육성·지원을 가장 잘 한 곳으로 평가됐다. 성북구는 중소기업청에서 실시한 '1인 창조기업 비즈니스센터 운영평가'에서 최우수기관으로 선정됐다고 13일 밝혔다.

중소기업청 평가는 전국 46곳에 설치된 1인 창조기업 비즈니스센터를 대상으로 진행됐다.

성북구는 비즈니스센터는 지난 2011년 7월 문을 연 '성북 스마트앱 창작터'. 구는 창작터를 위해 1인 창조기업에서 진행하는 프로젝트계약을 수주하거나 지식재산권 출원 지원, 연계망 활성화 지원, 전문가 기술자문 등 여러 분야에서 지원을 아끼지 않고 있다. 서울지방중소기업청 서울시 SH공사와 함께 1인 창조기업을 위한 협약을 맺고 투자유치 설명회 성장전략토론회 개발경연대회를 열기도 했다.

성북구 창작터가 최우수기관으로 선정된 건 2011년에 이어 두번째다. 구는 "올해 최소 1억3000만원에 달하는 사업비를 지원받을 예정"이라며 "명실공히 창조기업 육성·지원에 앞장서는 지자체로 인정받게 됐다"고 밝혔다.

김진명 기자 jmkim@naeil.com

성북 스마트 앱 창작터 최우수기관 선정 (내일신문. 2014.1.24)

30명씩 입주자를 선발하고 있다.

최근 우리 구는 성북 스마트 앱 창작터의 활약을 바탕으로 중소기업청 주관 전국 '1인 창조기업 비즈니스센터 운영평가'에서 2011년에 이어 두 번째로 2013년 최우수기관으로 선정되기도 하였다.

용광로와 같은 성북 스마트 앱 창작터에서 성북구를 넘어 대한민국 벤처기업의 미래를 책임지고 있는 한 청년을 만날 수 있었으니 바로 청년두레의 허승원 대표이다.

올해 나이 28살인 허승원 대표는 중학교 때 이미 과학영재교실을 수료하고 게임 개발을 시작했으며 고등학교 2학년 때 본격적으로 게임업계에 진출, 20대에 벤처기업을 운영한 청년사업가이다.

군대 전역 2년 전부터 속초와 서울을 오가면서 창업 교육을 받고 제대 후에 본격적으로 창업을 준비한 허승원 대표는 2011년 '성북구 앱 창작터'에 입주하여 독립개발자와 대학생팀, 창작 벤처인들과 함께 '창작인 네트워크'를 구성하였다. 그리고 2012년 2월 앱과 멀티미디어 콘텐츠 개발, 지역민들과의 소통을 위한 문화 콘텐츠 개발 기업인 '다이나믹볼트'를 창업하였다. 최근에는 '청년두레'로 회사 이름을 바꾸었는데 나눔을 통해 지역의 농사를 함께 짓는 마을 조직에서 창안하여 청년들이 함께 하는 일종의 지역 품앗이를 염두에 둔 것이라고 한다.

실내디자인과 멀티미디어, 전기 소재 등 다양한 분야를 전공한 8명의 직원이 일하고 있는 '청년 두레'는 지역의 실업청년을 발굴하여 자신의 전공 분야에 대한 취업 준비를 하면서 기업 홍보나 소상공인 서비스 마케팅 같은 지역 프로젝트를 수행한 실무경험을 쌓을 수 있도록 하고 있다. 그러니까 일종의 '청년들을 위한 도움닫기 기업'이라고 하는데 여기에는 고등학교, 대학교를 졸업하면 곧바로 취업 경쟁에 나서야 하는 대한민국 청년들의 우울한 현실에 대한 문제 인식이 밑바탕이 되었다.

"군대에 있을 때 친구와 이야기를 하는데 사회에 나가서 안정된 직

성북 스마트 앱 창작터로 미래산업 기반 구축 (서울신문. 2011.12.28)

장에 취업한 후 결혼하고 가정을 꾸리는 것이 꿈이라고 이야기하더라고요. 그런데 제 생각에 그건 꿈이 아니라 저희가 이룰 수 있는 기본적인 일인 것 같았거든요."

'청년들의 꿈이 왜 이리 작아졌을까?', '대체 어디에서 문제가 시작되었을까?' 고민하고 관찰해 보니 지역 사회에서 청년들을 적시적소에 활용하지 못하고 있다는 문제점을 찾게 되었다고 한다. 그래서 사회에 막 진출하고자 하는 청년들이 자신의 능력을 지역 사회를 위해 활용하면서 인생의 목표를 일깨울 수 있도록 돕기 위한 회사를 설립한 것이다.

'성북구 스마트 앱 창작터' 출신인 허승원 대표는 그 전에는 외부 기관의 창업스쿨에서 창업교육을 받았는데 너무 이상적이고 현실과 맞지 않는 부분이 있어 고민도 많았다고 한다. 그런데 성북구 앱 창작터에서는 센터장이 직접 멘토링을 해서 실무와 행정적인 부분을 도와주고 컨설팅을 해주는 분이 자금 확보까지 연계해 주어 창업에 큰 어려움을 겪지는 않았다고 하니 실질적인 청년 창업 지원 기관의 필요성을 느끼고 설치한 나로서는 듣기만 해도 뿌듯한 이야기가 아닐 수 없다.

허승원 대표는 청년을 위한 도움닫기 기업을 만들기 위해 세 가지 시스템을 구축했는데 그 첫 번째가 창작 일터 개방과 직업 체험 교육이다. 허 대표는 관내 중, 고등학생들이 일터에 방문해서 직업체험을 할 수 있도록 하고 주말에는 진로 직업센터와 기존 중학교 동아리를 대상으로 그래픽과 프로그래밍을 가르치고 있다. 이 모든 과정을 성북구의 교육공무원들과 정책 담당관이 마련한 정책에 근거해서 진행하고 있다. 장학사들의 의사결정 과정에도 참여하여 계획을 수립하고 있는데 길음중학교의 게임개발 동아리를 이끌고 공모전에 출품하여 1억원 이상 투입된 게임개발사들을 제치고 2등상을 타는 성과를 거두기도 했다.

두 번째는 관내 벤처기업 우선 채용이다. 실제로 청년두레도 교육을 통해 양성된 친구들과 관내 실업청년을 우선적으로 선발하고 있는데 허승원 대표는 자신이 직접 사비를 들여서 학원에 보내고 기술과 기획 교육을 진행하면서 프로젝트를 진행하고 있다.

세 번째는 프로젝트 수행이다. 만화영상진흥원에서 교육용 프로그램을 개발하는 2개의 과제를 수행하였으며 2012년에는 성북구내 제조업 사장들과 함께 한 디자인을 오프라인 제품에 적용한 기획전을 열기도 했다. 이밖에 2012 대한민국 벤처창업대전, 2013 세계만화축제, 2013 세계무역박람회 등 각종 전시회에 제품을 출품해서 큰 호응을 얻기도 했는데 이를 바탕으로 2013년 중소기업청장 표창, 서울교육청장 표창 등을 받기도 했다.

사회적 기업의 성공 모델을 꿈꾸다

앱 창작자로 시작해서 회사를 만들기까지 걸린 시간은 약 6개월 정도로 엔젤 투자 1,000만원을 받아서 시작했는데 당시에는 그것도 정말 큰 돈이었다고 한다. 지금까지의 매출은 2012년 1,200만원, 2013년 2,000만원으로 8명 직원의 월급은 정부 지원 사업과 수주 받은 매출로 충당하고 있어서 아직은 넉넉한 형편이 아니라 허승원 대표는 월급을 따로 가져가지 않고 외부 강연료 등으로 해결하고 있다고 한다.

개인적인 이득을 포기하고 사회적 가치 실현을 위해 노력하고 있는 허승원 대표. 그렇다고 매출에 대한 욕심이 없는 것은 아니었다.

"저는 돈 버는 사회적 기업이 되는 비즈니스 모델이 있다고 생각해요."

허승원 대표는 그 꿈의 실현을 위한 첫걸음으로 '성북구 전통시장 앱' 개발을 선택했다.

이것은 중소기업청의 '창업정책사업과제'에 당선되어 확보한 5,000만 원의 지원금으로 개발한 프로젝트로 반경 1킬로미터 이내의 위치 기반 서비스를 이용하여 전통시장 소상인들의 제품 정보를 지역 주민들에게 실시간으로 업로드 해주는 시스템이다. 상인들이 생

성북 스마트앱 창작터에서 만난 허승원 대표 (2013.11)

선이나 과일 등 빨리 상할 수 있어서 그 날 밤까지 반드시 팔아야 하는 재고 품목의 사진을 올리면 소비자가 확인하고 바로 주문할 수 있는 시스템으로 성북구 일자리 경제과 전통시장 관리팀, 스마트앱 창작센터의 최승철 센터장, 성북구 상공회, 성북벤처센터 등 여러 기관의 도움을 받아서 개발한 프로그램이다.

 '우리장터 성북'이라는 이름으로 제공되고 있는 이 앱은 실시간 물품 정보 조회는 물론 최신 소식과 할인 정보, 상인과 문자하기, 전화걸기, 주문과 배송서비스도 가능한 전천후 '전통시장 살리기 앱'으로 장위시장의 상인회와 함께 서비스를 진행하고 있다. 성북구 소식지인 성북소리에 홍보 자료도 싣고 마을 버스에 광고도 하는 등 '우리장터 성북'을 알리기 위한 다양한 활동도 펼치고 있는데 현재 정릉시장의 상인들에게도 프로그램 활용을 위한 교육을 진행하고 있어서

머지 않은 시간 안에 서비스를 확대할 수 있을 것으로 보고 있다.

우선 성북구에서 먼저 실행한 후에 서울시 전체로 확대할 계획이라고 하는데 이 사업이 청년두레의 실질적인 수입원이 되는 것은 물론 성북구의 전통시장 활성화에도 큰 도움이 되었으면 하는 바람이다.

이뿐만 아니라 성북구의 과거 모습을 소재로 쓴 '와룡동의 아이들'을 스마트 앱으로 개발하여 구글 플레이에서 30위에 오르는 성과를 보이기도 했다. 이와 더불어 '99가지 직업 이야기' 게임 앱도 개발 중인데 서울시 교육청과 판권을 거래하고 관내 중학교 방과후 교실의 교재로 활용할 계획도 갖고 있었다. 앞으로는 이를 더욱 확대해서 청소년들의 정서를 도울 수 있는 콘텐츠를 개발하여 스마트 교재로도 활용할 계획이며 성북구 진로 직업 센터와 자기주도학습지원센터의 웹페이지와 연동되는 하이브리드 앱을 개발해서 청소년들과 손쉽게 공유할 계획이라고 하니 지역과 문화, 교육과 사회가 만나서 이루어지는 손바닥 안의 또 하나의 세상을 기대해 봐도 좋을 것 같다.

허승원 대표의 이와 같은 노력에 깊은 인상을 받은 나는 전폭적인 지원을 약속하였다. 구청 일자리 경제과와 함께 구정 정책과 문화행사를 홍보하는 솔루션과 관공서 웹사이트 관리를 맡겼으며 성북구 주민들을 위한 문화예술카페 설립도 추진하고 있는데, 이 또한 머지 않은 시간 안에 가시적인 성과를 보일 것으로 믿고 있다.

개발과 창업시스템을 모두 갖춘 성북 앱 창작터
허승원 대표는 청년두레의 성장 스토리와 더불어 성북구 창업 지원

시스템의 보완해야 할 점에 대한 의견을 주기도 하였다. 기업의 생존, 그러니까 돈을 버는 비즈니스에 있어서 사업자에 대한 요구 수준이 높은 만큼, 청년 창업자들에게 현실적인 조언을 해줄 수 있는 멘토들이 현업에 많이 참여했으면 좋겠다는 것이다.

실제로 스마트앱창작터 졸업생들이 전략적 사업아이템을 가지고 사회로 나가지만, 빛을 보지 못하고 장렬하게 전사하는 경우가 많다고 한다. 제품과 시스템은 개발했지만 이것을 수익으로 연결하는 방법을 몰라서 그런 것인데, 처음부터 지역 사회에 필요한 사업 모델을 철저하게 계산해서 개발하고, 각 영역으로 파고 들어간다면 창작터에서 배출하는 업체들이 살아남을 가능성도 높아질 것이다.

"'성북구 상공회 최고 경제과정'에 도움이 될 수 있는 분들이 굉장히 많더라고요. 앱에 대해서는 잘 모르지만, 많은 사업 경험과 생존 능력을 갖춘 분들이 창업을 준비하는 팀과 연결 된다면 창업자들은 매출을 올리는 시스템을 구축할 수 있고 기존의 사업자들도 기술적인 도움을 받을 수 있을 것 같아요"

지역의 소상공인 사장님 같은 분들과 청년 기업을 연계하는 문제에 있어서는 소상공인들이 부담을 느낄 수도 있을 것이다. 그러나 수납이나 정보조회 같은 업무들을 여전히 느린 인력 인프라에 의존하여 사업을 하는 분들에 대한 교육을 정기적으로 진행하면서 청년 기업가들과 자연스럽게 만나게 하여 이를 지역사회나 교육문화로 확산시키는 방안을 고민해 보는 것도 좋을 것 같다.

그렇다면 이미 창업한 원로 사업가들과 창업을 준비하는 청년들의 중간에서 '누가, 어떻게 연결해 줄 것인가' 하는 점이다. 이는 업무 관련 아카데미를 정기적으로 열거나 만남의 날을 운영하면서 다양한 분야의 사람들이 모여 발표하고 이야기하다보면 서로 맞는 부분에 생길 테고, 이를 바탕으로 네트워크를 만들 수 있을 것 같다는 생각이다.

"상공인들은 어려운 환경에서도 가게를 이어가고 있는 것에 대한 자부심이 크신데요. 앱을 쓰는 사장님들과 청년 기업을 연결하여 성공의 경험을 함께 공유하면서 무언가를 만들어 간다는 자부심을 주고 우수사례를 언론에 보도해 주면 자긍심도 갖게 되고, 소통도 되고, 벨트로 묶이는 등 정책에도 부합할 것으로 봅니다"

이에 덧붙여서 허승원 대표는 우리 구에서 먼저 이루어 놓은 성과를 강북구나 노원구 등에서 이어가는 형식으로 실행하면 창업은 성북구에서 하지만 그런 효과들이 서로를 자극하면서 동북 4구의 상공인들이 경쟁적으로 참여할 수 있을 것 같다고 하였다. 이와 같은 방식으로 매출, 물류관리, 교육문화콘텐츠, 아동보호콘텐츠 등 앱으로 진행할 수 있는 것의 규모를 동북 4구 차원으로 확대하자는 것은 상당히 좋은 생각인 것 같고 이를 위한 다른 지역과의 공동 행정지원도 가능할 것으로 보인다.

성북구 스마트앱창작터에서 창업을 한 기업은 30여개 정도 되는데 서울시에서 개발과 창업의 시스템 모두 갖춘 곳은 성북구밖에 없다고 한다. 다른 구에도 앱창작터가 있기는 하지만 대부분 교육 기관

1인 창조기업 투자유치 사업설명회에서 만난 허승원 대표 (2012.6)

의 역할만 하는데 반해 성북구는 센터장과 멘토가 있어서 입주업체
들을 적극적으로 이끌고 간다는 면에서도 상당한 차별화가 있는 것
이다.

"한성대 앱 창작터, 성신여대 앱 창작터, 국민대 게임교육원 등 4개
정도 기관에 인프라가 만들어져 있고, 그곳에 있는 친구들이 창업
생태계를 만들 수 있는 기초적인 것들은 많이 만들어 놓았어요. 투
자유치나 세미나 등의 행사도 많이 하고 있고요. 그런데 안타까운
점은 성북구에서 준비하고 배출한 우수한 인재들이 성북구를 떠나
는 경우가 많아요. 창업 후 수익 모델도 성북구 내에서 찾아서 지역
민들이 같이 참여하고 성북구에 뿌리 내려서 뻗어갈 수 있어야 하는
데 정작 갈 곳이 없어요. 잘됐다고 소문이 나면 경기도 콘텐츠 진흥

원 등에서 건물을 지어놓고 무료로 공간을 사용하라면서 데리고 갑니다. 몇 억씩 투자를 받는 경우도 있으니 마다할 리가 없죠."

전도 유망한 청년 사업가들이 성북구에 그대로 남아 지역 생태계를 살찌울 수 있는 방법을 좀 더 적극적으로 고민해 봐야 할 것 같은데 우선 현재 돈암소방서 근처에 계획 중인 인큐베이팅 센터에서 저렴하게 공간을 제공하거나 벤처창업센터와 스마트앱창작터를 통합해서 운영하는 것은 어떨까 하는 생각도 든다.

허승원 대표는 융합이라는 것이 '앱'만 가능한 것이 아니라 물질적인 것도 함께 구동할 수 있어야 한다고 하였다. 예를 들어 캐릭터도 만화로만 끝나는 것이 아니라 이를 제품화해서 물건이 팔리도록 해야 한다는 것이다.

다른 지역에 있는 앱 개발 센터에서는 이미 바이오 분야와 자동화 시스템에 주목하고 있는데 이는 산업기술과 기기를 움직일 수 있는 진짜 기술 개발을 위한 투자가 이뤄지고 있는 것이다. 성북구에는 가장 많은 대학교가 있고 이와 같은 기술 개발이 가능한 업체도 있지만 다양한 산업분야와의 접촉이 잘 되지 않아 콘텐츠 개발이 어려운 경우도 많다고 한다.

"스마트 앱 창작터는 산업과 융합할 수 있는 앱을 개발하는 곳인데 저희 실무자가 다른 산업의 책임 실무자와 접촉할 수 있는 기회를 주시면 창업자들이 많은 도움을 받을 수 있을 것 같아요."

그동안 이와 관련해서는 명확한 기준이 없어서 미처 손을 대지 못한 측면이 있는데 앞으로는 지역에 있는 경제 주체들과 앱을 어떻게 결합할 것인지에 대한 고민을 집중적으로 풀어가야 할 것 같다. 그리고 이와 같은 지원이 자리를 잡으면 사회적 기업이나 사회적경제도 앱을 기반으로 한 다양한 사업을 추진할 수 있을 것으로 생각한다.

"예전의 테헤란로가 거품이었다면 이제는 대학과 연계하는 것이 좋다고 생각해요. 앱창작터에서 개발하는 콘텐츠와 학교에서 개발하는 콘텐츠가 충돌하는 경우가 가끔 생기는데 대학에서는 최첨단 기술을, 민간에서는 문화산업콘텐츠로 구분해서 역할 분담을 하는 게 좋겠어요."

한 가지 재미있는 사실은 창업을 준비하고 사업을 진행하는 과정에서 오히려 교육이 정체되는 현상이 발생한다는 것이다. 사업적, 경영적인 것은 교육이 되지만 기술적인 부분은 오히려 뒤처진다는 것이다. 이러한 때 기술적으로 앞서 있는 대학 교수나 외부 인사를 데려와서 각 기업의 실무진들을 기술적으로 무장시키는 것도 성북구 스마트앱창작터가 다른 지역과 콘텐츠를 차별화할 수 있는 원동력이 될 수 있다고 본다. 이를 위해서는 각 대학과 연계하여 기술학교를 개설하고 강좌를 여는 것도 하나의 방법이 될 것 같다.

허승원 대표는 우리 구와 강북, 노원, 도봉을 잇는 동북 4구 IT학교 설립을 추진 중이라고 한다. 이를 바탕으로 동북 4구 지역의 벤처, 사회적 기업과 연계하여 같은 팀으로 시장을 개척할 수 있도록 준비하고 대학과 역할 분담을 통합 교육 시스템 구축으로 연구와 기술교육의 장을 열어 우리가 시장 개척에 적극 참여한다면 내 손 안의 작은 '앱'을 통해 새로운 지역 경제 환경을 만들어 가는 새로운 경험을 할 수 있으리라는 기대감이 든다.

자기 자신이나 자신이 운영하는 회사의 성공을 떠나 지역 경제의 생태계를 다지기 위해 노력하고 있는 허승원 대표는 성북구에서 태어나 학교도 성북구에서 다녔으며 회사도 성북구에 설립한 그야말로 성북구 청년이다. 자신이 꿈꾸고 있는 다양한 프로젝트를 성북구에서 실현시키고자 하는 이유로 '성북구에 본인이 받은 혜택을 돌려주는 것'이라고 말하는 이 청년을 만나보니 성북구청장인 내가 참 운이 좋은 사람이라는 생각이 들었다.

향후 2년 안에 코넥스(중소기업을 대상으로 하는 주식시장)에 상장해서 자금을 효율적으로 운용할 수 있는 기반을 마련하고, 이를 바탕으로 지역 사회를 기반으로 한 돈 버는 사회적 기업으로 정착하고 싶다는 허승원 대표의 노력에 다시 한번 뿌듯함을 느끼면서, 그의 활약이 꿈과 의지를 상실하고 어려움에 빠져 있는 청년들에게 희망과 열정을 줄 수 있는 동력이 되었으면 하는 바람이다.

7

우리가 잊고 지낸 성북 한옥 이야기

[송인호 서울시립대학교 교수]

성북구의 한옥과 역사문화 자원

우리 성북구는 전국에서 최초로 지역에 존재하는 한옥의 실태에 대해 전수조사를 실시했다. 서울시가 도성 4대문 안의 한옥만을 대상으로 보존정책을 시행해 왔다는 점에서 4대문 바로 바깥에 위치하고 있는 우리 성북구의 한옥 보존 및 지원정책은 새로운 의미라고 볼 수 있다. 장승업 옛터(동소문동)에서 성락원, 앵두마을을 잇는 성북동 '선유골' 지역의 한옥마을 보전사업을 위해 한옥보존지역 지정신청을 한 것도 이런 맥락에서이다. 이 일대는 예전부터 문화예술인들이 많이 살던 곳으로 서울시에서 지난해 11월말 '성북동 역사문화지구' 지구단위 계획 구역으로 지정한 바 있으므로 역사와 문화가 어우러진 멋스러운 한옥 동네로 거듭날 것이란 기대를 하기에 충분하다 하겠다.

한성대입구역에서 성북천을 따라 북한산 방향으로 오르다 보면 우

성북동 역사문화지구 조성 탄력

서울시, 지구단위계획 결정 … 건물형태·높이기준 마련

서울 성북구 성북동 역사문화지구 조성 계획이 탄력을 받을 전망이다. 서울시는 23일 제17차 도시·건축공동위원회를 열어 성북동 역사문화지구 지구단위계획구역 및 계획 결정(안)을 수정가결했다고 24일 밝혔다.

대상지역은 한양도성 북측에 위치하고 있는 성북구 성북동 일대로 주택재개발구역과 개발제한구역을 제외한 약 147만㎡ 규모다.

계획안에 따르면 지역별 특성 및 현행 용도지역과 토지이용 현황을 고려해 최대개발규모를 설정했다. 한양도성 주변 지형차가 심한 지역은 필지 간 공동개발을 금지하는 가구계획을 통해 지형유지 및 높이관리를 유도할 수 있도록 했다.

특히 한양도성 및 주요 문화재 주변과 구릉지 주거지 밀집지역의 경우 주거환경보호를 위해 소매점과 음식점 등을 제한적으로 허용했으며, 전통공방, 전통체험시설 등을 주거 내 도입할 수 있는 기준을 마련했다.

성북동 주택지조성사업지 내 원형택지는 북악산자연공원에 접해 있는 연접지역은 제외토록 했다. 자연환경 보존과 주변 지역과의 조화를 위해 제한적으로 제시되는 개발범위, 높이, 옹벽 등의 지침을 마련했다. 또 역사적, 장소적 특성 유지·강화와 관광인프라 확충을 위해 한양도성과

성북동 역사문화지구
지구단위계획구역

성북동이 가장 가깝게 만나는 성북쉼터일대를 확대해 주제공원으로 조성한다. 성북동은 최순우 옛집, 이종석 별장, 상허 이태준고택 등과 함께 서울 한양도성, 선잠단지, 가구박물관, 성락원, 심우장, 간송미술관 등 다양한 역사자원이 현존하고 있는 역사적으로도 가치 있는 지역이다.

이런 역사·문화적 가치에도 불구하고 폐쇄적 역사자원의 활용과 획일화된 대규모 건축물 난립 등으로 고유의 장소성과 특유의 경관이 훼손돼 왔다.

서울시 관계자는 "이번 지구단위계획을 통해 유네스코 세계문화유산 등재를 추진 중인 한양도성과 함께 역사·문화·자연적 자산을 활용하고 되살려 성북동의 가치와 품격을 높이는 데 기여할 것으로 보인다"고 밝혔다.

김선일 기자 sikim@naeil.com

성북동의 역사·문화자원을 활용한 역사문화지구 지구단위계획 결정
(내일신문. 2013.10.24)

리나라 초대 국립박물관장을 지낸 '최순우 옛집'을 비롯하여 소설가 이태준이 살았던 '수연산방', 만해 한용운 선생의 '심우장' 등 유서 깊은 한옥들을 만날 수 있다. 이외에도 길상사, 삼청각, 성락원, 한국 가구박물관 등 한옥으로 남아 있는 역사 문화 공간도 상당히 많다.

이뿐만 아니라 옛 정취를 간직한 한옥과 골목길이 아직도 많이 남아 있다. 그러나 현재는 기와가 유실되거나 서까래가 드러난 집이 많으며 심지어 사람이 살지 않는 집도 많은 상황이다. 또한, 일부 한옥은 카페나 갤러리, 사설 박물관 등으로 개조되어 주거 기능을 잃고 있기도 하다.

성북동뿐만 아니라 정릉동, 동선동, 보문동 일대에도 한옥들이 비교적 많이 남아 있으나 재개발, 재건축 열풍으로 인해 사라져 버렸

성북구 동선동 한옥 밀집지역

다. 그나마 남아 있는 한옥들도 재개발 구역에 포함된 곳이 많아 언제 사라질지 모를 위기에 처해 있다.

유럽의 선진국들을 갔을 때 중세 시대부터 있었을 법한 오래된 주택들이 쾌적한 상태로 잘 보존·관리되고 있으며 그 공간에서 사람들이 여전히 생활하고 있는 모습을 보면서 부러웠던 적이 한 두 번이 아니다. 나는 우리도 오래된 한옥들을 잘 보존하고 계승·발전시켜 나간다면 언젠가는 우리나라의 주거문화를 대표하는 날이 올 수 있을 것으로 생각한다. 한옥이 오래되고 낡았다고 하여 모두 철거하고 한국민속촌과 같이 특정 공간에 인위적으로 지어놓은 채 가끔 와서 체험하는 공간으로 활용하는 것은 바람직하지 않다고 생각한다.

아무튼 나는 우리의 전통 한옥이 이렇게 사라져 가는 모습이 너무 안타까워 우리 성북구에서만큼은 그나마 남아 있는 한옥이라도 잘 보존해 나가기 위해 여러 정책을 추진해 오고 있다.

우선 2012년 7월 1일 한옥 전담팀으로 '한옥문화 TF팀'을 신설하고 그해 12월 말에는 '성북구 한옥보전 및 지원에 관한 조례'를 제정하였다. 또한 서울시립대에 의뢰하여 관내 한옥에 대한 전수조사를 전국에서 처음으로 실시하고 '한옥보전 및 관리를 위한 기본구상'에 대한 연구용역도 완료한 상태이다.

또, 지난해 4월부터는 주민들이 한옥의 가치와 아름다움, 한옥 건축의 실무 내용을 학습하고 경험할 수 있도록 전국 최초로 '한옥아카데미'를 실시하기도 하였다. 이와 함께 한옥을 신축하거나 기존 한옥을 개보수할 때에 일부 예산을 지원하고 융자해 줄 수 있도록 '성북구 기금관리 기본조례'를 개정하여 한옥보전 지원기금으로 1억 원을 조성하기도 하였다.

한옥으로 송인호 교수를 만나다

우리 구에서 한옥보전 및 관리정책을 추진하면서 초창기부터 많은 자문과 도움을 주신 분은 바로 서울시립대 건축학부 송인호 교수님이다. 현재 전국 최초로 실시하고 있는 한옥아카데미와 성북구한옥위원회에서 각종 자문을 이끌고 있는 교수님은 우리나라에서 한옥에 관심이 있는 건축가들 중 영향을 받지 않은 사람이 없을 정도로 한옥의 보존과 전승에 있어서 독보적인 활동을 펼치고 있다.

송인호 교수님이 한옥에 관심을 두게 된 것은 1985년으로 거슬러 올라간다고 한다. 당시 가회동 11번지의 도시한옥 주거지를 실측 조사하였는데 그 현장에서 느낀 교훈과 감동을 바탕으로 박사학위 논문을 작성하였고 그 이후로 지금까지 한옥 사랑을 실천하고 있다.

2000년에는 서울시정개발연구원의 정석 박사와 함께 '북촌 가꾸기 기본계획'을 수립하고 서울의 한옥 보존을 위한 실행 사업에 참여하였는데 이는 역사 문화와 관련된 서울시의 첫 번째 협치 정책이었다고 한다. 사업 초기에는 어려움도 많았지만 시민들이 한옥의 아름다움과 가치를 새롭게 인식하게 되었고 그 결과 시민단체와 도시전문가, 건축가들의 참여를 통하여 한옥이 우리 시대의 건축으로 거듭나는 계기가 되었다고 한다. 그리고 이를 통해 북촌은 도시 주거지로

성북구 한옥위원회 1차 회의, 오른쪽 중앙이 송인호 교수 (2014.2)

서의 경쟁력도 회복할 수 있었다.

서울뿐만 아니라 전국에서 빌라와 아파트 등의 고층집합주택이 많아지고 한옥은 점점 사라져 가는 현실 속에서 송인호 교수님은 한옥 고유의 우수한 가치에 대해 이야기해 주었다.

우선, 한옥은 친환경적 건축이라는 것이다. 집의 중심에 마당이 있어서 내부와 외부의 관계가 밀접한 가운데 햇볕이 잘 들고 통풍도 잘 되며 공간의 쓰임도 다양하다. 이와 더불어 나무, 흙과 같은 자연 재료를 용도에 맞게 잘 다스려서 지었기 때문에 재료의 질감을 그대로 느낄 수 있으며 우리 몸과도 친밀하다는 것이다.

두 번째로는 한옥이 모여서 만드는 골목이 또 하나의 공유 공간이 된다는 것이다. 이 골목에서 주민들은 일상적인 삶을 함께 나눌 수 있고 옹기종기 모여 있는 한옥의 지붕은 우리가 함께 누리는 아름다

성북동 최순우 옛집 전경

운 도시 경관을 만들어 준다.

"이것이 바로 한옥이 모여서 만들어 가는 공유가치입니다. 한옥 한
채 한 채가 건강하고 지혜롭게 사용될 때 동네의 기억이 존중되고
아름다운 풍경이 유지될 수 있는 것이죠."

그러나 서울처럼 인구가 밀집한 대도시에서 전통 한옥을 보존하고
유지해 나가는 데에 비용이나 지속가능성 측면에서 부담이 있는 것
은 사실이다. 그럼에도 불구하고 한옥의 가치와 아름다움을 유지하
고, 더 나아가 진화시켜 나가기 위해서는 공공의 개입과 투자가 필요
한 것이다. 도시와 주거의 문제를 자본의 속성과 개인의 심성에만 맡
겨둔다면 그 결과는 그동안 우리가 보아왔듯이 집과 동네를 부수고

새로 짓는 일만 반복하게 될 것이고 결국, 우리가 함께 만들고 살아왔던 공유 공간은 점점 더 좁아지고 오랫동안 유지해 왔던 동네의 풍경과 기억도 지워지게 될 것이 뻔하기 때문다.

"이러한 위협은 우리가 지난 20세기 후반에 이룬 빠른 산업화의 이면이기도 합니다. 한옥 동네가 갖고 있는 공유 가치는 우리 도시가 산업화의 열매를 누리는 대가만큼 공공의 이름으로 함께 지켜야 할 가치라고 믿습니다."

실제로 북촌의 한옥 가꾸기 사업도 이와 같은 한옥의 공유가치에 대한 인식을 바탕으로 시작했다고 한다. 처음에는 개인의 한옥을 고치거나 새로 짓는데 왜 공공자금을 투입해야 하느냐는 의견도 있었지만 10여년이 지난 지금 북촌은 개별 한옥의 가치는 물론 지역의 가치까지 크게 상승하는 결과를 가져오게 되었다. 무엇보다 서울의 역사문화가치가 보존되는 동시에 관광산업이 크게 진흥하는 모습을 보면서 그동안의 공공투자가 정당하고 효율적이었다는 것을 확인하게 된 것이 성과 중 하나라고 한다.

물론 그에 따른 부작용이 없었던 것은 아니다. 북촌 한옥마을의 지가상승에 따라서 마을공동체가 와해되거나 지나친 상업화로 인해 거주성이 위협을 받게 된 것은 북촌이 당면한 또 하나의 현실이기도 하다. 이와 관련하여 송인호 교수님은 이러한 실질적인 위협으로부터 북촌 한옥의 가치와 정체성을 지키는 일은 사라져가는 한옥을 지키기 위한 방안을 모색하던 10여 년 전보다 더욱 어려운 과제일 수 있다고 하였다. 돌이켜 보면 북촌 가꾸기 사업의 기본 목표가 '찾고 싶은 북촌, 살기 좋은 북촌'이었음에도 불구하고 주민공동체에 대한 배려는 부족했던 것이다. 그러다 보니 '찾고 싶은 북촌'은 되었으나 '살기 좋은 북촌'은 오히려 더욱 위태로워진 측면이 있다는 것이다. 이제는 '살기 좋은 북촌'을 만들기 위한 '북촌 가꾸기 계획'이 이어져야 한다고 덧붙였다.

한옥이 어울리는 성북구

'찾고 싶은 북촌, 살기 좋은 북촌'은 우리 구에도 시사하는 바가 크다. 한옥을 통해 '찾고 싶은 성북, 살기 좋은 성북'을 만들기 위해 우리 구는 전국 최초로 한옥의 아름다움과 지식을 알려주는 한옥아카데미를 실시하고 '성북구 한옥 보존 및 지원에 관한 조례'도 제정하였는데 이 과정에서 송인호 교수님의 도움을 많이 받을 수 있었다.

송인호 교수님이 성북구, 그 중에서도 한옥과 인연을 맺게 된 것은 결혼하면서 부터라고 한다. 당시 처가가 보문동 42번지의 도시한옥이었고 1980년대 후반부터 학위 논문을 쓰기 위해 동소문동과 보문동, 돈암동의 도시한옥과 골목을 실측하였는데 당시의 한옥 공부가 큰 학문적 자산이 되었다는 것이다.

송인호 교수님은 주민들의 마음을 열고 힘을 모아가는 과정이 정말 중요하다면서 우리 구의 다양한 한옥 보존과 지원 활동을 높이 평가해 주었다.

"특히 한옥아카데미를 통해 주민들이 한옥의 가치와 아름다움, 그리고 한옥 건축의 실무에 이르기까지의 모든 과정을 학습하고 그 경험을 나누는 자리를 마련한다는 것은 참으로 좋은 협치의 과정이라고 생각합니다. 그리고 한옥 보존 및 지원 조례를 제정한 것도 주목할 만한데요. 이제 법적인 기본 조건을 갖추었으니 이를 기반으로 행정 및 사업적 지원도 진행되기를 바랍니다."

우리 구는 한옥을 보존하고 그 가치를 알리기 위해 지난해 9개월에 걸쳐서 송인호 교수님과 함께 전국 지자체 최초로 한옥 전수조사를 진행하고 이를 바탕으로 '한옥 보존 및 관리를 위한 기본 구상안'을 수립한 바 있다.

이에 따르면 서울 전역에 약 12,000여 채의 한옥이 있다고 추산되는 가운데 우리 구에는 약 12%에 해당하는 1,618채가 있는 것으로 조사되었다. 이는 북촌의 약 1,000여 채, 서촌의 약 500여 채와 비교했을 때에도 적지 않은 규모이나 이중에는 재개발·재건축 구역에 포함된 한옥이 594채나 있어 이에 대한 대책이 아주 시급함을 잘 알 수 있었다.

이 결과를 보면서 나는 그동안 우리가 한옥에 대하여 좀 더 일찍 고민을 했으면 더욱 좋았겠다는 생각을 하게 되었다. 불과 4, 5년 전만해도 7,000~8,000여 채나 있었던 한옥이 재개발, 재건축 바람과 함께 빠른 속도로 사라져 갔기 때문이다.

늦었다고 할 때가 빠른 때라는 말도 있으나 막상 이 수치를 들여다

보니 절박한 심정이 들었고 지금부터라도 체계적으로 고민해야겠다는 생각이 들었다.

송인호 교수님은 지금부터라도 한옥이 중요한 자산이라는 점을 인식하고 기대를 갖고 있다는 점에서 어느 구보다 자산이 많다고 생각한다고 이야기하였다.

"성북구에는 한양도성과 정릉, 성락원을 비롯하여 많은 문화유산이 있고 특히 예술인과 지식인들의 유서 깊은 한옥, 그리고 이층한옥과 연립한옥을 비롯하여 근대의 도시한옥주거지가 잘 남아 있습니다. 성북구는 한옥 그 자체도 소중하지만 자연 및 역사경관 또한 상당히 훌륭하기 때문에 도성 안의 어느 한옥지구 못지않은 잠재력을 갖고 있습니다."

물론, 한옥을 무조건 지켜야 한다는 것은 아니다. 장기적인 관점으로서 주거나 문화, 생활의 측면에서 의미를 부여하고 더불어 편리함도 제공할 수 있어야 주민들도 받아들일 수 있을 것이기 때문이다.

한옥 형태로 꾸며진 정릉도서관의 인테리어를 보고 주민들이 좋아하는 모습을 보면서 도시를 고민하는 사람들은 우리의 문화와 가치를 생활 속에서 자리 잡게 하기 위한 진지한 고민을 해야 한다는 생각을 했었다.

우리 구는 이번 전수조사 결과와 한옥보전 기본구상 연구용역을 바탕으로 한옥을 지킬 수 있는 다양한 방법을 모색하기로 하였다. 우선 재개발 등으로 주요 한옥이 철거되는 경우를 대비하여 한옥 부·자재 은행을 서울시와 연계하여 운영할 예정이다. 또한 한옥문화를 확산시키기 위해 공공청사, 노인정, 보육시설 등을 한옥으로 조성할 예정인데 올해 상반기 준공예정인 흥천사 구립 어린이집이 현재 한옥으로 공사 중에 있다.

민간 부문의 한옥 활성화를 위해서는 올해 제2차 한옥위원회 자문을 거쳐 한옥 디자인 가이드라인 및 개별 한옥 지원 방안을 수립하여 시행할 예정이다. 또한 이미 2012년에 서울시 한옥밀집지역 지정을 신청한 정릉동 372번지와 성북동 앵두마을 및 선잠단지 일대에 대해서는 지속적으로 지정을 요청할 계획이다. 그리고 이번 우리 구 한옥

최초 한옥아카데미에서 강의하고 있는 송인호 교수 (2013.4)

한옥 형태로 꾸며진 정릉도서관 내부

보전 기본구상 연구용역에서 제시된 성북천, 정릉천, 돈암 지역 한옥에 대해서는 한옥위원회의 자문을 거쳐 서울시 한옥밀집지역 지정을 추가로 신청해 나갈 계획이다.

교수님은 이들 지역의 한옥 밀집도가 떨어지고 이미 개발된 아파트와 진행 중인 재개발 사업 등으로 인해 경관이 크게 위협받고 있다는 점도 지적해 주었다. 이와 같은 문제를 해결하기 위하여 한양도성과 성북천, 돈암지구와 역세권, 정릉지역 등을 중심으로 한옥권역을 설정하고 한옥의 상태와 도시 여건을 고려하여 한옥 한 채한 채를 지혜롭게 활용해 나가야 한다는 것이다.

이와 더불어 송인호 교수님은 서울시의 지원을 기반으로 도성 안한옥밀집지역과 연계하는 동시에 한양도성의 보존관리사업과 연계하여 우리 구의 한옥 보존과 조성사업을 추진하는 것이 좋겠다는 의견을 주었다.

정부에서도 국가한옥센터를 설립하고 한옥 관련 건축 법제를 개정하여 한옥 보존 및 진흥정책과 사업을 추진하고 있는데 한옥의 정보 관리 공유와 정부의 공공한옥건축 사업 유치 등의 정책과 연계하여 성북구의 한옥보존사업을 추진하는 것도 바람직하겠다고 덧붙였다.

"가치와 목표에 대한 인식을 분명하게 하고 한옥 보존을 위한 일관된 정책을 수립해야 합니다. 앞으로 성북구가 구청장의 리더십과 공무원의 전문성, 지역전문가의 협력과 지역주민의 참여를 통하여 성북한옥마을을 만들어 가길 기대합니다."

민선 5기 이후 각 자치단체마다 '마을만들기'나 '도시재생사업'이 유행처럼 확산되고 있다. 그러한 가운데 한옥을 그저 오래된 낡은 주거지가 아니라 한번 파괴되면 다시 돌이킬 수 없는 미래의 자산이며 건물이 아닌 주민들의 삶을 대상으로 해야 한다는 점을 반드시 기억하고 조금 시간이 걸리더라도 대화와 노력으로 풀어가야 할 것이다.

우리도 케네디스쿨을 만들자

[조대엽 고려대학교 교수]

한국에도 케네디스쿨이 필요하다

2013년 민선5기 3주년이 되어 갈 즈음 나에게는 한 가지 고민이 생겼다. '마을의 시대, 공공성의 시대, 생활정치의 시대'로의 패러다임 전환 시대를 맞아 기존의 정부 주도, 대의적 공공성의 구조로는 더 이상 주민들의 삶을 책임질 수 없다는 생각이 들었던 것이다. 시대변화를 이끌 수 있는 민관거버넌스를 구성·운영해 나갈 새로운 주체를 형성·육성하는 것이 시급한 과제라는 생각이 든 것이다. 이 새로운 주체는 민간과 공공분야 모두에게서 나와야 하는데 민간역량강화 문제는 주민참여 거버넌스 영역에서 다루기로 하고 여기서는 새로운 시대를 이끌어갈 새로운 공공 일꾼을 양성하는 문제를 이야기하고자 한다.

그동안 나는 지방 정부의 존재 이유는 일상생활에서 주민의 삶의 질을 보장하고 권리를 증진시키는 것이라고 믿고 생활 정치의 모범을 만들기 위해 노력해 왔다. 물론 추진 과정에서 여러 가지 어려움도 있었지만 비교적 좋은 평가도 많이 받을 수 있었는데 이러한 성과의 중심에는 열심히 해 준 구청 직원들이 있었다.

그런만큼 말을 시작하면서 들었던 고민은 '과연 생활 정치, 생활 민주주의, 공공성에 대하여 직원들이 제대로 이해하고 있을까?' 하는 점이었다.

'민주주의 최후의 보루는 깨어 있는 시민들의 조직된 힘'이라고 故노무현 대통령께서 말씀하셨는데 지역에 와서 보니 우리 사회가 국가 주도의 수직적 위계에 의하여 조직된 힘에만 집중되고 있다는 생각이 들었다. 진짜 중요한 것은 깨어 있는 시민들인데도 말이다.

공무원들도 마찬가지였다. 100:1의 경쟁률을 뚫고 들어온 인재들이 기존의 업무 체계 아래에서 일정한 틀에 갇혀 폭 넓은 사고를 하지 못하고 있다는 생각이 들었다. 일은 사람이 하는 것이고 구청에서는 공무원들이 하는 것인데 이들의 인식의 틀을 바꾸지 않고서는 이 문제들을 풀 수 없다는 생각이 들었다.

특히 우리 성북구에서 추진했던 친환경 무상급식, 사회적 경제 분야 등의 사업들은 시민 사회와의 협치가 없이는 불가능하다. 그래서 직원들과 생활 공공성에 대한 가치, 시민 사회와의 거버넌스의 중요함을 공유하고 이를 조직내 역량으로 정착시키는 문제가 더더욱 필요한 과제였다.

마침 우리 구의 생활구정위원이시면서 민선 5기 핵심 사업을 함께 진행하였던 조대엽 교수님도 나와 같은 생각을 가지고 있었다. 생활

2기 공공성 아카데미 오리엔테이션을 하는 조대엽 교수 (2013.10)

공공성의 시대상을 반영한 전문 행정인력 양성의 기회를 공무원에게
도 주어야 한다는 것이다.

　미국 하버드대학교에 케네디 공공정책 대학원(John F. Kennedy
School of Government)이라고 있는데 케네디 스쿨 또는 HKS라고도
불리는 곳이다. 케네디스쿨에서는 공공정책학, 행정학, 국제 경제
학, 경제학, 정치학 등에 관련된 다양한 학문을 교육, 연구하는데 고
위직 정부 관료 및 비영리단체 관계자를 위한 최고위 과정도 운영
하여 시대의 변화를 이끄는 역할을 톡톡히 하고 있다.
　조대엽 교수님과 난 좀 뜬구름 잡는 얘기 같지만 미국의 하버드 케
네디 스쿨처럼 우리 공무원들을 양성해 보자고 하면서 고려대학교
한국사회연구소와 함께 공공성 아카데미를 열었다. 2013년 5월과

10월에 주 1회(금요일. 3~4강좌)씩 총 4주간의 교육을 실시하였는데 주제는 '우리시대의 공공성', '공개적 삶의 재구성', '공민적 삶의 재구성', '공익적 삶의 재구성', '공공적 삶과 인문학'이었다.

생활민주주의, 공공성에 대한 생각을 직원들과 공유하자

대의민주주의가 개인의 삶 바깥에 존재하던 외재적 민주주의라고 한다면, 생활민주주의는 실제로 개인의 삶 속에서 실현되는 민주주의라고 할 수 있다. 조대엽 교수님은 시장의 시대를 넘어 새로운 공공성의 시대, 즉 생활 공공성의 시대로 바뀌어야 함을 강조하였다.

"생활민주주의를 확장하는 것은 대의민주주의를 적극적으로 수정하는 것과 결부되어 있기 때문에 대의제 중심의 정당정치를 생활정치로 전환시키는 것이 중요하다고 생각합니다. 또한 가장 중요한 것이 시민들의 삶과 생활이 되어야 하고 하고 싶고, 누리고 싶은 가치들을 누릴 수 있는 민주주의가 되어야 한다는 민주주의의 최종의 목적이 되어야 한다는 것이죠."

생활민주주의에서 가장 중요한 것은 공동체적 실현을 위한 지역사회의 변화와 주민들의 인식 전환이다. 그리고 이러한 변화를 이끌어 내기 위해 가장 중요한 것이 바로 공무원들의 역할이다.

"그래서 공무원들과 함께 생활 민주주의, 생활 공공성 패러다임으로의 변화를 고민하고, 학습하는 장을 마련해보고자 고려대학교 한국

사회연구소와 성북구청이 같이 이 강좌를 시작한 거죠. 성북구에서도 성북구민들의 삶을 개선하기 위해 많은 애를 썼지만, 새로운 학습과 교육의 장 속에서 공무원 교육을 새롭게 구성해보는 것이 의미가 있거든요."

그리고 교수님은 공공성아카데미가 지속 가능하기 위해서는 이를 일종의 '정치과정', '협력·협업정치의 과정'이라 생각하고 기획해야 한다고 하였다.

기존의 공무원 교육은 중앙공무원교육원 중심으로 일종의 Top-Down 방식에서 벗어나지 못하는 한계가 있었다. 그러나 공공성 아카데미는 기존의 틀에서 벗어나 분산적이고 확산된 방식으로 교육을 진행하고 상호 협업을 위해 대학의 연구소와 지자체가 교육프로그램을 함께 개발한다는 취지도 갖고 있었다.

그런 측면에서 커리큘럼을 구상할 때에 우리 구의 공직자들에게 가장 필요한 것이 무엇인지를 우선 설정하고, 공공성의 질서가 바뀌어 나가는 것과 새로운 조직문화, 현실적으로 나타나는 통계의 흐름에 대한 이해가 있어야겠다고 생각했다.

구정 운영도 그렇지만 주민들의 공동체 참여도 결국은 네트워크화되어 가는 흐름으로 펼쳐지고 있다. 지역 경제 또한 이제는 네트워크를 통한 공감으로 움직이고 이를 통해 고용창출과 지역 경제 활성화가 이뤄지고 있는 것이다.

"청장님이 말씀하신 것처럼 그렇게 변하고 있는 현실을 공직자들도 알아야 된다고 생각해요. 그래서 주민들의 요구가 있으면 적극적으로 도와주고, 지역중심의 선순환구조가 구축될 수 있도록 뒷받침해 줘야 되는 것이죠. 그런 맥락에서 네트워크 경제, 네트워크 정치에 대한 이해 같은 것들이 강좌에 포함되어야 하는 것입니다."

공공성 아카데미의 교육 프로그램은 그동안 내가 주장해 온 생활 정치에서 조금 더 발전된 개념으로 정치, 사회, 경제적인 변동을 포함하여 '지역 공동체가 어떻게 변화되어야 할 것인가'에 대한 지향점을 담고 있다고 봐도 좋을 것이다.

"이제는 공적질서가 새롭게 재구성되어야 한다고 봐요. 말하자면 실존적 공간이라고 생각했던 생활, 즉 삶의 영역을 공적으로 재구성해야 하는 거죠."

조대엽 교수는 생활의 영역을 공적으로 재편해 나가야 한다고 하였는데 그 이유는 개인의 삶을 개인에게만 맡겨 두었을 때 오히려 지나친 경쟁질서와 구조를 만들어 내고 사회 공동체적 요소를 확보하지 못함으로써 배제되고 도태되는 주민들이 발생하기 때문이다.

"청장님이 쓴 『동네 안에 국가 있다』도 마을과 삶의 영역에 정치, 국가, 공적영역, 공공성을 체계화시키는 과정에서 선순환적 변화를 이끌어 나가는 역할을 공직자들이 해야 한다는 것이죠. 그런데 그런 부분에 있어서 공직자들이 느려요. 변화에 민감하지 못하죠."

대의민주주의나 그동안 우리가 지향해 온 민주주의가 개인의 삶과 분리되어 있었다면 이제는 내가 힘이 들고 어려울 때 직접적인 도움을 줄 수 있으며 결과적으로 내 삶을 더 좋은 삶으로 만들어주는 생활민주주의가 구현되어야 하는 것이다.

공공성아카데미는 협업, 수평, 현장교육을 위한 정책의 장
공공성아카데미는 수평, 협업, 현장 교육을 지향한다. 기존의 중앙집권적 권위주의 체제, 수직적 구조에서 우리는 수평, 협업, 참여라는 단어들이 어색할 수밖에 없었다. 주인이 주인노릇을 해야 하는데 그러지 못했기 때문이다. 그래서 교육프로그램에서는 수평 교육을 최우선으로 삼았다.

"교실에서 선생님이 가르쳐주는 것을 무조건 진리로 받아들이고 잘 기억했다가 답을 쓰는 사람들은 점수를 잘 받고, 그렇지 않은 사람들은 낙제를 받는 구조가 전형적인 수직 권력, 수직 교육 방식입니다."

협업 교육이 중요한 이유는 거시적인 차원에서 국가를 운영할 때에도 마찬가지이지만 구정 운영 시 시민사회와 주민들과의 거버넌스 구축은 이제 선택이 아니라 필수이기 때문이다. 그래서 공공성 아카데미에서도 '공공성의 구현, 어떻게 할 것인가'라는 주제로 내가 직접 강의를 하기도 하였다.

"구청장 강좌도 처음에는 강의 방식으로 진행을 했는데요. 교육생들과 구정에 대한 상호 토론과 평가를 하는 것도 중요한 수평 교육 방식이라는 거죠. 그래서 큰 맥락으로 본다면 협업 및 수평 교육 방식을 추구하면서 생활가치, 생명가치, 생태가치를 고르게 포함하는 방향으로 가야 할 것 같아요"

그리고 마지막으로 중요한 것은 현장 교육이다. 이는 공공성 아카데미뿐만 아니라 공교육 시스템에도 적용이 되어야 하기 때문에 고려대학교 한국사회연구소와 함께 '2014 청소년 참여 정책 창안대회'도 준비하고 있다. 이는 청소년이 단순히 미래의 주인공이 아니라 현시대의 중요한 사회 구성원이자 '시민'으로서 사회 정책에 대한 견해를 표출하도록 하고 이를 구정에 반영하려는 것이다.

공공성 아카데미에서 강의를 하는 김영배 성북구청장 (2013.10)

"구청에서 실시하는 청소년 참여 정책 창안대회도 공교육의 중요한 교육방식이에요. 학생들이 지역 안에서 정책이 어떻게 작동하고 내 삶과 어떻게 연관되어 있는지를 아는 것만큼 중요한 것이 없거든요."

공공성아카데미는 공감프로젝트

교육도 이제는 공감이 핵심 키워드가 되어야 한다. 단순히 지식을 전달하고 전수하는 과정이 아니기 때문에 서로 다른 현실적 경험을 공유하는 방식으로 가야 한다는 것이다. 그래서 공공성 아카데미에서 가장 중요한 것이 공감프로젝트이다.

"저는 앞에서 언급한 청소년 교육을 공감 교육으로 규정했는데요. 청소년들이 자신이 살고 있는 지역 사회, 생태 환경, 이웃들과의 공감 능력을 확장해야 우리 사회의 공공성, 공동성이 넓어진다고 봐요. 이건 굉장히 중요한 것이에요. 그래서 공감 교육 프로젝트의 일환으로 공공성 아카데미도 구상을 했던 것이고요."

공직자들은 적어도 주민들의 삶과 요구가 어떻게 변화되는지 알아야 한다. 그래야 주민들도 공직자들이 '왜 저렇게 했는지' 공감을 하는 것이다.

"그래서 공공성아카데미는 협업적·수평적·현장적 교육방식을 추구한 것이죠. 아직은 우리의 목표를 다 이뤘다고 할 수는 없으나 회를 거듭하면서 현장적·수평적 방식으로 협업의 범위를 넓혀서 운영

해 나간다면 공무원들의 의식변화와 주민들의 삶의 변화를 이끌어
낼 수 있다고 봐요."

이것을 선도적으로 구현할 수 있는 곳이자 또 한편으로 가장 절실
하게 필요한 곳이 바로 지역이다.

제레미 리프킨은 에너지 체제가 문명의 조직방식과 상업, 무역의
결실에 대한 분배, 정치권력의 행사, 사회적 관계의 관리 방식을 결
정한다고 하면서 3차 산업혁명을 언급하며 '분산자본주의'라는 말을
하였다. 피라미드 모양의 산업구조가 공유를 기본으로 하는 수평적
산업구조로 바뀌면서 과거의 위계적이고 관료적인 사회나 정치 시스
템도 변화를 일으킬 것이라고 말이다.

"이제까지는 '좌인가, 우인가', 아니면 '생산수단을 누가 소유하는
가'에 대한 질문을 했지만 젊은 세대들은 '이 단체가 어떤 방식으로
의사 결정을 하는가', '협업에 기반을 두고 있는가'를 질문한다는
거죠."

제레미 리프킨에 따르면 우리가 추구해야 할 과제는 '분산혁명의
시대'라고 볼 수 있다. 이제는 정치나 경제를 비롯하여 모든 분야가
분산적이고 협업적인 방식으로 운영되지 않으면 적응할 수 없는 시
대가 된 것이다.

이와 같은 맥락에서 새로운 공감 교육의 프로젝트는 실제로 공직
자들이 주민들과 대면하고, 주민들의 아픈 곳을 안아주고, 주민들에

게 한발 앞서 다가가는 것으로 구정 자체를 획기적으로 전환시키는 변화를 가져오는 단초가 될 것이라고 생각한다.

하지만 급변하고 있는 교육 현실 속에서 중앙 정부로부터 내려오는 일원화된 공교육 체제로는 이러한 변화를 빠르게 수용하거나 대처할 수 없다.

그런 의미에서 공공성 아카데미의 운영 방식은 협업적 방식으로, 교과 과정은 수평적 방식으로 운영되어야 하며, 현장과 유리되어서는 안 될 것이다.

공공성 아카데미가 현재의 '협업', '수평', '현장'의 원칙을 유지하면서 좀 더 다양한 과정으로 채워진다면 이제까지의 공무원 교육프로그램과는 다른 새로운 교육 모델을 만들 수 있다고 생각한다.

그렇게 되면 자연스럽게 정치, 사회적인 변화가 일어날 것이고 기존의 위계적 질서의 사회구조도 수평적으로 변화시켜 나갈 토대를 만들 수 있지 않을까 꿈꿔 본다.

주민이 답이다!
수요자 중심의 과제체계구축

[한재헌 성북구 교통행정과장(전 기획팀장)]

주민참여 거버넌스에 의한 수요자·과제중심의 업무체계를 시작하다

"매년 수립되는 업무계획과 보고가 연례·반복적으로 이루어지다
보니 업무계획서 수립 시 별다른 고민이 없었습니다. 하지만 수요자
및 과제중심으로 업무체계가 바뀌고 부터는 부서 간 협의 및 토론문
화가 활발하게 이뤄지면서 그동안 뿌리 깊게 자리 잡고 있던 칸막이
조직문화가 사라지는 느낌이었습니다."

현재는 교통행정과장으로 승진하여 자리를 옮겼지만 초기부터 수요
자와 과제중심의 업무체계를 기획하고 추진한 기획예산과 한재헌 전
기획팀장의 말이다.

2012년 업무계획부터 전격 시행된 수요자와 과제중심의 업무체계

가 일방적 공급자 위주의 행정에서 주민중심의 업무체계로의 행정역사상 유례없는 획기적인 전환이라는 점에서 무엇보다도 의미 있고 보람된 일이었다.

그 도전과 변화의 가운데서 새로운 업무체계와 성과관리 체계를 상호 연관시켜 가며 직원들을 이해시키고 설득해 가는 과정이 쉽지만은 않았을 것이다. 하지만 시행한 지 3년 만에 어느 정도 자리를 잡고 타 자치단체에서 벤치마킹하려는 문의가 쇄도하고 있다고 하니 그동안의 고생과 노고가 한눈에 보여 미안한 생각이 먼저 든다.

"제가 기획팀에서만 8년 가까이 근무했는데요. 그동안의 연도별 업무계획은 특별한 게 없었어요. 단년도 업무계획에 기초한 현안 대응위주의 관리가 대부분이었거든요. 핵심 또는 중점과제의 우선순위와 중요도가 충분히 반영되지 못한 것은 물론이고 주민의 의견 등은 거의 반영되지 못한 채 일방적 계획수립이 관례적으로 이루어졌어요. 또한 구체적인 정책지표와 성북구 주민들의 삶의 위치, 공공의 개입이 필요한 지점이 어디인지에 대한 정확한 자료와 목표점에 대한 별다른 고민 없이 업무체계를 구성하고 시행해 온 것 또한 사실이죠."

'수요자와 과제중심의 업무체계'가 기존체계와 다른 중요한 것은 업무계획에 주민의 의견과 요구사항이 반영되었다는 것이다. 이를 위해 그동안의 단발적이고 분절적인 소통채널을 공식화하고 체계화한 것도 굉장히 중요한 점이다.

아래 표와 같이 수요자와 과제중심의 업무체계에 주민의 의견 반영은 1년 동안 각종 지표조사 및 토론회 등의 정책화 과정을 거쳐서 반영된다.

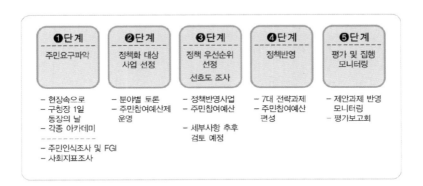

이중에서도 주민의 요구사항과 문제들을 의제화하고 정책화하는 부분은 참여 거버넌스 기반의 업무체계 구축에 있어 기반이 되는 핵심 요소이다.

주민참여에 의한 정책화 추진 과정은 2월에 실시되는데 사전의제 발굴부터 시작하여 사회지표조사 및 주민인식조사를 통해 주민들의 요구를 파악한다.

이를 바탕으로 3월부터 5월까지 두 달간 의제선정 및 8개 분야 토론회를 개최하고 제안된 과제를 정책화 사업 및 주민참여 예산사업으로 분류하는 과정을 거쳐 주민투표 선호도 조사를 실시한다. 이는 7월과 8월에 오프라인과 온라인으로 자유롭게 참여할 수 있다.

이렇게 주민들의 의견을 최종 수합하여 전략과제별로 수요자와 과제중심의 업무체계에 반영되는 것이다.

청와대에서 일한 경험이 있는 나는 취임 직후 직원들과 일을 해나가는 과정에서 이해가 가지 않은 부분이 많았다.

요즘은 병원에서도 서로간의 대화를 통해 환자의 치료 효능을 극대화하는 협진이 필수적이라 한다. 예전에는 한 환자를 치료하기 위해 한 명의 의사로도 충분했지만 이제는 많게는 수십 명의 의사가 필요하게 된 것이다.

하물며 주민의 요구수요가 점점 커지고 복합·다양해지는 추세에 기본의 조직구조에 기초한 업무계획이나 추진시스템으로 주민들의 요구에 능동적으로 대응할 수 있을지부터가 의문이었다.

그리고 시간이 지날수록 다양해지는 수요자의 요구를 총체적이고 통합적으로 수용하고 실현시켜 나가기 위해서는 기존의 부서별·국별 칸막이 행정을 넘어서는 업무체계의 구축이 필요함을 절감하게 되었다.

고민 끝에 참여정부시절 청와대에서 실시했던 'e-지원시스템'을 벤치마킹하여 구정의 업무를 수요자와 과제 중심의 업무체계로 과감하게 재편성하기에 이르렀던 것이다.

"처음에는 과제중심, 업무중심이라는 용어조차도 생소해서 직원들을 설득하기가 어려웠어요. 더구나 한 과제를 중심으로 이질적 부서들이 모여 업무를 발굴하고 체계화시키는 것은 굉장히 어렵고 힘든 과정이었습니다. 한쪽에서는 변화가 필요하다고 하는가 하면 또 다른 쪽에서는 자치구 단위에서 위에서 시키는 일이나 제대로 하면 되지 왜 직원들을 힘들게 하느냐는 전화가 하루에도 수없이 왔어요.

한마디로 힘들었죠."

변화를 바라지 않는 공무원 조직에 뿌리 깊게 박혀있는 조직 간 칸
막이 문화와 부서간 이기주의, 복지부동의 실체는 생각보다 심각하
여 '수요자와 과제 중심의 업무체계'라는 새로운 업무환경에 대한 직
원들의 저항과 피로도는 상당히 높았다.

"처음에는 왜 해야 하는지에 대한 논리적인 타당성과 필요성을 직원
들, 특히 팀장 이상 간부들에게 설명하고 설득하는 게 어렵고 힘들
었어요. 이 체계가 효율적이라는 증명된 사실이 있느냐 또는 수요자
와 과제중심의 행정은 이미 모든 행정에 녹아져 있다는 등 반대 논
리가 만만치 않았죠."

나도 처음에는 과연 이 체계가 어떻게 흘러갈까 하는 걱정이 있었
다. 지난번 책에서도 이야기했듯이 참여정부시절 청와대에서 e-지
원시스템과 과제관리 시스템에 대한 불만이 가장 많은 사람 중의 하
나가 바로 나였기 때문에 우리 직원들도 어떤 불만과 어려움을 갖고
있을지는 충분히 짐작할 수 있었기 때문이다.
하지만 참여민주주의 시대에는 주민들의 다양한 요구에 대응하는
새로운 행정 개혁모델이 필요하다고 생각하였고 더 좋은 행정개혁
모델을 공유하면서 행정체계가 민주주의의 무기가 될 수 있도록 만
들고 싶었다.
더욱이 주민들로부터 권력을 위임받은 구청장이 행정조직과 인력

이라는 시스템적 도구를 잘 조직하고 지휘하면서 주민들의 요구를 우선 순위에 따라 실현해 나가는 것이야말로 민주주의의 중요한 정치 과정이라고 생각하였다.

수요자와 과제중심의 업무체계의 틀을 짜다
수요자와 과제중심의 업무체계는 구 전체 차원에서 중점적으로 나아갈 방향축인 7개의 전략과제 중심으로 짜여져 있고 이 업무체계를 승진가점과 연계되는 성과관리 체계로 동력화 하였다. 이를 바탕으로 주민참여를 강조하는 민선 5기 구정운영 기조와 철학에 맞게 설계하고 체계화하였다.

"업무체계를 전략과제 (大) – 정책과제(中) – 세부사업(小) 3단계로 구분하고 3개년 계획에 기초한 세부사업별 로드맵 및 예산 계획을 수립하는 것이 가장 어려웠어요. 물론 중요성 및 우선 순위의 기준과 세부사업에 대한 예산배정 기준을 세우는 것도 쉽지 않았죠."

전략과제는 민선 5기 구정운영 기조에 맞게 꼭 해야 할 중요한 과제를 중심으로 도출하였고 일상적인 업무를 과제화하는 것은 지양하였다. 하지만 전략과제를 선정하고 체계화하는 과정은 무에서 유를 창조하는 과정이었을 것이다.

"맨 처음 단계인 전략과제를 선정하는 데에만 주요 팀장님과 과장님들, 전문가 그룹 등이 모여 거의 1달 이상의 토의와 회의를 거쳤어요. 민선5기 공약과 그동안의 지표조사 결과, 주민숙원 사업 등을 감안하여 결정하였죠. 그런데 사실은 그 다음이 문제였어요. 부서별 칸막이 문화에 익숙하다보니 전략과제 자체에 부서의 팀별 업무가 포함되는 것을 원하지 않는 직원들이 많았거든요. '내가 왜 거기 들어가 생고생을 하느냐'부터 다양한 불만과 어려움을 토해냈어요. 설득과 이해의 부단한 과정이었죠."

이렇게 구정운영의 가장 중요한 성장축인 전략과제 선정은 수많은 부서 간 토론회와 회의 등을 거쳐 우선순위와 중요도에 따라 2012년 처음으로 7대 전략과제와 40개 정책과제, 197개의 세부사업을 선정, 3개년의 중장기 계획을 수립·완성하였다.

"3~4개 세부사업이 모여 1개의 정책과제가 되고 5~6개 정책과제가 1개의 전략과제를 이루다 보니 구정 전체 업무 중 대부분의 주요업무는 7대전략과제에 포함되었어요. 그런데 정책과제와 세부사업을 서식화하고 사업계획을 세우는 것은 또 다른 힘든 과정이었죠. 그동안은 사업계획 자체가 단순하고 과학적 요소가 거의 없었지만 이 업무체계에서는 사업의 필요성에 대한 분석과 최종목표에 대한 명확한 논리가 있어야 했거든요. 물론 사회지표조사와 각종 통계자료는 기본으로 들어가야 했고요. 사업계획 작성도 수없이 반복되는 수정과정이 있었어요. 직원들의 피로도는 극에 달했죠. 지금 생각해보면 그때가 가장 큰 고비였던 것 같아요. 만약 직원들이 그 과정에서 반발하고 포기하였다면 상당히 어려웠을 거라 생각합니다. 하지만 전

직원들을 믿었어요. 그리고 우리가 추진하는 방향과 목적이 결코 틀리지 않다는 확신도 있었고요."

초창기 사업계획서 작성 과정에 많은 갈등과 어려움이 있었다는 것은 나도 한재헌 과장에게 처음 듣는 이야기라 조금은 당황하였다. 한 권의 전략과제를 만들기 위해 수많은 직원들이 고민하고 토론하고 힘들어 했을 거라 생각하니 성북구청 직원 모두에게 미안한 생각이 들고 그럼에도 불구하고 묵묵히 해내준 이들에게 감사한 마음이 먼저 든다.

"수많은 직원들과 함께 7대 전략과제를 완성하고 처음 청장님께 보고하던 날이 기억납니다. 저도 모르게 울림과 벅차오름이 있었어요. 힘든 순간도 기억나고요. 그동안 정시 퇴근은 물론 주말도 거의 없었거든요"

2012년, 성북구 개청 이래 처음으로 업무보고가 조직별 즉, 국별 업무보고에서 과제별 업무보고로 바뀌었다고 한다. 그 누군가는 시작하여야 하는 일을 성북구에서 길을 만들고 이정표를 세웠고 그것이 바로 혁신이고 개혁이라고 생각한다. 그런 점에서 또 하나의 혁신을 만들어 준 것은 정말 감사한 일이고 또 감사한 일이 아닐 수 없다.

여기서 잠깐 새롭게 구축한 업무체계 내용을 소개하자면 전략과제는 초기에는 특화과제 2개와 핵심과제 5개로 구성하였다. 이중 특화과제는 행정·재정면에서 최우선시 되는 성북구만의 과제로 '어린이

친화도시'와 '보행친화도시'이며, 조직차원에서 가장 핵심적으로 추진해야 할 부문과제로 교육, 복지문화, 일자리, 지역공동체 재생, 녹색성북 등 5개 과제를 선정하였다. 전략에서 제외된 일반과제는 조직별 과제(194개 사업)로 분류하여 구정 주요 업무를 기능별로 협업화하고 체계화하였다.

또한 정책과제 중심으로 성과 및 지표를 관리하고 과제별 성격에 따라 구청장, 부구청장, 국장급으로 총괄책임자를 지정 운영하여 책임과 성과를 분명히 하였다.

이는 그동안의 업무체계에서 볼 때 획기적인 조치였고 국장 이상 간부들에게 긴장감을 주는 새로운 시도였다.

2012년이 과제관리체계를 새롭게 구축하고 운영하는 해였다면 2013년은 본격적으로 각 부서별로 새로운 과제 발굴과 협업이 시작된 해라고 볼 수 있다. 첫해의 성과를 바탕으로 주민의견을 우선적으로 반영하고 사회적 경제, 안전, 건강 등 주민 우선의 사업들을 과제화하는 등 7대전략과제의 틀은 그대로 가져가는 것으로 2013년도 업무계획도 마무리 하였다.

"시간이 지날수록 직원들이 역량이 상당히 모아졌어요. 새로운 업무체계가 요구하는 수준도 대부분 잘 따라주었다고 생각하고요. 그런 의미에서 2012년의 성북구정은 새로운 역사의 한 페이지를 장식했다고 해도 과언이 아닐 겁니다. 2013년은 각 부서랑 이야기하기가 훨씬 쉬웠어요. 토론하고 협업하는 조직문화가 자리잡고 무엇보다 직원들이 적극적이고 능동적으로 변화되었다는 것을 보고 저도 무척 놀랐거든요."

첫해치고는 비교적 많은 성과가 있어 내심 기분 좋았다. 소신 있게 이끌고 가길 정말 잘했다는 생각도 들었다. 이와 같은 행정혁신사례는 목민관 클럽에 소개하여 호평을 받았고 안전행정부에서 으뜸행정상을 수상하기도 했다.

이를 통해 주민중심의 업무체계 혁신은 나뿐만 아니라 많은 분들이 공감하는 부분이고 도전하고 싶은 중요한 과제가 아닌가 싶다.

7대전략과제를 성과관리체계로 완성하다

과제분류의 체계화 못지 않게 중요한 것이 이를 뒷받침할 성과관리체계이다. 왜냐하면 업무 실적과 성과가 연결되지 않으면 추진 동력을 상실하고 어렵게 세운 업무체계가 유명무실화 될 수도 있기 때문이다.

"성과관리체계를 구축하는 것도 쉽지 않았어요. 과제중심의 업무시스템을 유지하고 운영에 따른 과제별 성과를 개인 실적가점과 연결시키는 작업이라 불만이 많았거든요. 또한 한 개의 전략과제를 담당하는 국장님이 다른 국의 직원까지 평가해야 하는 입장이라 내부적으로 굉장히 어려웠어요. 공정한 평가를 해야 하는데 그에 대한 확신이 들지 않았거든요. 그런데 국장님 등 총괄책임자 분들이 다행히 공정하게 평가해 주셔서 정말 고마웠어요."

서로 다른 국의 팀장이나 직원들을 평가하는 입장이 된 것이 낯설고 탐탁지 않았을 총괄책임자의 심정을 이해 못하는 것은 아니다. 그러나 수요자 중심의 업무체계가 자리를 잡아가는 성장통이라 생각하고 과감히 추진하였다.

성과관리체계는 크게 과제 진행사항 모니터링, 성과관리점수제라는 두 가지 핵심 축에 의해 운영된다. 과제 진행사항 모니터링은 주간업무일지, 월간 정책동향, 워크숍, 토론회 등을 개최하여 성과지표에 의해 체크된다. 성과관리점수는 과제 및 조직별 성과에 따른 개인별 성과를 계량화하고 이를 인사평정에 반영하여 업무추진에 동기를 부여하는 것을 말한다.

"성과관리의 시스템을 잘 구축하는 것도 중요하지만, 또 한 가지 중요한 점은 직원들이 공유하고 공감해야 한다고 봤어요. 과제의 성과가 개인의 실적 가점으로 이르는 과정을 이해하지 못하며 결국 성과관리 자체에 대한 불신으로 연결될 수 있기 때문이죠. 개인 가점이 승진과 연결된다고 하면 대부분의 직원들이 예민해지거든요. 그래서 제도 운영 초반부터 성과관리에 대한 설명회를 개최하고, 성과를 계량화하는 과정과 방법을 매뉴얼로 만들어 최대한 쉽게 직원들에게 알려주려고 했지만, 소통이 쉽지만은 않았어요."

성과관리의 결과가 직원 개인에 대한 승진과 연결되다 보니 직원들의 관심이 컸던 것은 사실이지만 그에 비해 과정을 이해하는 데 노력을 기울이는 직원은 많지 않았다고 한다. 그러다 보니 업무체계에 대한 오해와 불만이 생기게 되어 직원설명회 등을 통해 이해시키려는 노력이 두 배는 컸다고 하니 초기단계에 어려움을 짐작할 수 있었다.

앞으로도 평가과정을 누가 보더라도 명확하게 이해될 수 있도록 쉽고 단순하게 만들기 위한 노력이 필요할 것으로 보입니다.

"처음 성과관리를 운영하면서 기존의 일상적인 사업과 새로 생긴 과제 간의 균형을 유지하는 것에도 초점을 맞추었어요. 전략과제 업무에 지나치게 비중을 둘 경우 기존 본연의 업무를 묵묵히 수행하고 있는 직원이 박탈감을 느낄 것이고, 이것은 결국 직원 사기뿐 아니라 과제 체계가 정착되는 데도 좋지 않다고 생각했기 때문이죠."

업무 체계가 바뀐다고 해서 기존에 하고 있던 일이 없어지는 것은 아니기 때문에 전략과제 업무와 그 외의 업무 간에 조화를 이루도록 한 것은 적절했던 것 같다.

그래서 전략과제뿐 아니라 기존 업무 및 동 주민센터에 대한 평가도 병행하도록 하였다. 또한 과제를 수행하는 직원에 대한 보상과 함께 조직에서 성과를 올리고 조직 내부적으로 기여한 직원에 대한 보상도 함께 주기 시작하였다.

이러한 점이 우려와 불만 속에서도 새로운 제도가 순조롭게 정착할 수 있게 만든 하나의 요인이었다고 생각한다.

사실 나는 성과관리체계가 이렇게 중요하고 정교하게 움직이는지 처음 알았다. 큰 줄기만 보고받고 지시하는 입장에서는 당연한 일인데 실무팀장 입장에서는 많은 고민과 어려움이 있었다고 하니 새삼 고마움을 느낀다.

그리고 이제는 조직 전체가 과제 중심으로 작동할 수 있도록 성과 관리체계를 발전시키고 보완해나가야 할 때라고 생각한다. 그래서 수요자와 업무체계가 완성미를 더하고 조직성과가 개인의 성과로 이어지는 일하는 조직으로 거듭나길 기대해 본다.

우리 동네 할 일은 우리가 만든다!

지난해부터 지역의 문제는 지역을 가장 잘 아는 주민과 전문가가 해결해야 한다는 공동체적 가치를 실현하기 위해 동 주민센터 업무를 공통과제(어린이, 복지공동체, 생활불편 해소)와 특성과제로 나누어 총 113개로 과제화하고 구청 업무와 동등한 업무로 체계화하는 업무계획을 수립하였다.

구청업무는 수요자와 과제중심의 7대 전략과제라는 미래 정책수요에 대비한 정책중심의 업무체계 시스템 구축으로 부서간의 칸막이 문화를 해결하였으나, 구청 각 부서의 업무를 일선에서 추진하는 동 주민센터의 업무 또한 구청과의 연계 및 동별 특성을 반영한 업무계획이 필요하다는 생각이 끊임없이 들었기 때문이다.

> "처음 동 주민센터 업무계획 전략과제와 연계하여 수립하도록 지시받았을 때에는 눈앞이 캄캄했어요. 왜냐하면 동 주민센터는 그동안 공식적으로 연간 업무계획이라는 게 없었거든요. 더구나 구청의 업무를 위임받아 처리하는 업무가 대부분이라 사업계획을 특별히 수립할 일도 없었고요"

같은 구청장과 일하는데 주민 복지의 최접점에 있는 동 주민센터의 업무가 구청과 다른 방향, 다른 기조로 간다면 구청에서 추진하는 7대전략과제니 수요자중심, 과제중심의 업무체계 자체가 무의미하다고 보았다.

"제일 먼저 동 주민센터 서무 담당들 회의와 설명회를 개최하였어요. 전략과제에 대한 이해와 수립 체계를 설명하는 게 중요하다고 생각했거든요. 다소 예상은 했지만 참석하신 분들이 집중하는 느낌은 없어서 힘이 빠지는 느낌이었죠. 몇 번에 걸친 설명회 등을 통해 어느 정도 되었다 싶어 지침을 시달하였는데요. 전략과제를 구청에서 처음 시행할 때와는 또 다른 벽을 느꼈다고나 할까요."

구청과 다르게 동 주민센터는 업무계획 수립과 다소 거리가 멀다보니 직원 공감마인드 확산부터 문서작성에 이르기까지 구정의 큰 흐름부터 작은 부분까지 세세하게 설명하고 이해시키려 했으니 담당 팀장의 고충이 이해가 간다.

"업무계획 수립 시 동장을 중심으로 동 주민센터 공무원과 지역 주민, 지역 전문가가 모여 지역의 시급하고 필요한 일과 지역 문제의 가장 효과적인 해결책을 제시하는 업무계획을 수립하도록 하였어요. 가능한 전략과제와 연계된 업무계획을 수립하도록 하였고요. 그래야 주민생활 속에 살아 있는 구정운영이 가능하게 될 것이라 생각했거든요."

이것은 주민참여에 의한 거버넌스 구정업무시스템이 동 주민센터 업무에까지 확산되어 구정의 모든 업무가 주민참여형 업무시스템으로 완성되는 지점이다. 동 주민센터가 구청의 업무를 받아서 수행하는 역할에서 지역의 문제를 직접 해결하는 주체로 나서는 획기적 패러다임의 전환인 것이다.

몇 가지 동 주민센터 업무계획을 예로 들여다보면 금방 알 수 있다. 삼선동은 공통과제인 어린이 과제로 삼선 분수마루에서 관내 어린이집, 유치원, 초등학생 약 1,600여명을 대상으로 어린이 벼룩시장 개최를 계획하였다.

벼룩시장은 재사용이 가능한 중고물품을 가져와 어린이들이 직접 판매와 교환을 하는 것으로 판매 수익금은 자율적 기부를 통해 나눔문화를 실천하고, 가족과 함께 참여하여 가족간의 유대감과 친밀감을 향상시킬 수 있는 사업계획이었다. 사업자체도 훌륭했지만 구청 전략과제인 '아동친화도시'와 연계된 주민의 만족도와 체감도가 높은 과제였다고 볼 수 있다.

장위 2동에서는 동 특성과제로 지역의 문화 자원인 서울시 민속자료 제25호 '부마가옥(김진흥 가)'을 활용한 부마축제를 실시하고 있다.

부마축제는 장위 2동만의 축제가 아닌 장위 1, 3동과 함께 실시한다는 점에서 의미가 있는데 장위동 지역은 재개발이 추진되면서 찬성과 반대 의견이 양분되어 지역 주민간 갈등이 심한 지역이기도 하다. 부마축제는 갈등이 남아있는 지역 주민의 화합의 장이 되고 있어 고유문화 복원과 마을공동체 재생을 동시에 달성하는 도시재생에 꼭 필요한 과제이다.

이런 사업들은 그동안 구 본청 업무와 연계가 부족하여 별개의 사업처럼 추진되었지만 이제는 구청 업무와 연계되어 시너지 효과를 발휘할 것으로 기대하고 있다.

이제 진정한 주민참여 거버넌스에 의한 업무체계시스템이 시작되었다. 구청 업무와 동 주민센터의 업무에 있어 수요자와 과제중심의 업무체계로의 전환은 구정의 모든 업무가 주민에서부터 시작되고 주민에 의해 완성된다는 것을 의미한다. 우리 구는 지난 3년 간 이것을 훌륭히 해냈다고 자부한다. 물론 아직 보완해야 할 점도 있지만 참여 민주주의 시대에 새로운 행정개혁 모델로서 지속적으로 추진되어야 한다고 본다.

앞으로 이런 체계가 주민을 위한 행정혁신 모델로 자리잡아 지방정부 및 중앙정부로도 확산되고 협력적으로 조직이 혁신되며, 주민중심·정책중심의 업무환류 체계가 구축되기를 기대해 본다.

Chapter 3

사람의 마을

엄마의 힘, 최고의 밥상! 친환경 무상급식

[이빈파 성북구 친환경 급식지원센터장]

[권남이 정덕초등학교 영양교사]

[이숙경 성북구 친환경 무상급식 모니터 단원]

친환경 무상급식으로 보편적 복지의 포문을 열다

성북구청장 취임과 동시에 '친환경 무상급식 추진위원회'를 구성하여 핵심공약이었던 친환경 무상급식을 2010년 10월 1일부터 전격적으로 추진하였다.

2011년 2월에는 전국 최초로 도시형 급식지원센터를 개소하고 전국 최초로 친환경쌀을 공동구매하기 시작하였으며 같은 해 6월에 전국 최초로 김치를 공동구매하였다. 뒤이어 2012년 4월 전국 최초 친환경 과일급식 시범실시, 2012년 5월 전국 최초 수산물 공동구매 등 우리나라 친환경 무상급식 분야를 선도하여 왔으며 특히 친환경 쌀, 김치, 수산물을 전국 최초로 공동구매하여 연간 무려 9억 원이라는 예산절감 효과를 가져왔으니 가히 전국 최고의 모범이라고 자부할 수 있다. 올해에는 당초 계획대로 중학교 3학년까지 무상급식을 확대 실시하고 있다.

우리 성북구가 서울시 최초로 실시한 친환경 무상급식은 민선 5기 구청장 취임 이후 사회적으로 가장 많은 영향을 끼친 대표적인 정책이었다고 생각한다. 왜냐하면 오세훈 전 서울시장이 2011년에 실시한 무상급식 추진 여부에 대한 주민투표의 전과정에서 성북구에서는 잘 되고 있는데 도대체 왜 서울시에서는 안 된다는 것이냐며 논란이 증폭되었고, 결국 우리 사회에 본격적인 보편적 복지 논쟁을 불러일으키는 큰 이슈가 되었기 때문이다. 이 과정에서 박원순 시장 체제가 등장하게 되었고, 2012년 대선에서는 박근혜 대통령도 기초노령연금이나 무상보육과 같은 보편적 복지를 공약으로 내걸 수밖에 없는 사회 분위기가 조성되었다는 점에서도 그러하다고 본다. 사실 서울시장직을 건 주민투표까지 갔던 그 싸움에서 오세훈 시장이 물러나지 않았다면 내가 물러나야 했을 것이라고 생각했을 만큼 절박했던 당시의 서울시 최초 친환경 무상급식의 성공적 실시는 우리 사회가 복지국가로 한 걸음을 나아가는 데 그만큼 큰 기여를 했다고 평가할 수 있겠다.

엄마의 힘, 최고의 밥상

우리 구에서는 학부모들로 구성된 급식모니터단이 활발하게 활동하고 있다. 2012년까지는 친환경무상급식지원센터에서 학교로 나갈 때 해당 학교의 학부모님들을 오게 해서 함께 검수하는 형식으로 활동하다가 작년부터는 구청에서 모니터단을 직접 위촉하여 운영하고 있다.

왼쪽부터 권남이 정덕초등학교 영양사, 이숙경 성북구 친환경 무상급식 모니터단원, 이빈과 성북구 친환경 급식지원센터장 (2014.1)

영양교사 선생님과 모니터단 학부모를 만날 기회가 있었는데, 이숙경 숭례 초등학교 학부모님은 평소에 급식 모니터링을 하면서 느낀 바를 들려주고 싶어서 나를 꼭 한번 보고 싶었다며 이야기를 시작하였다.

"2012년 10월부터 수산물, 김치, 쌀 업체를 다니면서 모니터를 했는데요. 저는 그동안 제가 해주는 밥만 고집해 왔거든요. 급식이 뭐 별것 있겠냐고, 그건 좀 아니라는 부정적인 생각을 많이 했었는데 급식 운영 체계를 보니까 저보다 더 깨끗하고 공정하게 잡혀 있더라고요."

그래서 모니터단 지원을 잘했다고 생각한다는 이숙경 어머님은 우리 구가 25개 자치구 중에서 급식 모니터링 부분에서도 선두를 달리고 있으며, 자신이 성북구 주민이라는 것에 긍지를 느낀다고 하였는데 본격적인 이야기를 시작하기 전부터 칭찬을 들으니 더욱 감사할 따름이다.

급식모니터단의 활동은 주로 식재료를 다루는 공장이나 기관에 찾아가서 공정과 검수 과정을 눈으로 직접 확인하는 것인데, 본인의 주방보다 훨씬 더 깨끗하더라는 것이다. 정리정돈도 잘 되어 있는 것을 보니 믿고 맡길 수 있겠다는 생각이 들었다고 한다.

"하루는 김치 공장에 갔는데요. 작지만 정말 알차게 하시는 것 같더라고요. 공장장님이 여자분이셨는데, 자기 아이들에게 먹이는 김치라고 생각하고 만든다고 하더라고요. 그 말씀에 마음이 많이 놓였

식재료 안정성 점검을 위해 샘플을 수거하는 성북 친환경 무상급식 모니터단 (2013.10)

어요."

2010년에 처음 무상급식을 시작하면서 굳이 '친환경'으로 추진한 이유는 무상급식에 대한 우려를 씻기 위함이었다. 당시 무상급식을 반대한 가장 큰 논리는 두 가지였는데 그 중 하나는 급식의 질이 떨어진다는 것이었다. 사립학교나 규모가 작은 학교에서는 급식단가가 높았고 학생이 많은 학교의 급식단가는 상대적으로 낮았는데 이것을 평균적으로 운영하면 높았던 곳의 급식단가가 낮아져서 오히려 급식의 질이 떨어진다는 것이었다. 그리고 두 번째는 급식 사고가 발생하였을 때 책임 소재의 문제였다.

친환경으로 키운 좋은 식재료를 조달하여 급식의 질을 높이는 것은 그리 큰 문제는 아니다. 그런데 두 번째 문제를 해결하기 위하여

서울시 최초 친환경 무상급식 기념 숭덕초등학교 배식 (2010.10)

친환경 식재료가 각 학교에 안정적으로 공급되는지를 지속적으로 검수하는 일은 공무원들만의 힘으로는 역부족이었다. 그렇다고 영양교사 선생님 혼자서 매일 들어오는 식재료를 책임지는 것도 무리였다. 이에 대한 해결책을 고민하던 중에 학교의 학부모님들이 도와주시지 않으면 불가능하겠다는 결론을 내리고 학부모 모니터단을 구성한 것이다.

가장 신경이 쓰이는 것은 수산물 공동구매였다. 친환경 쌀과 김치에 이어 2012년에는 수산물까지 공동구매를 확대하였는데 수산물을 별도로 공동구매 하는 것에 대해서는 반대도 상당히 많았다. 위험부담이 높다는 것이 그 이유였는데 실제로 지금도 수산물을 급식에 포함하는 곳은 그리 많지 않다. 당시 서울시에서도 친환경 무상급식의 상징처럼 여겨지고 있는 성북구가 잘해오고 있는 것은 알겠지만 자칫 사고라도 발생하면 서울시 전체가 어려워질 수 있다면서 만류하기도 하였다.

수산물 공동구매는 이러한 걱정과 우려 속에서 과감하게 추진한 것인데 사실 학부모님들과 영양교사 선생님들과의 신뢰와 협조, 참여가 없었다면 나 또한 감히 엄두를 내기 어려웠을 것이다. 이에 대해 주부와 어머니의 입장에서 현장 모니터를 진행한 이숙경 학부모님은 눈으로 직접 확인을 하고 나니 믿어도 되겠다는 확신이 들었다고 한다.

"수산물 업체에 방사능 측정 기계가 있어서 제 몸에 흐르는 방사능 양도 측정해 보고 수산물도 측정해 봤는데요. 신기하기도 하면서 수

전국 최초 수산물 표준규격 설정 세미나 (2013.4)

치를 보니까 믿고 먹을 수 있겠더라고요. 심지어 그 다음날에는 동
네에서 생선을 사서 아이들에게 직접 보여주기도 했어요."

다른 지역에서는 이러한 과정들이 없다 보니까 식재료의 11~12%
를 차지하던 수산물 소비 규모가 후쿠시마 원전사태 이후 3~5% 정
도로 떨어졌지만 우리 구에서는 여전히 9~10% 수준을 유지하고 있
다고 한다.

실제로 수산물에 대한 주부들의 공포가 확산된 상황에서 수산물
공동구매는 어쩌면 상당히 위험한 선택이었다. 급식의 품질이 좋아
졌다고 인식을 하는 가운데에도 방사능에 대한 우려 때문에 식단에
서 제외시키는 경우도 많았다고 한다. 그런데 이에 대해 정덕초등학
교 권남이 영양교사는 그리 큰 문제를 겪지는 않았다고 한다.

"학교에서는 방사능을 측정할 수 있는 기계가 없어요. 그래서 아무리 좋은 재료가 온다고 하더라도 100% 신뢰하기는 좀 어렵죠. 그런데 저희 학교 같은 경우에는 학부모님들의 신뢰가 워낙 높았기 때문에 평상시처럼 조용히 넘어갔고 예전처럼 수산물을 썼던 것 같아요."

이에 대해 이빈파 친환경급식센터장은 학부모님들과 구청과의 소통이 원활하게 이루어지고 있는 가운데 직접 참여하고 확인하는 과정에서 갖게 된 신뢰가 생각보다 더욱 공고한 것 같다고 이야기해 주었다.

내가 지금도 가장 자랑스럽게 여기는 여론조사 결과는 2012년에 실시한 친환경 무상급식에 대해 학부모들을 대상으로 한 조사에서 74%가 구청의 노력을 신뢰한다고 대답한 것이다.

신뢰라는 것은 무조건 옳다고 믿는 것은 아니다. 때로는 틀려도 이유가 있을 것이라고, 충분히 고쳐나갈 수 있을 것이라고 믿어주는 것이 바로 신뢰인 것이다. 그렇기 때문에 신뢰한다는 것은 상당히 어려

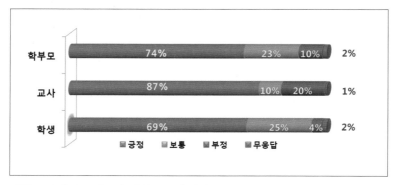

성북구 친환경 무상급식 신뢰도 조사 결과 (2012.5)

운 일인데 주민들 대다수가 신뢰한다고 대답할 정도면 그동안 주민들과 구청 서로가 진지한 노력과 소통을 많이 했다는 방증이기도 할 것이다.

　그리고 식재료 문제와 관련해서도 처음 친환경 무상급식을 시작할 때부터 가장 명심했던 점은 항상 긴장하는 관계 속에서 팽팽한 문제의식을 갖고 학부모와 긴밀한 협조 관계를 유지해야 한다는 것이었다. 왜냐하면 먹거리라는 것은 언제 어떻게 사고가 발생할지 모르며, 한 번의 실수가 그동안의 노력을 무용지물로 만들고 정책에 대한 신뢰 또한 순식간에 무너뜨릴 수 있기 때문이다. 특히, 먹거리 문제는 매우 예민한 사안이기도 해서 추진하는 과정에서 상당히 조심스러웠다. 그래서 더욱 강조한 것이 여러 주체들의 '참여' 속에서 해야 한다는 것이었다. 학부모님들도 참여하여 검수하고 행정가인 나는 그 분들을 믿고 추진하면서 함께 책임을 지는 것이 가장 중요하다고 생각한 것이다.

"저는 영양교사로 있으면서 급식만은 정말 잘하고 싶어요. 그런데 사고는 어디에서 어떻게 발생할지 예측조차 하기 어려워요. 어떤 아이가 아프다고 하면 먹는 것이 원인이 아니라 화장실에서 손을 잘못 닦았거나 노로바이러스 같은 것 때문일 수도 있거든요. 다른 곳에서 외식을 하다가 아플 수도 있고요. 이렇게 예상 가능한 경로가 너무나 다양한데 학교에서 두 명 이상이 아프다고 하면 일단은 식중독 사고라고 해버리니까 이런 부분은 정말 힘들어요."

권남이 급식 선생님의 이야기에 동의를 하는 것이 나도 얼마 전에 지인이 시골에서 좋은 음식을 조달했다고 해서 가까운 지인들과 함께 한우와 회 등을 맛있게 먹은 적이 있다. 그런데 다음날 나를 비롯하여 몇 사람이 최근 10년 동안 겪어보지도 못한 큰 탈이 난 것이다. 그 중 한 분은 그 때문에 이틀 동안 일어나지도 못할 정도로 심하게 앓았다고 하는데 그런 일을 겪으면서 내가 생각한 것은 학교급식 현장에서도 이러한 일은 언제든 발생할 수 있겠다는 것이었다.

"관리한다는 것 자체가 변수가 너무 많아요. 제가 걱정되는 것은 우리가 보존식을 영하 18℃에서 일주일 동안 냉동시키는데 그동안 정말로 균이 자라지 않을까 하는 점도 의심스럽거든요. 이 때문에 교육청에 질의를 한 적도 있는데 모르겠다고 하더라고요. 정말 완벽하게 하려면 냉동식도 균 검사를 해야 하는 거예요. 그리고 또 한 가지 걱정은 우리학교 급식에 있어서 저 혼자만 전문가라는 점이에요. 그리고 나머지 모든 사람들은 수요인거죠. 1,000명 이상의 학생과 교직원, 조리원과 급식도우미를 감당하는 게 쉽지 않아요."

그러고 보면 하면 할수록 끝없이 고민을 하게 만드는 것이 바로 친환경 무상급식이 아닐까 싶다. 우리 구의 친환경 무상급식에 있어서 급식 센터가 하는 역할이 있고 학교에서 구체적으로 펼쳐지는 일들이 있는데 이에 대해 학부모님의 입장에서는 어떻게 생각하고 있는지 궁금했다.

"저는 모니터단 활동을 시작하면서 뭐 하나 꼬투리를 잡아야겠다는 생각을 했어요. 그래서 안 좋은 점이 보이면 아주 세세한 부분까지 상의를 했거든요. 그런데 솔직히 바닥부터 천장까지 우리 집 부엌이나 다른 집보다도 위생 상태가 좋은 거예요."

물론 우리 구에 식재료를 제공한 모든 업체가 학부모 모니터단에게 합격 판정을 받은 것은 아니라고 한다. 2개 업체는 재계약 시 정리가 되었는데 위생 상태가 내 아이에게 먹일 정도의 기준에 미치지 못했기 때문이라고 한다.

"새우젓 통을 한번 봤는데 그 안에 파리가 들어가 있더라고요. 그리고 그 담당자분의 말씀도 오락가락 하는 것이 전혀 신뢰가 안 갔어요."

학교급식 김치 납품업체 선정 품평회 (2013.4)

보통 납품을 결정하기 전에는 다양한 검수 과정을 거치지만 일단 거래를 시작한 뒤에도 지속적으로 모니터하는 경우는 많지 않은데 아이들을 위해 열심히 활동한 성북구 주부들의 눈은 피할 수 없었나 보다.

그 업체의 입장에서는 성북구에 납품했다가 잘렸다는 것이 자칫 큰 타격이 될 수도 있겠지만 나는 학부모님들의 검수 결과를 믿는다. 사실 주부이기 때문에 보이는 것이 있고, 보면 알게 되는 직감이 있지 않은가. 현장에 가서 보니 뭔가 이상하다는 느낌을 혼자가 아닌 여러 명이 느꼈다면 정말 문제가 있다는 것이다.

이렇게 꼼꼼하게 활동하는 학부모님과 영양교사 선생님들 덕분에 우리 구에 들어오는 식재료만큼은 건강하고 믿을 수 있다는 인식도 더욱 확대되었다.

한번은 철원에 갔는데 군수가 직접 하는 이야기가 자신들은 오대쌀 홍보물에 성북구에 친환경 급식 재료를 납품한다는 문구를 넣는다는 것이다. 철원 쌀뿐만 아니라 김치 등 우리 구에 식재료를 납품하는 곳에서는 많이들 홍보 수단으로 활용하기도 하는데, 이는 품질에 자신 있다는 표현을 공개적으로 한 것으로 성북구가 먹거리 신뢰의 상징으로 자리 잡았음을 알 수 있다.

공동구매의 결과, 무려 9억 원

권남이 영양교사 선생님은 급식에서 가장 중요한 것이 식재료인 상황에서 친환경 쌀과 김치, 수산물까지 공동구매를 하고 있는 것을 상당히 환영하였다.

"아침에 식재료가 이상한 게 오면 해결할 방법이 없어요. 반품하는 것도 어렵고요. 김치 같은 경우에는 우리가 요구도 많이 했었는데 수산물까지 하게 되니 정말 좋죠. 수산물은 업체마다 단가와 품질이 너무 다르기 때문에 조달하기 정말 힘들거든요. 이 부분에 대한 정리가 있었으면 좋겠다고 생각했는데 여기에 친환경 과일 급식까지 하게 됐어요. 일단 좋은 식재료가 적절한 가격에 온다는 것만으로도 우리는 정말 행복해요."

실제로 공동구매를 통해서 학교마다 식재료 구매비용도 상당부분 절약할 수 있었다. 작년만 해도 성북구 전체로 볼 때 서울시 교육청 공시단가와 학교보건진흥원 공시단가에 비해 친환경 쌀은 약 5천 4백만 원, 김치는 약 2억 3천만 원, 수산물은 무려 약 6억 6천만 원 정도 절감할 수 있었는데 이를 바탕으로 과일 급식을 늘릴 수 있어서 학생과 학부모의 만족도가 상당히 높아졌다고 한다.

"급식 센터에서 과일을 추가 급식해서 아이들 권장량의 절반 정도는 책임지기로 했는데요. 여기에 더해서 일선 영양 교사들이 더 절약해서 권장량을 100% 채우고 있어요. 그런 점에서 청장님은 엄청난 일을 하신 거죠."

물론 모든 과정이 쉬웠던 것은 아니라고 한다. 특히 가격 표준화 과정에서 애를 먹기도 했는데 수산물의 경우에는 업체마다 각기 다른 단가를 맞추는 것이 어려웠고 기존 납품 업체들 중에는 다른 지역

전국 최초, 학교 급식 수산물 공동구매체계 구축 (서울신문. 2012.6.28)

에서 가격이 더욱 깎일 것을 감안하여 조금 더 높은 가격을 제시하는 경우가 있다 보니 표준화가 안 되는 경우가 있는데 급식센터에서는 다른 지역에서 먼저 선정을 한 후에 다시 조정해서 가격을 정상화할 계획이라고 한다.

"지금은 계약 자체가 바뀌었어요. 2천만원 이하는 수의계약이고 그 이상이면 다자간 수의시담이라고 해서 다섯 개 업체 중에서 선택하거나 아예 입찰을 해버리는데요. 학교에서 괜찮은 업체를 선정한다는 것 자체가 어려워요. 지금 구청에서 하는 과정을 학교에서 다 해야 하는 거예요. 그렇다고 입찰로 넘어가 버리면 정말 난감한 거죠."

입찰 과정을 통해 업체를 선정하게 되면 시장 논리에 따라서 가격

하나만 기준으로 남게 되는데 식재료 선정 과정에서는 그것만큼 무책임한 것은 없다고 생각한다. 아이들이 먹는 음식을 일정한 기준도 없이 기업에 내맡기는 일은 없어야 하기 때문에 수의 계약의 재량 범위를 훨씬 더 늘려 달라는 요구를 교육청에 여러 번 했지만 아직은 요원한 상황이다.

"공동구매를 하기 전에 우리 학교에서 김치 입찰을 했었어요. 그런데 한 업체가 여러 상호를 가지고 입찰에 나선 거예요. 그런 것들이 급식의 품질 저하로 바로 연결되는 거죠. 그래서 우리가 김치 공동구매를 요청했던 거예요."

급식과 관련하여 여전히 시장의 논리가 통용되고 있는 지금 우리가 무상급식이 아닌 '친환경 무상급식'을 추진해 온 이유는 단 하나, 그것이 먹거리이기 때문이었다. 그렇기 때문에 안전을 위한 관리와 점검 체계를 학부모와 학교, 지역 사회가 함께 구축해 나가야 한다고 생각했던 것이다. 이러한 원칙은 지금도, 그리고 앞으로도 여전히 바꿀 수 없는 것이며 그러한 방향으로 자리잡을 수 있도록 모두가 노력해야 할 것이다.

한편으로 다행인 점은 현재 진행되고 있는 교육청의 여러 정책들이 일부 불합리한 면이 있다는 것을 학부모들도 잘 인지하고 있으며 학교도 반발하고 있기 때문에 우리가 제시하는 대안이 맞다는 여론이 커지고 있다는 것이다.

친환경 급식 공동체를 향하여

작년 같은 경우에는 친환경 무상급식과 공동구매까지 정착되면서 농산물은 물론이고 축산물도 무항생제를 많이 쓰고, 양념류도 GMO(유전자 변형 생물)가 없는 것을 쓰자고 선언한 바 있다. 물론 예산이 따라줘야 하는 문제이기 때문에 아직까지 완벽한 것은 아니지만 우리가 벌써 그러한 부분까지 고민하고 추진할 수 있다는 것은 상당한 발전이 아닐 수 없다. 여기에 더불어서 텃밭 가꾸기나 현장 견학 등 다양한 체험 활동도 펼치고 있는데 이로 인해서 아이들의 생활과 건강도 많이 좋아졌다고 한다.

> "우리 집 아이들이 모두 아토피가 있어요. 그런데 흙을 많이 밟으면 좋아진다고 하잖아요. 또 어린 아이들이라서 그런지 초콜릿이나 과자 같은 것을 절제하지 못하는 부분도 있는데 학교 급식에는 영양이 골고루 들어가 있으니까 희망을 가져보려고요."

> "우리 학교 학생은 아파도 학교에 와요. 급식 먹겠다고요. 요즘에는 맞벌이 가정이 많다보니까 아이들 좋아하는 몇 가지 음식만 집에서 해주는 경우가 많은데요. 학교 급식은 메뉴도 매일 바뀌고 반찬도 다양하잖아요."

처음에는 출석도 제대로 안하던 가출 청소년들이 밥을 먹으러 학교에 오기 시작하더니 나중에는 교실에서 수업을 듣는 모습도 보았다는 이빈파 센터장은 우리 구가 친환경 무상급식의 기반을 잘 다져

철원지역 농촌체험활동 (2011.6)

놓아서 아이들이 건강하고 행복하게 살 수 있는 아동친화도시가 될수 있었다는 이야기를 하면서 앞으로도 학교와 지역 사회, 교사와 학부모, 구청의 유기적인 관계 속에서 지속적인 관심이 이어져야 한다는 것을 당부하였다.

그리고 이숙경 어머님은 친환경 무상급식이 더욱 활성화되어 점심뿐만 아니라 아침과 저녁까지 제공해 주는 것이 바람이라고 하였는데 그에 대해서는 적극 검토해 볼 생각이다.

또, 권남이 영양교사 선생님은 업무 과중에 대해 이야기하였다. 급식 하나를 잘 하기도 힘든 상황에서 학생들에 대한 서비스는 예전보다 훨씬 좋아져야 하는데 그러기 위해서는 직원 보강이 필요하다는 것이다.

"실버 도우미와 급식 도우미 분들이 계시지만 그 분들에 대한 인력 관리도 들어가야 해요. 조리원분들을 비롯해서 다른 인력들에 대한 관리도 행정적으로 많이 세분화 되어 있고 각종 기구부터 예산관리 까지 할 일이 너무 많은데 한 사람이 그 일을 다 해야 하거든요. 너무 힘들어요."

이러한 부분을 체계적으로 해결하기 위하여 우리 구에서 처음 급식지원센터를 세울 때 서울시에서 광역별로 세운 후에 교육청과 협력하여 전체의 시스템을 하나로 구축할 계획을 갖고 있었다. 그런데 교육감이 바뀌는 등의 변화 속에서 지금은 오히려 거꾸로 가고 있는 측면이 있다. 그리고 자치구마다 친환경 무상급식에 대한 편차가 크기 때문에 서울시 전역으로 확장시키기에는 여러 가지 무리가 따르는 것도 현실이다. 그럼에도 불구하고 실질적인 광역 단위의 센터를 구축하기 위한 발판을 다지는 것이 올 한해 나에게 주어진 또 하나의 과제라는 생각이 든다.

사실 서울시에서 처음으로 친환경 무상급식을 시작하면서 혹시 사고가 나지는 않을까 하는 고민도 많았다. 그래서 꼼꼼하게 토론도 많이 하고 충분한 준비 과정과 설명회를 통해서 지역 사회의 의견을 많이 듣기도 했지만 한편으로는 '운이 좋으면 가겠고, 안되면 안되겠지' 하는 마음도 있었다. 그런데 이렇게 친환경 무상급식을 위해 애써 오신 분들과 만나서 오랜만에 그동안의 시간을 돌이켜 보니까 참 많은 분들의 노력이 있었고 이렇게 온 마음으로 도와주신 분들의 협력이 없었다면 지금의 결과도 없었을 거라는 생각이 들었다.

사실, 그동안 우리가 이루어 온 성과가 쉬운 일이었다면 다른 지역은 왜 못하고 있겠는가?

우리가 해낼 수 있었던 것은 정말 어려웠던 시기를 많은 사람들과 함께 헤쳐 왔기 때문이다. 한편으로는 내가 정말 운이 좋은 사람이라는 생각도 들면서 우리 구 주민 모두가 자랑스럽고 또 감사한 마음을 지울 수 없다.

마을의 가치를 나누는 홍천사

[대한불교 조계종 홍천사 정념 스님]

믿고 맡길 수 있는 구립 어린이집 확대

현재 우리 구의 어린이집 수는 총 329개소로 이 가운데 33개소가 구립 어린이집이고 나머지는 민간 및 가정 어린이집이다. 구립 어린이집은 숫자로만 봐서는 서울시 25개 자치구 중 8번째로 많지만 주민들의 수요에 비하면 충분하지 못한 것이 사실이다. 그러다 보니 아이가 태어나기 전부터 신청을 해도 대기자가 너무 많아서 입소하기 쉽지 않은 상황이 벌어지고 있다.

작년 우리 구 사회지표 조사에서도 구립 어린이집에 대한 높은 수요를 확인할 수 있었는데, 저출산 문제 해결 방안으로 가장 필요한 것이 무엇인지에 대한 질문에 '안심하고 맡길 수 있는 보육시설 확충'이라고 응답한 비율이 63.9%로 월등한 1위를 차지한 것이다. 이는 2년 전인 2011년 조사에서의 54.7%와 비교했을 때에도 상당히

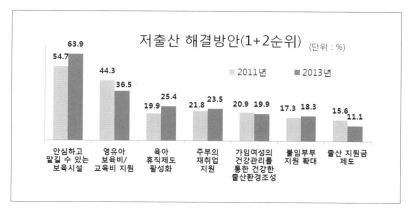

저출산 해결방안(1+2순위) (단위 : %)

■ 2011년 ■ 2013년

안심하고 말길 수 있는 보육시설: 54.7 / 63.9
영유아 보육비/교육비 지원: 44.3 / 36.5
육아 휴직제도 활성화: 19.9 / 25.4
주부의 재취업 지원: 21.8 / 23.5
가임여성의 건강관리를 통한 건강한 출산환경조성: 20.9 / 19.9
불임부부 지원 확대: 17.3 / 18.3
출산 지원금 제도: 15.6 / 11.1

2013년 성북구 사회지표조사 결과

높아졌음을 알 수 있다.

나는 이 문제를 해결하기 위해 민선 5기 핵심 공약 사업으로 구립 어린이집 10개소 확충을 제시한 바 있다. 그리고 교회와 성당, 사찰 등과 연계하여 시설 확충 사업을 적극 추진하면서 민선 5기 출범 전에 26개소에 불과했던 구립 어린이집을 올해 말까지 17개소를 더 확충하면 모두 43개소를 운영하게 된다.

이 과정에서 공간이나 부지 여유가 있는 종교 시설의 도움을 받아서 비용을 크게 줄일 수 있었는데 올해 말까지 확충되는 14개소의 구립 어린이집 중 교회나 성당과 MOU를 체결하여 추진한 것이 6개소이고 사찰과 MOU를 체결하여 추진한 것이 5개소로 이는 사회복지에 있어서 종교기관의 역할이 얼마나 중요한지를 잘 말해주고 있다고 생각한다.

600년 고찰 흥천사와 정념 스님

구립 어린이집 확충과 관련해서는 흥천사의 주지스님인 정념 스님을 꼭 소개하고 싶다. 흥천사는 2011년 11월 정념 스님이 오시기 전까지는 오랫동안의 우여곡절로 인해 사찰 경내에 22채의 주택이 있었고 세입자도 60가구나 살고 있었다. 그런데 스님이 오시면서 강원도 낙산사, 신흥사, 봉정암 등 큰스님들의 도움과 은행 대출을 통해 세입자들이 다른 곳으로 이사 가도록 적절하게 보상하고 짧은 시간에 흥천사를 사찰답게 정리하셨다. 이렇게 많은 공을 들여 마련한 부지를 선뜻 구립 어린이집 부지로 구청에 내어주신 정념 스님의 큰 배포와 산불로 소실되었던 낙산사 복원이나 최근의 흥천사 복원 사업 등에서 보여주신 엄청난 추진력에 존경심을 갖지 않을 수 없었다. 그래서 그동안의 활동이나 살아오신 삶에 대해, 그리고 우리 성북구나 주민들에게 하시고 싶은 말씀을 꼭 한번 들어보고 싶었다.

내가 성북구에서 정념 스님과 인연을 맺게 된 것은 흥천사의 주지로 활동하시면서 다양한 나눔 활동을 펼쳐 오신 것이 배경이 되었는데, 그동안 정념 스님은 각종 문화행사와 봉사활동 등을 통해 흥천사를 시민의 사찰로 만들기 위해 노력해 오셨다.

"흥천사가 좋은 점은 산에 있어서 산사의 맛과 멋이 있으며 그에 어울리는 문화가 있다는 것입니다. 그래서 신앙의 장소뿐만 아니라 일반 시민들도 부담 없이 방문해서 그저 바라만 보고 있어도 마음이 편해지는 곳이 바로 흥천사였으면 좋겠어요. 종교를 넘어 또 하나의 서울 성북구 지하철 4호선 성신여대입구역에서 아리랑고개를 향해 올라가다가 왼쪽으로 난 도로를 따라가면 아파트 단지 오른쪽에 '삼각산흥천사(三角山興天寺)'라고 쓴 현판과 그 너머 한옥 사찰이 보인다. '아니, 이 도심에 웬 전통 사찰?'이라는 의아함으로 일주문을 들어서면 뜻밖으로 넓은 경내에 다시 한 번 놀란다.

1396년 태조 이성계가 세상을 떠난 왕비(신덕왕후 강씨)의 명복을 비는 원찰(願刹)로 창건한 흥천사는 지금 경내 이곳저곳에서 공사가 한창이다. 오랫동안 방치됐던 사찰을 중창(重創)하고 있는 것이다. 흥천사는 억불(抑佛) 정책을 폈던 조선시대에도 왕실 보호를 받았고 1865년 흥선대원군의 지원으로 중수하면서 서울 지역의 대형 사찰 중 하나가 됐다. 1962년 조계종이 출범하면서 흥천사의 법적 소유권은 조계종이 갖게 됐지만, 대처승이 점유하는 상태가 계속됐고, 그 와중에 조계종 관계자가 사찰 토지를 팔아먹는 사고까지 발생했다.

사실상 사찰 기능이 정지됐던 흥천사가 중흥의 계기를 맞은 건 2011년. 건설 회사에 사찰 토지 일부를 매각하여 그 대금으로 사찰을 정상화하려는 조계종 종단의 계획에 종회 의원인 전 낙산사 주지 정념(正念) 스님이 "그러면 절이 망가진다"고 반대했다. 그럴 경우 흥천사는 아파트 단지에 들러싸여 햇빛도 제대로 볼 수 없게 되기 때문이었다. 정념 스님은 이런 상황을 신흥사 조실 무산(霧山) 스님에게 보고했고, 무산 스님은 자승(慈乘) 총무원장을 만나 토지 매각 없이 흥천사를 정상화하기로 합의했다. 그리고 그 책임이 정념 스님에게 떨어졌다.

"2005년 산불로 큰 피해를 본 낙산사를 복원하고 난 지 얼마 안 돼 또 불사(佛事)를 맡는 건 부담스러웠습니다. 하지만 무산 스님께서 '우리가 원력(願力)을 세워서 도와주겠다'고 격려하셔서 용기를 냈습니다."

흥천사는 도심에서 참선할 수 있는 선방(禪房)을 마련했다. 14일 낙성식을 갖는 삼각선원은 법당 오른쪽 뒤 기슭에 대지 150평, 건평 65평의 한옥 두 채 건물로 지었다. 교법과 불교 교육, 기도를 정례화인을 위한 치유 장소로 이용된다. '三角禪院'이라는 한자 현판은 이근배 시조시인, '손잡고오르는집'이라는 한글 현판은 신영복 성공회대 석좌교수가 썼다. 내년 봄까지 100여 명을 수용하는 어린이집

**서울 성북 아파트단지 방치됐던
600년 古寺刹 '흥천사' 重創 3년
2명이던 신도 2500가구로 늘어
무산 스님 지원에 정념 스님이 중흥**

을 비롯, 도서관과 다문화 가족 센터, 문화 시설 등이 들어설 예정이다.

정념 스님이 건물 올리는 것 못지않게 힘쓴 것은 흥천사가 지역사회에 파고드는 일이었다. 교법과 불교 교육, 기도를 정례화하고 한 달에 한 번씩 마을 어른들을 모시고 잔치를 벌였다. 이번 가을에는 작은 음악회도 개최한다. 이런 노력으로 법회 참석 신도가 2명에서 200명으로 늘었고 등록 신도는 2500가구에 이른다.

"흥천사를 서울 강북 지역의 불교 거점으로 만들고 싶습니다. 무엇보다 1만5000평에 이르는 경내를 잘 활용해 자연과 역사, 문화가 어우러져 도심에서도 산사(山寺)의 향기를 느낄 수 있는 사찰이 되도록 할 생각입니다." 이선민 선임기자

김연정 객원기자

서울 성북구 흥천사 법당 앞에서 주지 정념 스님이 사찰의 내력과 앞으로의 계획을 설명하고 있다. 법당 건물에 걸려 있는 많은 편액이 흥천사의 오랜 역사와 높았던 위상을 말해준다.

600년 사찰을 중흥한 정념 스님 (조선일보, 2013.9.11)

쉼터, 휴식공간이 되었으면 하는 것이죠."

홍천사는 산세가 좋은 곳에 자리 잡고 있었지만 또 한편으로는 너무 깊숙한 곳에 위치해 있어 일반인들 입장에서는 드나들기 어려운 곳이기도 했다. 그런데 정념 스님은 경내를 둘러싸고 있던 담장을 과감하게 허물어 산책로를 만들고 조경수를 심어 홍천사를 휴식공간으로 재탄생 시켰으며, 다양한 문화 행사를 펼치면서 지역 주민들과의 소통을 시도하고 있다.

사실 홍천사의 재정 상태가 그리 넉넉한 형편은 아니라고 하는데 정념 스님이 부임하신 뒤로는 그나마 들어오는 사찰의 수입도 지역 주민을 위해 다시 베풀고 있다. 매월 지역 어르신들을 초청하여 점심을 대접하고 선물을 나눠주고 있는데 그럴 때면 600~700여분의 어르신들이 홍천사를 찾는다고 한다. 또, 독거노인과 불우이웃을 위해 후원금과 쌀을 전달하는 등 정기적인 나눔 행사를 통해 지역과 사찰이 공존하는 삶을 열어가고 있다.

'이웃을 먼저 생각하지 않는 종교는 존립 근거가 없다'는 홍천사의 변화한 모습이 지역 주민들을 놀라게 하고 어느새 우리 지역에서 제일가는 명소로 자리 잡게 된 것이다.

정념 스님이 불가에 귀의한 것은 대학교 1학년 때라고 한다. 어린 시절에 가까운 분이 돌아가시는 모습을 보면서 그때부터 '인생'과 '삶', '죽음'에 대한 고민을 시작했고 그러던 중 불교와 관련된 책을 보니 인생의 화두가 그곳에 있는 것 같다는 생각이 들었다고 한다.

따뜻한 겨울나기 성품 전달 (2013.12)

당시만 해도 20대 중후반의 나이에 출가를 하는 경우가 많았는데 대
학교를 졸업하고 결혼을 하는 등 좋은 것들을 많이 접하면 결심이 흔
들릴 것 같아서 일찍 출가했다고 한다. 그 후 종단의 사회부장과 재
무부장, 복지재단의 상임이사, 징계위원회 위원장, 선암사와 봉정암,
낙산사 등 여러 사찰의 주지 스님으로 활동하시다가 2011년 11월에
이곳 흥천사로 오시게 된 것이다.

아직도 잊지 못할 상흔으로 남아 있는 낙산사 화재가 발생한 날은
2005년 4월 5일. 정념 스님이 낙산사 주지로 부임한 지 불과 보름만
의 일이라고 한다. 당시 봉정암 주지까지 겸하고 있었던 스님은 볼일
이 있어서 서울에 잠시 와 있던 중이었다. 그런데 4월 4일 밤 12시 경
낙산사로부터 3km 떨어진 곳에서 지나가던 행인이 던진 담뱃불이
메마른 대지를 타고 번지면서 다음날인 4월 5일 아침에는 낙산사 근

처까지 왔지만 오전 10시 경에 불길이 잡히면서 당시까지는 피해를 입지 않았다고 한다. 그런데 꺼진 줄 알았던 불씨가 3~4시간 후 강한 바람을 타고 번지면서 낙산사를 집어삼키고 주변에 있던 160가구의 주택까지 불에 타 버린 것이다.

당시 노무현 대통령께서는 청와대에서 식목일 행사로 나무를 심고 있었는데 그 소식을 듣자마자 위성으로 보고를 받으신 후에 곧바로 소방방재청에 연락해 그 불을 잡아야 한다고 했지만 이미 전소되어 손을 쓸 수 없는 상황이었다고 한다. 그때는 내가 청와대에 근무하고 있을 때였는데 보물로 지정돼 있던 낙산사 동종이 소실된 것을 알고 대통령께서 진노하셨던 기억이 있다.

"화재와 관련한 생방송 인터뷰를 하게 됐는데 스님으로서 무슨 말을 해야 할까 고민을 했습니다. 그런데 다른 이들의 마음을 아프게 하는 것은 지혜롭지 못하다는 생각이 들어서 모든 것을 제 잘못이라고 정리를 했죠."

1차 화재 때 진압만 제대로 되었더라도 낙산사와 마을의 피해는 줄일 수 있었던 상황. 인재였던 화재를 천재지변이라고 했다는 이유로 반발도 많이 샀다는 정념 스님은 화재 피해를 입은 마을 주민들이 비상대책위원회를 구성하고 서명해 달라고 왔지만 이 또한 설득했다고 한다. 그로부터 1~2년 전에 속초에서 화재가 난 적이 있는데 그와 관련한 책임소재를 가리기 위한 재판이 몇 년 동안 이어지고 있는 상황 속에서 원인규명을 하고 책임자를 처벌하는 대신 하루라도 빨리 복구에 나서는 것이 옳다는 생각을 했기 때문이다. 집집마다 내 놓은 현수막의 내용도 '대통령님 살려 주세요.', '국무총리님 집 지어주세요.', '산림청장님 나무 심어 주세요.', '농수산부장관님 벼 심어 주세요.' 로 바꾸자고 제안하고 비상대책위원회도 해체했는데 당시 노무현 대통령께서도 관심을 갖고 애써주셔서 양양군의 화재는 별다른 시비 없이 빨리 수습될 수 있었다.

낙산사에 근무하는 동안 무료 커피와 무료 국수를 6~7년 동안 제공하다가 다른 후배 스님에게 주지 자리를 넘겨줬는데, 그 후 무료 국수 제공을 중지하자 이를 다시 되돌리기도 하였다.

"내가 물어봤어요. 1년에 국수를 몇 명이나 먹고 가냐고. 10만 명이래요. 그러면 10만 명이 기분 나쁜 게 좋겠나, 아니면 너 혼자 생각을 바꾸는 게 좋겠나, 1분 만에 대답해 봐라, 그랬죠. 나는 네가 바꾸는 것이 좋겠다고요. 낙산사를 찾는 사람들의 정성과 국수를 만드는 보살님들의 정성이 모여서 10만 명이 따뜻한 정을 느끼고 있었는데 없애려고 하면 안 된다고 한 뒤로는 아무도 제 앞에서 그런 말을 못 꺼냅니다."

이 밖에 정념 스님은 '무산복지재단'이라는 노인복지관을 설립하기도 하고 양양 읍내에 강원도에서 제일 좋은 시설의 유치원과 체육관을 지어서 교육적인 문제로 속초로 떠나려는 양양 주민들을 잡기도 했다. 뒤이어 방과후 교실을 할 수 있는 아동센터와 도서관을 짓고 일 년에 한 번씩 어린이날에는 양양의 모든 초등학생들에게 좋은 책을 사주기도 하였다. 또 중고등학생들에게 장학금을 주고 경주와 서울 등에서 문화탐방을 하기도 하는 등 어찌 보면 양양군 복지의 70%는 낙산사에서 담당했다고 해도 과언이 아닐 정도로 다양한 활동을 펼쳐왔다. 그리고 이제는 그동안의 이와 같은 노력과 경험을 우리 구의 흥천사에서 펼치고 계신 것 같아서 더할 나위 없이 반가운 마음이 들었다.

홍선대원군의 시도 있고 영친왕이 5세 때 쓴 글씨도 볼 수 있는 흥천사는 조선왕조를 세운 태조 이성계와 얽혀 있는 유서 깊은 능찰이라는 사실 정도로만 알고 있었는데 알고 보니 더욱 깊은 역사가 담겨 있었다.

태조 이성계는 조선을 세우면서 서울을 도읍지로 정했는데 조선의 역사와 수도의 시작이 흥천사와 함께였다고 해도 과언이 아니라는 사연이 있다. 이성계는 사랑하는 부인이자 혁명동지였던 신덕왕후 강씨가 조선이 건립되고 1395년에 병으로 죽자 그 슬픔을 달래기 위해 능지를 자신의 집무실 앞인 정릉(현재의 정동)으로 정하고 명복을 빌었다. 그리고 1396년에 창건하기 시작하여 그 이듬해에 170여 칸에 이르는 대형 사찰로 완성한 것이 바로 흥천사였다. 그러다가 1409년에 이방원이 왕자의 난을 일으키면서 계모였던 왕후의 신분을 후궁으로 격하시키고 지금의 정릉으로 자리를 옮겼다. 그래서 당시 정릉이었던 곳은 '정동'으로 명칭이 바뀌고 현재의 성북구 정릉에 그 이름이 붙여진 것이다. 위치를 옮기면서 신흥사라 이름을 바꾸고 명맥만 유지하다가 정조 시대에 지금의 자리로 옮겨와 오늘에 이르고 있다. 그러던 중 홍선대원군이 조선을 부흥하기 위해 흥천사라는

흥선대원군의 흥천사 친필 현판

이름으로 다시 바뀌었다. 그래서 흥천사에서는 현판을 포함하여 대원
군이 직접 쓴 글씨를 만날 수 있다.

흥천사는 단순히 스님들이 지은 것이 아니라 조선 왕실에서 지은
사찰로 그 의미가 더욱 크다고 할 수 있는데 대한제국의 마지막 황태
자인 영친왕이 5세 때 쓴 글씨도 남아 있고, 조선의 마지막 왕비인 순
정효황후가 6·25전쟁 때 피난생활을 한 곳이기도 하다.

서울의 역사는 조선의 역사와 함께 하는 것이기에 500년을 훌쩍
넘는 역사를 지니고 있는데, 그렇게 긴 왕조를 이어온 국가는 그리
많지 않다. 가까운 중국만 해도 송, 명, 청 왕조 모두 300년 안팎의 역
사를 지니고 있는 상황에서 이처럼 오랜 역사를 지니고 있는 왕실의
역사와 흥망성쇠를 볼 수 있는 곳이 바로 흥천사인 것이다.

서울을 하나의 역사로 본다면 그 역사 속 또 하나의 역사와 문화,

종교가 어우러진 곳이 바로 흥천사라고 할 수 있는 것이다.

흥천사 구립 어린이집을 한옥으로

지난 2011년 11월에 정념 스님이 주지로 부임하신 후 낙후된 흥천사를 정상화하고 지역 주민의 사찰로 자리 잡게 한 것만으로도 나는 대단한 변화라는 생각이 드는데 여기에서 더 나아가 이처럼 유서 깊은 곳에서 어린이집도 운영하게 되었으니 기대되는 점이 한두 가지가 아니다.

우선, 흥천사라는 유서 깊은 곳에서 어린이들이 자랄 수 있다는 점, 두 번째는 도심 속 자연과 역사, 문화가 있는 곳에서 아이들이 자라난다는 점, 그리고 세 번째로 전국에서도 손에 꼽는 한옥 어린이집을 만날 수 있다는 점이다.

우리 구의 어린이들이 이처럼 특별한 곳에서 어린 시절을 보낼 수 있다는 것은 정말 고마운 일이지만, 흥천사 입장에서는 그 결정이 쉽지는 않았을 것 같은데 우선 어떤 계기로 이와 같은 생각을 하게 되었는지 궁금했다.

"저는 구청장님을 잘 몰랐는데 이야기를 들으니까 아이들이나 도서관 관련 정책을 많이 진행하고 계시더라고요. 그래서 '아이들에게 관심이 많구나.' 하는 생각만 하고 있었죠. 그런데 마침 서울시에서 종단을 통해 연락이 왔어요."

자연은 양들이 살기도 하고 독사들이 살기도 하는, 말 그대로 모든 것이 공존하며 공생하는 곳이다. 그리고 이러한 자연 속에서 살아간 다는 것은 어찌 보면 편견을 버리고 모든 상상력을 키울 수 있다는 것이기도 할 것이다. 그런데 자연 그대로의 자연을 보기 힘든 서울에서 운 좋게도 우리 구 흥천사에는 흙도 있고 나무도 있어서 흙길을 걸어 보기도 하고 느티나무 아래에 앉아 쉬어 보기도 할 수 있는 것이다.

"저는 아이들에게 가장 중요한 것은 어릴 때 편협한 사고방식을 심어주지 않는 것이라고 생각해요. 그래야 아이들이 무한한 상상력을 바탕으로 아인슈타인 같은 과학자도 나올 수 있고, 부처님처럼 위대한 스님, 철학자가 될 수도 있는 것 아니겠어요? 자연이 모든 것을 흡수하듯이 어린이들이 편견을 버리고 자연을 접하는 것이 몸과 마음의 건강에 참 좋다고 생각합니다."

흥천사 구립 어린이집 조감도 (2014년 9월 완공 예정)

올해부터 흥천사 경내에서 아이들이 웃고, 떠들며 배우고, 자란다는 것을 생각하면 기분이 굉장히 좋아진다. 그리고 또 한편으로는 아이들이 공동체의 미래라고 할 때에 이것을 일구어 나가는 사찰과 공동체와의 관계도 상당히 중요하다는 생각이 든다. 다시 말해 흥천사가 공동체의 모범이 되어야 한다는 것인데 이와 관련해서는 앞서 이야기 한 다양한 지역 나눔 활동을 통해 보여준 것만으로도 그 걱정을 덜 수 있을 것 같다.

"어린이집이 흥천사 경내에 있기는 하지만 좀 떨어진 곳에 위치해 있어서 종교에 치우치지 않고 운영할 수 있는데요. 다만 어린이집 원장님이나 부모님들에게 이런 이야기를 할 것 같아요. 요즘에는 어린이들이 집 앞에서 어린이집 앞까지 봉고차를 타고 이동하는데 30m 정도는 어머니가 아이와 함께 손잡고 걸어올라 오라고요. 그런 부분은 제가 조금 강요할 수도 있을 것 같네요. 허허"

적어도 성북구의 흥천사에 오는 어린 학생들은 자연 속에서 마음껏 놀면서 더욱 튼튼하고 상상력과 창조력이 뛰어난 어린이로, 그러면서 자기 혼자 잘 사는 것이 아니라 공생하며 함께 살아가는 것을 온몸으로 깨우쳤으면 하기 때문이다. 그런데 아이들이 걱정되는 마음에 문 앞에서 문 앞까지 데려다 주는 행위가 오히려 아이들의 상상력과 자유를 빼앗을 수 있다는 것을 많은 부모님들이 아직 모르고 있는 것 같다.

시민과 함께 하는 종교

"사실 우리 사회는 나 혼자서 잘 살고자 하는 마음만 버리면 다 좋아요. 제가 흥천사에 오고 나서 담장을 다 철거했거든요. 그랬더니 도둑이 한 명도 없는 거예요. 그 전에는 누가 들어오지 않을까 하는 걱정이 한시도 떠나지 않았는데 오히려 더 좋아진 거죠."

생각만 조금 바꿔도 많은 것이 더 좋은 방향으로 바뀔 수 있다는 것을 흥천사에서 이미 많이 보여주고 있다. 흥천사는 이곳에 오는 주민들에게 좋은 물을 주기 위해서 큰 냉장고를 준비해서 시판용 생수를 제공하고 있는데, 하루는 아주머니 한 분이 생수를 10개 씩 가져가더란다. 그래서 직원이 제재를 하려고 했는데 스님이 막았다고 한다. '가지고 가라고 준건데 그 물을 가져가서 버리겠느냐, 10개를 가지고 가서 우리 절을 알릴 수 있다고 생각하면 더 좋은 것 아니냐'는 것이다.

이제는 마을 주민들의 이동도 많아진 흥천사 건물 안에 커피 자판기를 하나 두었는데 어느 날은 밤 9시가 넘은 시간에 고등학생 2명이 커피를 한 잔씩 뽑아서 느티나무 아래에 앉아서 이야기하는 모습을 보았다고 한다. 일하시는 분이 그 학생들을 내보내려고 하는데 스님은 그러지 말라고 했단다. 이 밤에 저렇게 오순도순 만나서 추억을 쌓는 것이 얼마나 좋겠느냐는 것이 그 이유였다고 한다.

이렇게 종교는 있는 듯, 없는 듯 사람들의 삶에 조금씩 스며들어가야 한다고, 정념 스님은 이야기하였다. 사람은 산소가 없으면 1분도 살지 못하지만 산소를 고마워하는 사람들은 없다. 산소를 돈 주고 사야 하는 것이라면 고마워하겠지만 공짜이기 때문에 고마운 줄 모르는 것인데 종교가 바로 그런 역할을 해야 한다는 것이다. 드러내서도, 드러내려고 해서도 안 되지만 산소처럼 우리 삶에 없어서는 안 되는 것 말이다.

내가 일을 하다 보면 사명감을 가지고 나름대로의 생각과 방향대로 추진하려고 해도 막상 사람들과 함께 하는 과정에서 부딪히는 경우도 많고, 그러다 보면 스스로 지치거나 방향을 잃게 되는 경우도 없지 않다. 그럴 때마다 '아, 이걸 어떻게 해야 하나?' 하는 고민을 하게 되는데 정념 스님은 지난 수십 년 동안 공동체와 조화를 이루는 종교를 이루겠다는 방향성을 잃지 않고 지금에 이르렀다는 것만으로도 존경스러운 일이다. 이에 대해 정념 스님은 고정관념을 버리고 순수한 마음

진경축제의 일환으로 흥천사에서 개최된 성북 작은음악회 (2013.10)

그대로 항상 긍정적으로 생각하기 위해 노력한다고 하셨다.

"이득을 취하고자 하면 계산할 것이 너무 많아지고 편견을 갖게 되면 갈등, 반목, 대립이 생겨서 불행하게 느껴지거든요. 그저 열심히 일하다 보면 결과도 좋아져요. 뭐, 결과가 부족하면 더 열심히 하면 되는 것이고요."

정녕 스님은 108배를 많이 하는데, 종교적인 의미 외에 건강상의 이유로도 이를 적극 추천한다고 하였다. 0.2평의 공간만 있으면 어디서나 할 수 있는 108배의 효과는 TV 프로그램을 통해서도 알려진 바 있는데 여기에 요가가 조금 가미된 동작으로 수정된 108배를 배웠다고 한다. 그렇게 하면 46가지의 피가 좋아진다고 하는데 지역 주민들이 편안한 복장으로 와서 건강도 찾고 시간이 되는 사람들은 정릉에 가서 휴지도 줍고 자연 속에서 휴식도 취하다 보면 성북구가 최고의 힐링 지역으로 자리 잡을 수 있다는 것이다.

북한산을 비롯하여 구석구석에 산과 내천이 있고, 정릉도 있고, 골목도 있는 성북구는 사람냄새가 가장 많이 나는 곳이기도 하다. 정녕 스님은 마지막으로 따뜻한 성북구, 정이 있는 성북구를 만들기 위해서 조금만 더 여유를 갖고 한 번만 더 이해하고 기다려 주면서 마음과 정을 나누다 보면 더 좋은 성북구가 될 것 같다는 소망을 이야기하셨다.

그동안 구청장으로 일해 오면서 도시의 문제를 많이 고민해 왔는데 무한경쟁 사회에서 도시는 어느새 공존의 가치를 잃어버린 채 주민들은 '내가 살아갈 방도'를 찾게 된 것 같다. 이것이 우리 구에서는 전국에서 가장 빠른 속도로 진행된 재개발, 재건축의 흐름 속에서 발견되고 있는데 주거 여건이 개선되었다는 긍정적인 효과와 동시에 심각한 개발 후유증도 앓게 되었다는 점이다. 재개발 과정에서 사람들이 살고 있던 집은 더 이상 자신들이 살아가는 생활공간이 아니라 일종의 재산이라는 인식이 더욱 강해졌고, 그러다 보니 스님이 이야기하신 대로 상대방의 입장을 배려하거나 이웃 주민들과 함께 살아가는 공동체로 인식하는 것이 어려워 진 것이다. 그동안 나는 이 점을 가장 큰 문제로 생각해 왔는데 이를 해결하기 위해서는 스님이 이야기하신 것처럼 한번만 더 생각하고 기다려주면서 마음과 정을 나누는 것이 가장 중요할 것 같다는 생각이 든다.

노무현 대통령과의 인연

마지막으로 스님과 노무현 전 대통령과의 인연, 그리고 나와 노 전 대통령과의 인연에 대해 이야기해 보고 싶다.

정념 스님은 1988년 4월에 부산 동구 선거 때 노무현 후보를 돕는 활동을 남 모르게 했었다고 한다. 그 당시에는 노무현 대통령을 직접 뵙지는 못했는데 이후 봉정암의 주지스님으로 계실 때 권양숙 여사와 만난 것을 계기로 인연을 맺게 되었다고 한다.

내가 노무현 대통령을 처음 접하게 된 것은 1987년, 당시 대학교 2학년 때다. 나는 대선 시기에 전대협 공정선거 감시단의 책임자 자격으로 고향인 부산에 내려갔는데, 그때 노란색 바바리코트를 입고 기운 넘치는 연설을 하던 부산 국민운동본부 상임집행위원장 노무현 변호사에 대한 강한 첫인상을 갖게 되었다. 악수까지 하고 헤어진 그 날 이후 노무현 변호사의 화려한 정치 입문과 계속되는 도전과 시련을 지켜보면서 인간 노무현, 정치인 노무현에 대한 호기심과 경외심을 키워왔다.

그리고 성북구청장 비서실장으로 일하던 2000년에 노무현 후보가 당선 가능성이 높은 서울 종로 지역을 마다하고 부산 북강서을 지역구에서 출마하여 내 고향인 부산에서 당선되는 모습을 보고 싶어서 무작정 부산으로 내려간 적도 있는데, 그 사이의 시간 동안 정념 스님의 노무현 대통령과의 인연에 대해 들으니 조금씩 비껴간 시간에 대한 아쉬움과 동시에 비슷한 신념을 지니고 있었다는 동질감이 느껴지기도 한다.

아이를 함께 키우는 마을, 책 읽는 마을

[작은 도서관 네트워크]

사람의 마을, 성북이 만든다

지난 2010년 지방선거는 무상급식, SSM 규제, 주민참여 등 우리 주민의 실생활과 밀접한 생활 의제들이 본격적인 이슈로 자리 잡은 선거로, 그 핵심은 사람의 생활이라 할 수 있다. 그리고 이에 대한 관심은 생활의 본거지인 마을에 대한 관심으로 이어졌으니 바로 마을만들기이다.

마을만들기는 마을이 지니고 있는 문제를 가장 잘 알고 있는 주민들이 직접 마을의 문제를 짚어보고 해결하며 스스로 만들어 가는 과정이라고 할 수 있다. 특히 도심에서 마을만들기는 단순히 물리적 공간만을 재생하는 것이 아니다. 사람과의 관계 회복을 통해 고유한 지역정서와 공동체를 복원하고 다양한 사업지원을 통해 일자리를 창출함으로써 자신의 삶터를 더욱 살기 좋게 만들어 가는 과정이라고 할 수 있다. 여기에서 중요한 것은 결과물이 아니라 과정이라는 점이다. 개별화되고 파편화된 도시에서는 사람들이 모여서 마을을 바꾸기 위해 논의하는 과정만으로도 이미 새로운 마을이 만들어질 수 있기 때문이다.

성북구의 마을만들기 사업은 2010년 창의적인 마을활동가 양성을 위한 '도시아카데미' 운영과 함께 시작되었다. 이후 '마을만들기 지원 조례'를 제정하고 마을만들기 사업을 원활하게 추진하기 위한 '마

말끔해진 장수마을에서 장수할래요

서울 성북구 주거환경관리사업 마쳐
주민들이 재개발 포기하고 새 단장
27억 들여 공동시설·도시가스 설치

성곽을 향해 비탈진 골목골목을 따라 자리한 집들은 대체로 오래되고 낡았지만, 급경사의 골목엔 계단과 난간이 새로 설치됐고 석탄과 기름으로 겨울을 나던 마을에는 도시가스가 깔렸다.

박원순 서울시장과 김영배 성북구청장이 5일 오후 서울 성북구 삼선동1가 300번지 일대 이른바 '장수마을(**사진**)을 찾았다. 이 마을 대상의 '주거환경관리사업'이 최근 마무리되면서 이날 마을축제가 열렸기 때문이다.

장수마을은 지난 5월 주민 30% 이상의 동의로 '재개발 정비 예정구역'에서 해제된 뒤, 마포구 연남동과 성북구 길음동에 이어 서울시내에서 세번째로 주거환경관리사업이 마무리된 곳이다. '전면 철거와 우뚝 솟은 아파트' 방식이 아니라, 저층 주거지를 보전·정비하는 새로운 방식이 적용된 것이다.

이 마을의 주거환경관리사업엔 모두 27억 1000만원의 도시주거환경 정비기금이 들어갔다. 11억8500만원을 들여 주민사랑방, 마을박물관과 같은 주민 공동이용 시설을 꾸몄고, 15억2500만원을 들여 도시가스를 깔고 하수관거를 정비했다. 계단과 난간도 곳곳에 설치됐다. 개별 주택을 개량하거나 빈집을 정비하는 경우도 최대 1000만원까지 지원했다. 서울시가 주택 개보수 비용을 지원하는 것은 한옥마을 말곤 이번이 처음이

다. 아직 제각각인 지붕의 재질이나 색, 담장 등은 앞으로 한양도성과 어울리게끔 주민들과 협의해 다듬어 갈 계획이다.

주택 개보수 등의 일을 하는 장수마을 마을기업 '동네목수'의 박학용 대표는 "무엇보다 주민들이 어렵게 재개발 욕구를 누르고 현실적 방향을 찾은 데에 의의가 있다"고 말했다. 44년째 이 마을에 살고 있는 오강석(72)씨는 "도시가스가 공급된 것에 대해 주민들이 고맙게 여기고 있지만 (사유지 무단점유로 인한 변상금 문제가 아직 해결되지 않았다"고 했다.

장수마을을 둘러본 박 시장은 주민들에게 "재개발 문제로 고생이 많았지만 몇 년 안에 한양도성을 찾는 사람들이 늘면서 장수마을에도 좋은 시절이 올 것"이라고 말했다.

박기용 기자 xeno@hani.co.kr, 사진 서울시 제공

장수마을 주민참여형 주거환경관리사업 완공 (한겨레. 2013.12.6)

길음 뉴타운서 제외된 '소리마을' 가보니…

"마을카페 등 공동체 복원
'내 동네'란 애착 생겼어요"

서울 성북구 길음동 1170번지 일대 '소리마을'은 한때 길음 뉴타운 지구의 일부였다. 하지만 주택노후도 조건 등을 맞추지 못해 사업에서 제외됐다. 서울시는 대안으로 2011년 이곳을 마을 기반시설을 정비하는 '휴먼타운' 시범구역으로 지정했다. 그 뒤 주민참여형 재생사업으로 변화 과정을 거쳐, 지난 22일 정비를 마치고 주민커뮤니티센터가 문을 열었다. '뉴타운 출구전략' 얘기가 나오는 와중에 뉴타운 존치지역에서 저층주거지를 철거하지 않고 보존한 첫 사례다.

소리마을은 아파트단지 사이에 덩그러니 놓인 '섬'이다. 멀리서 본 마을은 주변 고층아파트 때문에 그늘진 인상이었다. 453가구가 사는 마을에는 2~3층 다세대주택이 줄지어 있고, 30~40년은 됐음 직한 구옥도 눈에 띄었다. 골목에는 무말랭이를 만들려고 무를 돗자리에 펴는 할머니가 나와 있었다. 전형적인 서민 주택가다. 현재 평당 시세도 주변 아파트에 비하면 200만~300만원 정도 낮다.

그러나 마을에 들어서자 인상이 달라졌다. 골목은 별을 받아 반짝이고 있었다. 아스팔트를 걷어내고 인조화강석 블록을 깔았기 때문이다. 담이 1m나 튀어나와 있어 차가 겨우 지나던 길은 반듯하게 정리됐다. 벽은 새로 페인트칠을 했고, 긴 담벼락에는 그림도 그렸다. 골목마다 보안 문제 해결을 위해 설치된 폐쇄회로(CC)TV도 눈에 띄었다. 세련된 외관의 4층짜리 주민커뮤니티센터가 손님을 맞았다. 주민 대표 13인으로 구성된 주민운영위원회가 시·구 관계자들과 머리를 맞댄 결과다.

정비 사업은 시작부터 쉽지 않았다. 재건축을 포기한다는 데 대한 반감이 컸기 때문이다. 주민 대표는 "미친 짓이다" "돈 받아먹었느냐"는 소리까지 들어야 했다. 주민 대표들은 13차례가 넘는 협의 과정을 통해 적극적으로 의견을 내놓았다. 이러한 사업 과정에서 핵심은 '어떻게 아파트 못지않은 환경을 만들 수 있을까'였다. 중점 사업으로 주민공동체의 거점인 주민센터 건립이 추진됐다. 각종 편의시설이 갖춰진 아파트와 달리, 주택가에는 당장 택배를 받아줄 관리실도 없기 때문이다. 논의 끝에 다목적실, 마을카페, 아동·노인센터 등으로 채워진 센터가 세워졌다. 센터 4층에

는 임시로 살 수 있는 순환용 임대주택도 만들었다. 뉴타운 사업에선 빠졌지만, 신축·개량이 필요한 주택이 여전히 많기 때문이다. 이를 위해 서울시는 관련 상담과 아울러 연리 1.5%로 최대 4000만원까지 건축비 융자 지원을 한다.

마을정비 사업은 주민들의 생각도 바꿨다. 이용현씨(35)는 "뉴타운 개발이 되면 여기서 나고 자란 어른신들이 떠나야 했다"며 "주민들이 내 동네에 애착이 생겼다는 게 큰 변화"라고 말했다. 김미영씨(30)는 "이웃들과 어울릴 기회가 없었는데 센터에서 아이를 데리고 가면 다른 아이 엄마들과 알게 되고, 어른신들과도 자주 어울리게 될 것 같다"고 말했다.

이제 소리마을 운영위원회는 협동조합을 통해 주민공동체를 활성화할 계획이다. 마을 대표 이충민씨(71)는 "주민들이 서로 아끼고 살기 좋은 마을이라는 소문이 퍼져서 타지에서도 많이 찾아왔으면 좋겠다"면서 "그러다보면 저절로 땅값도 오르지 않겠느냐"고 말했다. 길음(吉音) 소리마을은 '좋은 소리를 전하다'는 뜻이다.

배문규 기자 sobbell@kyunghyang.com

서울 길음동 '소리마을' 협동조합 회원들이 지난 22일 '소리마을센터' 개관식에서 축하공연을 하고 있다.   성북구 제공

길음동 소리마을, 주민참여형 도시재생사업 완료 (경향신문. 2013.11.20)

을만들기 운영위원회' 구성으로 이어졌다. 2011년 12월 29일에 옛 종암동 주민센터에 서울시에서는 처음으로 '마을만들기 지원센터'를 개소하고 '마을만들기 기본계획 연구용역'을 시행하여 다양한 마을만들기 사업을 추진하고 있다. 그리고 마을만들기 사업 공모, 각종 아카데미, 명품 마을만들기, 마을축제, 마을기업 등 도시재생을 위한 다양한 마을만들기 사업이 펼쳐졌다.

특히 한양도성을 따라 형성된 장수마을은 마을기업인 동네목수를 중심으로 다양한 마을공동체 복원 사업이 민간 주도로 이루어진 곳이다. 2012년 3월 주거환경관리사업 대상지로 선정된 장수마을은 주민참여로 만든 마을종합계획에 따라 마을박물관, 주민사랑방, 도성마당이 들어서면서 역사성을 살린 마을공동체로 탈바꿈하였다.

또한 뉴타운 존치 지역인 길음동 소리마을은 전면 철거 없이 저층주택을 보존하는 방식으로 작년 11월에 완공되었다. 여기에 주민 커뮤니티센터인 길음소리마을센터를 지하 1층~지상 4층 규모로 건립하여 마을관리사무소, 문화체육공간, 지역아동센터, 순환용 임대주택 등으로 활용하도록 하여 마을재생의 중심 역할을 수행하고 있다.

아이를 함께 키우는 동네 카페

'행복한 정릉카페'는 '2012 성북구 마을만들기 공모사업'을 통해 구가 지원한 1,172만 원과 자부담 1,666만 원을 더해 2012년 9월에 문을 연 곳이다. 운영 주체는 정릉동의 공동육아협동조합인 '행복한 어린이집'의 조합원들로 이들은 마을에서 10여 년 넘게 공동 육아 활동

행복한 정릉카페에서 만난 정릉 육아협동조합원들 (2013.10)

을 펼치고 있다. '행복한 어린이집'은 조합원들의 출자로 집을 한 채 마련하여 선생님들은 교육을 전담하고, 그 외의 모든 일은 학부모들이 관리하는 시스템을 가지고 있다.

'행복한 정릉카페' 역시 협동조합으로 11명이 출자하여 동네 사랑방 형태로 운영되고 있다. 정릉시장 안에 작지만 아기자기하게 꾸며진 행복한 정릉카페에서 협동조합 회원들을 만날 기회가 있었다. 각 가정의 엄마와 아빠, 아이들이 마치 한 가족처럼 어울려 있는 모습을 보니 새로운 형태의 대가족을 만난 것 같아서 남다른 기분이 들었다.

육아협동조합은 부모가 출자 조합원이자 어린이집 운영자이기 때문에 조합원 활동을 함께 해야 한다. 결원 조합원이 생겨야 가입할 수 있으며, 조합원 활동에 대한 설명을 듣고 함께 할 수 있는 일에 대한 설문조사와 상담을 하고 난 후야 비로소 가입할 수 있다. 가입이 되었다고 해서 끝이 아니라 육아활동에도 적극적으로 참여해야 한다.

사실 정릉 육아협동조합이 더욱 반가운 이유는 우리 집 둘째인 민지가 이 협동조합의 창립 멤버이기 때문이다. 2001년경에 아내가 '행복한 어린이집'에 조합원으로 가입을 했었다. 그 당시 출자비가 600만 원이었는데 지금은 물가상승률에 따라서 액수도 늘어나 750만 원이라고 한다.

그런데 정릉 육아협동조합의 역사가 13년을 넘어서면서 조합원끼리만 커뮤니티를 맺고 그 울타리를 벗어나지 못하고 있다는 점은 이들에게도 풀어야 할 숙제였다고 한다. 그동안 아이를 함께 키우는 커뮤니티에 머물러 왔다면 이제는 지역과 소통을 통해 더욱 성숙된 커뮤니티로 발전시켜야 한다는 문제의식을 갖게 된 것이다.

이러한 고민 끝에 탄생한 것이 바로 '행복한 정릉카페'였다.

함께 모여서 배우고 취미활동을 하고 관심사를 나누는 공간인 '행복한 정릉카페'는 네 명의 엄마들이 도맡아서 운영하고 있다고 한다. 인건비를 전혀 받지 않고 아침, 점심, 저녁, 주말에 나와서 일을 하고 있지만 운영이 그리 쉽지는 않다고 한다.

"원래 좀 더 임대료가 저렴한 곳으로 가려고 했어요. 그런데 시장이 너무 침체되어 있어서 골목시장이 활성화 되어야 마을도 활성화 되겠다고 판단했죠. 어린이집과는 관계없이 우리가 시장상인이기도 하고 마을 주민이기도 하니까요."

이들은 행복한 정릉카페뿐만 아니라 '마을예술 창작부'라는 문화예술을 하는 스튜디오도 만들어서 각종 강좌와 영화 상영회, 사진전시회 등의 문화행사와 다양한 어린이 체험 교실을 진행하고 있다. 이 또한 어린이집 안에만 머물러 있던 커뮤니티를 지역으로 더욱 확장하고자 하는 의미에서 시작된 것이다.

우리 성북구는 문화적으로나 역사적으로 상당히 의미있는 동네이다. 하지만 주요 문화역사 자원이 성북동에 집중되어 있다 보니 다른 지역은 상대적으로 소외되어 있다는 문제점도 갖고 있다. 부담 없이 영화나 공연을 보고, 무언가를 배울 수 있는 마을들을 구석구석에 만들고자 하는 것은 구청장으로서 계속 맴도는 고민이기도 하다. 그래서 올해 열리는 성북구 진경 페스티벌에는 아리랑시장을 차 없는 거리로 만들어 시장통에서 왁자지껄하게 축제를 열면 어떨까 하는 생각도 하게 되었다. 하지만 시장 한가운데를 가로지르는 도로를 막고 있을 때 예상되는 반대 민원 때문에 주저하게 되는 것도 사실이다. 사람이 다니기 위해 만들어 놓은 길에 사람만 다니게 한다고 불만을 갖는 시대가 되었다는 것이 조금은 안타깝기도 하다.

"이 길은 원래 사람들이 다니는 길인데 상권이 죽어서 사람들이 줄어드니까 차만 쌩쌩 다녀서 자전거를 타고 다니는 아이들이 너무 위험해요. 사람들이 많이 걸어 다녀야 차도 사람들을 배려해서 천천히 다닐 텐데 말이에요."

물론 전면적으로 차를 막을 수는 없겠지만 주말 정도라도 차 없는 거리를 만들어 보는 것도 좋을 것 같다. 구청에서 공모를 해서 필요

정릉카페에서 운영하는 마을예술 창작부 프로그램

한 사업비를 지원하고 주민 불편을 최소화한다면 불가능한 일도 아
닐 것 같다.

> "기간을 정하면 나머지 시기에는 캠페인을 진행하면 될 것 같아요.
> 이 길은 안전하게 천천히 다니는 거라고 말이에요. 아이들도 어른
> 들에게 '아저씨 좀 천천히 가세요'라고 할 수 있고, 개인의 약속처럼
> 스티커를 차에 붙이는 방식으로 할 수도 있고요. 거기에서 관심이
> 더 있으면 집 앞에 붙일 수도 있는 거고요."

몇 마디 대화만으로도 다양한 아이디어를 쏟아내는 조합원들을 보
니 살기 좋은 마을을 만들기 위해 얼마나 많은 고민과 실천을 해 왔
는지 알 수 있었다. 그동안 정부나 지자체가 진행했던 재래시장이나

골목상권 살리기 등의 사업은 대체로 시설지원 사업에 집중되었다. 그런데 이들에게서는 실제 마을의 구성원이자 상인의 한 명으로서 관과는 다른 방식으로 접근하고자 하는 시도가 느껴졌다. 또 한편으로는 마을에서 공동체 사업을 진행하는 과정이 결코 쉽지는 않은 것 같았다. 지역 상권은 계속 침체되어가는 상황에서 상인들의 이해관계와 얽혀 있는 부분은 피해갈 수 없기 때문이다.

"시장에 계신 분들이 사실은 서로가 경쟁자인데다 특히 이 동네는 재개발 이슈가 끊임없이 나와서 좀 많이 힘들었어요. 그런데 젊은 사람들이 아침에 나와서 계속 고생하는 것을 보니까 조금씩 마음을 열어 주시더라고요. 먹을 것도 갖다 주시고요."

마을공동체 사업에는 '육아공동체', '마을공동체', 그리고 '상인공동체'를 만들어가는 과정이 있을 수 있다. 그런데 정릉 육아협동조합은 육아와 마을과 시장, 이 세 가지를 동시에 가꾸고 만들어 가고 이에 대해 조합원들은 마을공동체와 육아공동체는 상인공동체와는 상당히 다른 느낌이어서 고민이라고 이야기하였다. 시장에서 물건을 사게 되면 천천히 걸어 다니며 사람들과 대화도 나누고 안부도 물어보게 되는데, 대형마트나 인터넷 쇼핑몰에서 물건을 주로 사게 되면서 점점 개인화되어 가다보니 상인공동체와 육아공동체가 결합하여 마을공동체로까지 나아가는 데에 어려움이 많다는 것이다.

조합원들의 이러한 고민은 마을과 생활이 분리되는 현실에서 출발한다고 생각한다. 사람들은 '마을'이라고 하면 우리가 사는 동네, 이웃과 친구라는 막연한 개념으로 생각하고 있다. 하지만 실제로는 내가 생활하면서 아이들도 키우고, 머리도 깎고 가족들과 함께 식사도 하는 경제생활이 이루어지는 곳이다.

우리 성북구는 한양도성 바로 외곽에 위치하는 일종의 베드타운 도시이다. 아침에 출근했다가 밤에 자러만 오는 경우가 때문에 주말이나 되어야 동네 생활을 할 수 있다. 이마저도 최근에는 힐링이니, 문화적 소비니 하면서 차를 이용해 멀리 나가기 때문에 마을에서는 최소한의 소비생활도 이뤄지지 못하고 있는 형편이다. 이렇게 마을과 생활이 분리되다 보니 마을이 추상적인 공간이 되어가고 있는 것이다.

"제가 생각하는 바람직한 동네의 모습은 생활과 교육, 유희 같은 것들이 동네 안에서 이루어지는 것이라고 봐요. 사람을 성숙하게 만들고 즐겁게 살기 위해서는 같이 놀 수 있는 친구와 공간과 놀 거리가 있고, 나이가 들수록 배우고 싶은 것을 그 안에서 해결할 수 있어야 하거든요. 경제활동까지 이루어진다면 더 없이 좋겠고요"

마을 경제가 빠져 있는 마을 공동체는 의미가 없다. 우리가 동네에서 떡볶이를 사 먹는 것은 소비에 해당하고 반대로 떡볶이 아줌마 입장에서는 돈을 버는 생산이 된다. 그 돈으로 그 집 아이는 동네에 있는 학원을 가고 학원 강사는 다시 동네에서 소비를 하면서 마을 안에서 생산과 소비가 함께 이루어는 선순환경제가 되어야 한다.

지역의 소비생활이 대형마트와 프랜차이즈 가게로 집중되면서 지역공동체에는 알맹이는 빠지고 지역경제라는 하부구조가 부실한 쭉 정이만 남게 된 것이다. 대형 커피점과 경쟁하며 카페를 운영하기가 어떠냐고 물어보았다.

"동네 빵집이나 떡볶이집이 대기업보다 더 맛있게 만들어야 해요. 커피 같은 경우에는 대기업 카페보다 동네에서 로스팅하는 곳이 더 맛있는 경우가 많거든요. 그렇게 질 좋은 가게가 이 동네에서 브랜드로 자리 잡을 수 있도록 젊은 사람들이 창업을 할 수 있도록 도와 줬으면 좋겠어요. 빵집 교육이나 제빵 기술 같은 것들을 배우고 창업할 수 있도록 하는 거죠."

브랜드는 이미지이다. 대기업은 막대한 물량을 쏟아 부어 심지어는 저항의 상징 인물인 체 게바라의 얼굴이 그려져 있는 스타벅스 테이크아웃 커피잔이 등장할 정도로 근사한 이미지와 소비문화를 만들어낸다. 동네에서 대기업을 상대하기에는 도저히 역부족이다. 그렇다면 그나마 대기업에 무엇으로 승부할 수 있을까? 바로 지역성이다. 굳이 "Think globally, act locally"라는 근사한 말을 가져오지 않더라도 그 지역만이 가지고 있는 스토리를 만들어내는 것이 필요하다. '행복한 어린이집'의 조합원들이 씨앗이 되고 '행복한 정릉카페'가 그 씨앗을 키우는 토양이 되어 대기업을 상대로 골목경제를 지켜내고 스토리를 만들어내면서 공동체를 일구어가는 미래를 꿈꾸어본다.

아이들 생각의 꿈터, 민간 작은 도서관 네트워크

정릉 육아협동조합이 '행복한 어린이집'과 '행복한 정릉카페'를 통하여 마을 주민과 상인들이 한데 어우러지는 마을 공동체를 만들어 가고 있다면 어린이들에게 꿈과 희망의 보금자리를 만들어 주면서 책과 사람을 통해 마을 공동체를 이루고 있는 이들이 있으니 바로 작은 도서관 운영자들이다.

'생각의 크기가 대한민국의 크기다'라는 말처럼 민선 5기 동안 우리 성북구는 주민들의 생각을 키울 수 있는 도서관 건립에 집중해 왔다. 민선 5기가 시작하기 전인 2010년 6월말 기준으로 우리 성북구의 공공도서관은 3개소에 불과했으나 이번 2월에 개관한 청수도서관까지 민선 5기 동안 6개의 공공도서관이 건립되어 우리 성북구는 모두 9개소의 공공도서관을 갖추게 되었다. 빗물 펌프장 유휴공간을

빗물펌프장 유휴공간 4~5층을 활용하여 건립한 석관동 미리내도서관

활용한 미리내 도서관, 폐지된 가압장을 리모델링한 정릉도서관, 서경로 개설 후 남은 용지를 활용한 꿈마루 도서관 등 도시 공간의 재활용을 통해 건립함으로써 지방재정의 한계를 극복한 점도 한 특징이다.

성북구의 또 하나의 자랑은 지난 1월에 서울시에서 최초로 성북정보도서관에 개관한 성북 다문화도서관이다. 이곳은 서울시 주민참여예산사업으로 추진되어 가수 인순이씨가 성북다문화도서관의 명예관장으로 활동 중이다. 아울러 성북구의 핵심정책인 인권도시사업의 하나로 구립 도서관에 인권서가를 배치한 것도 특징이라고 할 수 있다.

이뿐만이 아니다. 2012년 1월부터 책드림 서비스를 시작하여 지하철 역 등에 5개소의 무인예약 대출기를 설치하였다. 이를 통해 도서관이 멀어 직접 가기 힘든 주민들이 모든 구립도서관의 책을 쉽게 빌리고 반납할 수 있도록 하여 이동도서관의 역할을 수행하고 있다. 또한 원북 성북, 북 페스티벌, 휴먼라이브러리 등 책을 매개로 한 다양한 커뮤니티 운동을 통해 책 읽는 성북 운동을 확산시키고 있다.

그리고 무엇보다 반가운 일은 이렇게 구청이 주도해서 설립, 운영하고 있는 도서관 외에 주민 한 두 사람의 의지로 시작되어 이제는 마을 사람들이 모이는 소통의 장소가 되고 있는 민간 작은 도서관의 활약상이 날이 갈수록 두드러지고 있다는 점이다. 처음에는 자기 집 거실에 책을 놓고 이웃 아이들에게 읽어주면서 시작한 작은 도서관이 이제는 새로운 지역 공동체의 장으로 활용되고 있는 것이다.

민간 작은 도서관 네트워크의 대표이자 꿈터 어린이도서관 관장인

마을에서 도서관 커뮤니티를 만드는 꿈터어린이도서관 (아시아경제. 2013.5.27)

김미희 대표와 곰세마리 도서관의 김은경 부관장과 함께 이야기를 나눌 기회가 있었다. 이들과의 대화를 통해 생각보다 더욱 촘촘하게 마을공동체를 이끌고 있는 작은 도서관의 활약상에 대해 좀 더 자세히 알 수 있었다.

우리 구에서 10여 년 넘게 꿈터 어린이도서관을 운영해 온 김미희 대표는 민간 작은 도서관 운영의 전형적인 모범사례자라 할 수 있다. 어린 아이를 키우면서 책을 읽어주다가 동네 아이들도 집에 초대해서 같이 읽어주기 시작한 것이 도서관의 출발이라고 한다. 지금 생각해 보면 일종의 가정 도서관 같은 것이었는데 그때가 벌써 약 15년 전이라고 한다. 아이들이 자라면서 집 안에서의 개인 생활도 필요하게 되자 같이 책을 읽어주던 분과 함께 의기투합하여 2004년에 주머닛돈을 털어서 10평 남짓한 공간을 마련했는데, 그것이 정릉 1동에 있는 꿈터 어린이도서관이다.

"사실 월세로 임대를 얻었는데 저희는 월세를 낼 수 있는 형편은 아니었어요. 그런데 건물주였던 할머니께서 이야기를 들으시더니 월세를 내지 않도록 해주셨죠. 지금은 돌아가셨는데 아드님한테도 임대료를 올리지 말라는 유언을 남기셔서 지금까지 유지가 되고 있어요."

어쩌면 최초의 후원자라 할 수 있는 주인 할머니의 도움으로 도서관을 시작했으나 그렇다고 거창할 것도 없었단다. 그저 사랑방 같은 실내에 각종 책과 탁자가 전부였다고 한다. 김미희 대표는 이곳에서 10여 년 동안 이웃 자녀들과 함께 책을 통해 사람을 만나고 어린이들을 돌봐주고 있는 것이다.

곰세마리 도서관은 삼선동의 본 교회에서 8년 전에 설립한 곳이다. 김은영 부관장은 조금은 늦게 작은 도서관 운영에 뛰어들었다. 원래 초등학교 선생님이 꿈이었으나 부모님의 반대로 좌절되고 대학 졸업 후 10년 동안 직장생활을 했다고 한다. 이후 남편과 함께 해외로 가면서 경력이 단절되었던 김은경 부관장은 귀국 후에 교회에 다니던 중 주보에 난 사서 모집 광고를 보고 지원하여 5년 째 곰세마리 도서관을 운영해 오고 있다. 초등학교 때부터 리포터 활동을 해서 발음이 좋았던 그녀는 책을 읽어주는 일에는 자신이 있었다고 하는데 이 일을 통해서 초등학교 교사의 꿈을 간접적으로나마 이뤄가고 있는 셈이다.

법적으로 규정된 작은 도서관은 건물면적 33m², 열람석 6석, 보유 장서 1,000권 이상이면 만들 수 있다. 도서관이라고 하기에는 작은 공간이지만 규모가 큰 공립도서관이 할 수 없는 일을 하고 있다. 바

곰세마리 도서관의 영어 스토리텔링 프로그램

로 지역주민과 밀접한 관계를 맺고 그 안에서 주민들이 함께 성장한
다는 철학을 담고 있는 점이다.

> "우리 구만 해도 구립도서관이나 큰 도서관이 많잖아요. 그런데 그
> 곳은 책이 중심이라면 작은 도서관은 '책과 사람'이에요. 사람의 마
> 음을 읽어주는 곳이지요."

도서관은 누구나 드나들 수 있는 곳이라는 인식을 활용하여 어린
이부터 어른들까지 책을 통해서 커뮤니티가 자연스럽게 이루어지는
것이다. 도서관에 아이들이 모이면 그 아이들을 통해서 부모들이 모
이고, 부모들이 모여서 또 하나의 마을 공동체를 이루는 곳이 바로
작은 도서관이다.

작은 도서관은 김미희 대표의 경우처럼 지역의 일반 주민이 만들어서 운영하는 경우가 많다. 그런 분들은 사서 자격증은 없지만 일반 도서관처럼 책의 정보를 주고 대출확인을 하는 사서의 역할에서 더 나아가 아이들의 돌봄과 교육 문제까지 함께 고민하고 함께 풀어가고 있다.

"학교에서 소외받고 아파하는 아이들도 함께 보듬어 주려고 노력하고 있어요. 작은 도서관은 숙제 도움도 주거든요. 아이가 숙제를 하는 과정에서 궁금증을 살펴서 알려주기도 하고 스스로 찾아볼 수 있는 기회를 주기도 하는데요. 그런 것들이 이루어질 수 있는 곳이 바로 작은 도서관이에요"

개인적으로도 책을 좋아하지만 구청장에 당선된 이후에는 자신의 삶의 문제를 스스로 결정할 수 있는 생각의 힘을 키우는 도서관이야말로 주민들이 새로운 비전을 발견하고 힘을 키우는 면에서 중요하다고 생각했었다. 그래서 도보 10분 프로젝트를 도입하여 지리적인 수요를 먼저 파악하고 지역 곳곳에 공공도서관을 건립하는데 집중했다.

이때 생활구정 수요포럼에서 만난 사람이 바로 느티나무 도서관의 박영숙 관장님이다. 당시 박영숙 관장님은 'Private Public Library' 즉 사립 공공도서관을 역설하면서 '도서관의 기본적인 가치는 공공성이고 도서관은 공공성의 마지막 보루다'라는 점을 강조하였다. 즉, 사립이냐 공립이냐가 중요한 것이 아니라 도서관은 적극적 공공성을 실천해야 한다는 것이다. 당시 나에게는 신선한 충격이었다. 이를 통해 도서관에 대한 나의 생각의 크기를 확장할 수 있었고, 이후 박영숙 관장님과 함께 성북 구립도서관 건립에 적극 나서게 되었다.

당시 박영숙 관장님과 가장 많이 했던 고민은 바로 공공도서관과 작은 도서관의 관계 정립 문제였다.

사실 33㎡ 즉 약 10평 정도의 자투리 공간만 있으면 작은 도서관을 만들 수 있기에 주민들에게 보여주는 실적만을 생각했다면 작은 규모의 공공도서관을 더욱 많이 만들 수도 있었을 것이다. 하지만 그렇게 되면 사서도 지금보다 더 많아야 하고 도서관마다 실질적인 프로그램도 구비해야 한다. 그것을 알차게 유지 관리하는 데 낭비적인 요소가 더욱 클 것이라는 생각에 일차적으로는 어느 정도 규모가 있는 공공도서관 건립에 집중하고 민간 도서관과는 프로그램을 통한 연계에 집중하고자 하였다.

그러다 보니 민간 작은 도서관을 깊이 챙기지는 못했던 것도 사실이다. 그러는 동안에도 주민들이 자발적으로 설립한 작은 도서관은 지역사회에 차근차근 뿌리를 내리고 있었다. 참 다행이라는 생각도 든다.

"민간 작은 도서관 네트워크가 결성돼서 구립도서관과 같이 사업을 진행하고 있는데요. 이제 북 페스티벌도 민간에서도 같이 하고 있잖아요. 성북구처럼 사립도서관이 네트워크를 꾸려서 활동하는 구는 없어요. 그리고 민관이 같이 하는 곳도 사실 없고요. 그런 부분에 있어서 저희는 어디를 가나 자랑하고 있어요."

북페스티벌 〈책, 숲을 품다〉에 참여한 성북 작은도서관 네트워크 (2013.9)

3년 전에 구성된 우리 구의 민간 작은 도서관 네트워크에는 29군데가 등록되어 있는데, 교회에서 운영하는 도서관, 아파트 안에 있는 도서관, 개인이 운영하는 도서관 등 그 종류도 다양하다고 한다. 물론 그 중에는 관리가 잘 안 되는 작은 도서관도 있다.

작은 도서관에 대한 운영 지원비는 연간 200만 원 정도이다. 부족한 부분은 도서관의 몫으로 남겨져 있는데 교회나 아파트 단지 내에서 운영하는 도서관의 경우에는 자체적인 지원금이 나오고 꿈터 어린이도서관처럼 개인이 운영하는 곳은 이웃 주민들의 후원금을 통해서 운영된다고 한다.

꿈터 어린이도서관의 경우 김미희 대표가 돈을 벌고자 시작한 일이 아니기 때문에 개인의 인건비는 전혀 책정하지 않고 있다. 그런데 이를 제외하고도 관리비와 전기요금, 물이나 문구류를 구입하는데 소요되는 한 달 운영비가 최소 50만 원 정도는 필요하다고 한다. 현재 도서관에 한 달에 만 원 정도 정기적으로 후원하는 분들은 약 30명으로 이를 포함한다 해도 한 달에 20여만 원이 부족한 실정이다. 그래서 도서관 운영에 필요한 나머지 금액은 독서 멘토링 사업에 참여했을 때 나오는 교통비와 외부 강의나 컨설팅 수당으로 충당하고 있다고 한다. 그런데 이런 수입은 비정기적인 것이라 수입이 부족한 달에는 사비를 들일 수밖에 없다. 그리고 비용이 필요한 프로그램은 교육청의 교육복지사업으로 진행한다고 하니 작은 도서관 운영이 녹록치 않은 현실이다.

"작은 도서관은 마을 사람들이 책을 통해서 정보를 나누고 커뮤니티 활동을 함께 하는 곳이기 때문에 후원체계가 없으면 운영이 쉽지 않

꿈터어린이도서관 앞 바깥 책읽기 활동

은 곳이에요. 그런데 도서관은 무료라는 인식들이 많기 때문에 후원을 해서 유지하고 살려야겠다는 생각은 아직 좀 부족한 것 같아요"

그나마 부모들끼리 책 읽는 동아리 등의 커뮤니티가 활성화되면서 후원자로 남는 경우도 많고 아이를 맡기셨던 분들이 후원자가 되면서 지금은 후원에 대한 인식도 많이 변화하고 있다고 하니 다행스러운 일이 아닐 수 없다. 여기에 서울시에서 일 년에 200만 원씩 지원하는 작은 도서관 지원금도 예전에는 책을 구입하는 데만 사용할 수 있도록 했는데, 지금은 100만 원 정도는 책을 구입하고 나머지 금액은 소모품 구입이나 문화프로그램 운영 등에도 활용할 수 있도록 조정이 되어 조금은 숨통이 트였다고 한다. 책과 시설만 갖추는 것이 작은 도서관의 전부가 아니라는 인식의 변화에 따른 것이라 볼 수 있을 것이다.

작은 도서관 운영에 있어서 금전적인 문제와 함께 가장 큰 고민은 '사람'의 문제라고 한다.

"보문동의 아이파크아파트 도서관은 정말 좋아요. 그런데 사서가 없어서 아파트 주민들의 자원봉사로 이뤄지고 있어요. 길음 푸르지오 아파트의 작은 도서관은 한 달 대출건수가 2천 권이나 되는데요. 그곳에는 저희 도서관네트워크에서 같이 일하고 있는 허현주라는 선생님이 있기 때문에 가능한 일이에요. 그분도 월급 하나 받지 않고 열심히 일하셨기 때문에 그런 결과가 있는 거죠."

도서관 운영은 사서의 역할에 따라서 좌우되는 측면이 크다. 하지만 굳은 의지와 능력을 갖고 도서관을 운영할 수 있는 사람이 별로 없다 보니 좋은 시설을 갖추고도 일주일에 1시간만 문을 여는 곳도 있고 아예 무용지물로 방치되는 경우도 발생한다고 한다. 작은 도서관은 지역의 주부들이 자원봉사를 하기도 하는데, 봉사의 개념이 아직 확실하게 정립되지 않았고, 의지는 있어도 본인의 역량이 미치지 못하는 안타까운 상황도 발생하는 것이다. 이와 관련해서 순회사서를 지원해주면 작은 도서관이 더욱 활성화 될 것이라는 의견을 제시했다.

"작년에 순회사서 한 분을 작은 도서관 네트워크에서 모실 수 있었거든요. 그분도 지역 주민이셨는데 도서관 사서 자격증도 있으신 분이어서 정말 좋았어요."

이 문제는 서울시 주민참여 예산제로 시도해 보는 것이 좋을 것 같다. 일단 한번 시도해 본 후에 성과가 좋으면 이를 구조화하는 방향으로 추진한다면 '사람'의 문제를 어느 정도는 해결할 수 있을 것이다.

올해부터 민간 작은 도서관 네트워크에서는 아리랑정보도서관, 정릉도서관 등 구립 도서관들과 정기적인 모임을 갖고 여러 사업을 펼칠 계획이라고 한다. 바람직한 현상이다. 민선5기 성북구의 제1기 도서관 정책은 부족한 공공도서관 인프라 구축이라고 할 수 있다. 그동안 성북문화재단과 느티나무 재단이 나누어서 운영하던 공공도서관이 올해부터 성북문화재단으로 통합·운영되는데, 이를 기점으로 성북구 2기 도서관 정책이 시작한다고 할 수 있다. 이번 인터뷰를 계기로 도서관에 대한 새로운 관점을 얻을 수 있었다. 성북구의 2기 도서관 정책 중 하나로 민간 작은 도서관을 구립 도서관과 연계하여 새로운 도서관 문화를 만들어내야 하는 과제가 주어진 것이다.

10여 년 동안 도서관을 운영해 오면서 아이들과 삶을 바라보는 가치관이 바뀌었다는 김미희 대표. 상대방에게 고민이 생겼을 때 내가 먼저 겪은 경험을 이야기해주면 힘을 받고, 자기 자신에 대한 믿음과 도서관에 대한 믿음이 생기는 것을 보면서 사람이 살아가는데 있어서 믿음의 가치가 얼마나 소중한 것인지를 깨닫게 되었다고 한다.

> "우리 아이들도 공부를 잘하는 편이 아니었기 때문에 주변 사람들이 자식 자랑을 할 때에 소외감을 느끼던 부모 중 하나였어요. 그런데 도서관을 운영하면서 행복이라는 것은 '몇 등이냐', '얼마나 버느냐'와는 다른 차원의 문제라는 것을 알게 된 거죠."

그동안 나는 직장인, 학생, 상인, 자원봉사자 등 다양한 동네 사람들과 함께 삶의 고민을 나누면서 '우리 동네에 사람들이 산다. 세상은 꽤 괜찮다'는 것을 보여주고 싶었다. 그리고 그것은 크고 거창한 것이 아니라 소소한 동네 생활을 통해서도 충분히 가능하다고 생각했다. 아이를 키우는 고민에서 시작하여 마을 공동체를 꾸리고, 책을 읽어주면서 마을 사람들의 마음까지 읽어주는 이들의 활동 모습을 보면서 마을이 단순히 사람이 살아가는 공간만이 아니라 사람이 만들어가는 공간이라는 점을 다시금 확신할 수 있었다.

나의 비전 나의 드림 봉사단

[성북 자기주도학습지원센터 나비나드 봉사단]

아이보다 엄마가 더 만족하는 자기주도학습지원센터

'자기주도학습'은 학생이 자신의 공부를 스스로 계획하고 실천하며 학습 결과까지 스스로 평가하는 일련의 과정을 뜻한다. 나는 취임 직후 교육 정책을 구상하면서 자기주도학습에 많은 관심을 가졌다.

2011년 1월 6일 단일 전용 건물로는 전국에서 처음으로 성북구 자기주도학습지원센터(하월곡동 96-76)를 개관하였는데 당초 영어학습센터로 고려되던 곳을 변경하여 리모델링 후 개관하였다.

교육심리학을 전공한 이혜진 박사가 외부공채로 센터장을 맡아 이끌고 있는 성북구 자기주도학습센터는 강의실, 세미나실, 학습실, 다목적실, 사무실 등을 구비하고, '자기주도학습 상담', '진로 및 진학 정보 제공', '학부모 지원', '자기주도학습지도사 양성', '멘토링 및 방과 후 학습', '학습실 운영' 등의 프로그램을 진행하고 있다. 이와

독립건물로는 최초인 성북 자기주도 학습센터 개관 (2011.1)

함께 자기주도학습지도사 양성과정을 수료한 학부모로 구성된 성북구 나비나드(나의 비전 나의 드림) 봉사단이 교육기부를 통해 자기주도학습 멘토링과 독서지도, 진학진로 상담 등의 활동을 벌이면서 지역공동체 활성화에도 크게 기여하고 있다.

자기주도학습지원센터를 찾은 학부모들은 가장 먼저 화려한 강사진에 놀라고 다음으로 알찬 커리큘럼과 강의 수준에 놀란다고 한다.

교과서만 열심히 공부해도 충분했던 예전과 달리 지금은 교육과정도 복잡하고 어려워진 데다 한눈팔기 쉬운 놀 거리도 워낙 많다 보니 아이들의 진로 선택이나 인생의 목표 설정, 학업의 동기 부여에 도움을 주기 위해서는 학부모가 먼저 알고 지도를 해줘야 하는 현실이다. 이러한 가운데 센터에 마련된 다양한 강의를 들으면서 아이들의 교과 내용과 진로를 보는 눈이 생기고, 이를 바탕으로 다양한 조언을 해줄 수 있다는 것이다. 아이들도 센터에서 자기주도학습이나 진로 교육을 받으면서 부쩍 성장했음을 느끼고 있단다.

"아이들이 센터에서 시간관리와 행동관리, 그리고 진로에 대해 공부를 하더니 '엄마 이런 것도 있어, 다음에는 이런 것도 들어보고 싶어'라고 먼저 이야기를 하더라고요."

"제 아이가 중 2인데 입학사정관제 수업을 듣고 와서는 '엄마, 학교 선생님한테는 이런 태도로 해야 하고요. 수업시간에는 이렇게 해야 해요. 앞으로는 이걸 해보고 싶어요.'라면서 자기 의견을 취합해서 이야기를 하더라고요."

처음에는 자녀들을 위해 입학사정관제나 진로, 진학에 대한 정보를 얻고자 자기주도학습지원센터를 찾았던 학부모들은 다른 강의도 연달아 들으면서 지속적인 인연을 맺어가고 있다. 그리고 이곳에서 자기주도학습지도사 심화과정을 수료한 학부모들로 구성된 나비나드 봉사단을 통해 적극적인 교육기부 활동을 펼치고 있는 것이다.

나비나드 봉사단 여러분들을 한 자리에서 만날 기회가 있었는데 초, 중, 고교생 자녀를 둔 학부모로서의 고민과 함께 우리 옆집, 우리 동네 아이들의 미래에 대한 고민까지 진지하게 나누는 모습을 보니 자기주도학습지원센터가 설립 초기의 목표보다 훨씬 더 많은 것을 이루고 있는 것 같아서 큰 보람을 느꼈다.

성북 자기주도 학습센터에서 만난 나비나드 봉사단 (2013.10)

"저희는 나비나드 2기인데요. 선생님 7~8분이 같이 활동하고 계세요. 현재는 숭인초등학교의 12명 아이들을 대상으로 방과 후 지도를 하고 있는데 나의 꿈이나 시간 및 일정을 어떻게 관리해야 하는지를 같이 이야기하면서 공부하고 있습니다."

"아이를 키워보니까 자기주도와 진로는 뗄 수 없는 관계더라고요. 저는 성북구 자기주도학습지원센터가 키운 엄마라고 자랑하고 있거든요. 정말 이곳에서 배운 지식이 저한테는 큰 도움이 되고 있어요."

어머님들의 이야기를 들어보니 부모가 교육을 받는다는 것은 그 자체가 아이들에게 좋은 인성과 가치관을 심어주는 밑거름이 될 수 있다는 것이다. 아직은 자기주도학습지원센터가 하는 일이 작아 보

일지 모르지만 엄마가 아이에게 끼치는 좋은 영향은 곧 아이가 만나
는 다른 아이들에게로 미치고, 또 다른 아이들에게 퍼져나가면서 좋
은 인성을 계속해서 넓혀나갈 수 있다고 믿고 있다.

나비나드 1기 봉사자 중에는 남매의 자녀교육을 위해 사교육에만
매진하다가 완전히 생각이 바뀌신 분도 있다고 한다. 아이 학원 앞에
서 따뜻한 도시락을 싸서 기다렸다가 차에서 먹이고 다음 학원에 데
려다 주는 것이 하루 일과였을 정도라고 하니 그 열정이 얼마나 대단
했을지 짐작이 간다. 그런데 아들이 고등학교에 올라가면서 사춘기

'나의비전 나의드림' 봉사단 떴다

성북구 '자기주도학습지도사 심화과정' 수료자, 초·중·고교생 학습멘토링 자처

나눔을 통한 자기주도학습문
화 창출이 구 단위에서 정착돼
가고 있다.

성북구(구청장 김영배)가 대
표적 케이스로 요즘 '나비나드
(나의비전, 나의드림) 봉사단'
활동이 주목을 끌고 있다.

'나비나드 봉사단'은 구가 운
영하는 '자기주도학습지도사 심
화과정' 수료자들이 자발적으로
구성한 봉사단으로 초·중·고
등학생들을 위한 자기주도학습
멘토링과 상담 등을 실시하고
있다.

'나비나드 봉사단'은 말그대
로 '나의비전 나의드림' 약칭으
로 성북구자기주도학습지원센터
자기주도학습지도사 심화과정
수료자들 가운데 자원봉사에 참
여하기를 희망하는 20명으로 구
성됐다.

김영배 성북구청장은 최근 구
청 미래기획실에서 이들에게 위
촉장을 수여하고 자발적인 재능
나눔에 나서기로 한 단원들을
격려했다.

김영배 구청장은 "자기주도학
습은 사교육비 절감 등을 위한
대안교육으로 '자기주도학습지
도사 심화과정'을 마친 학부모
들이 봉사단에 참여하고 있다는
점이 의미있다"며서 "성북구는
앞으로도 교육 1번구를 향해 다

양한 프로그램을 개발 운영, 꿈
임을이 매진해 나갈 것"이라고
밝혔다.

위촉식을 마친 봉사단원들은
첫 교육봉사 장소인 월곡중학교
를 방문해 학교 현황을 살피고
향후 운영방안 등을 논의했다.

봉사단은 이를 계기로 도서
관, 공부방, 학교 등에서 자기주
도학습 멘토링과 진학진로 상담

등을 통해 자기주도학습문화를
알리고 창의적 인재를 키워가는
데 일익을 담당하게 된다.

성북구는 작년 9~10월과 금
년 2~3월 등 두차례 자기주도
학습지도사 심화과정을 운영하
고 39명의 수료자를 배출했으
며, 앞으로도 이같은 과정을 계
속 운영할 계획이다.

한편 심화과정 수료자들 중 2

명은 성북구내 사회적기업에 자
기주도학습 강사로 취업했고, 6
명은 작년 10월부터 학부모 자
원봉사 동아리를 결성해 도서관
들에서 초·중학생들을 대상으
로 자기주도학습법을 지도해 오
다 이번 나비나드 봉사단 출범
으로까지 이어지게 됐다고 구측
은 설명했다.

文明桶 기자 / myong5114@yahoo.co.kr

김영배 성북구청장(두번째줄 좌측 7번째)이 '나비나드 봉사단'을 위촉하고 기념촬영. 봉사단은 '자기주도학습지도사
심화과정' 수료자 20명이 자발적으로 구성해 초·중·고생의 자기주도학습을 돕는다.

성북 나비나드봉사단 출범 (시정신문. 2012.4)

를 맞아 엇나가기 시작하자 도무지 제어를 할 수 없었다고 한다. 학원은 절대로 다니지 않겠다고 해서 궁여지책으로 데리고 온 곳이 바로 자기주도학습지원센터였다. 이곳에서 아들과 함께 여러 가지 수업을 들으면서 지금은 나비나드 봉사단 활동도 열심히 하고 계신 이 어머니가 가장 많이 변화한 점은 '내 아이가 무조건 1등을 하고 좋은 대학교에 가야 한다'는 생각이 바뀌었다는 것이다.

막내딸이 아들보다 훨씬 더 부모님께 순종적이고 공부도 잘했는데 고등학교 진학을 앞두고 인문계 고등학교에 가기 싫다고 했단다.

"그럼 뭐 하고 싶어?"
"난 미용을 배우고 싶어."

그 어머니는 자기가 만일 센터에서 교육을 받지 않았으면 이 말을 듣고 쓰러졌거나 딸아이와 큰 사단이 났을지도 모를 일이라고 하였다. 그런데 이제는 그렇게 하는 것이 아이가 행복한 일이라면 오히려 빨리 시작하는 것이 더 나을 수도 있겠다는 생각을 하게 되었다는 것이다.

자녀를 키우는 학부모의 입장에서 명문대학교에 진학하는 것도 중요하지만 그 수가 한정된 현실 속에서 모든 아이들이 획일적으로 같은 지향점을 향해 달려갈 수는 없는 노릇이다. 그보다는 다양한 분야에서 자신이 하고 싶은 일을 하면서 행복하게 살아가고 역량을 발휘할 수 있도록 도와주는 것이 우리의 할 일이라는 생각을 이 어머니도 하게 된 것이다.

"이곳에서 수업을 듣게 된 것이 개인적으로 제 인생의 큰 전환점이 됐다고 생각하거든요. 처음에는 아이를 잘 가르쳐야겠다는 생각으로 시작했다가 이제는 어느 정도 능력이 되면 동네에서 같이 크는 아이들이니까 다 같이 잘 컸으면 좋겠다는 생각으로 바뀌게 된 거예요."

이렇게 내가 변화하고 내 아이가 변화하는 모습을 지켜보면서 내 이웃의 아이들로까지 관심을 넓히게 된 어머님들은 나비나드 봉사단을 만들어서 다양한 교육 봉사 활동을 펼치기에 이르렀다. 특히, 빈부 격차가 큰 우리 구의 교육 문제 중 하나는 제대로 된 돌봄과 교육을 받지 못하고 방치되는 아이들이 많다는 것인데 나비나드 봉사단 또한 그러한 점을 인식하고 교육복지나 교육정책에서 소외된 아이들과 함께 하기 위한 다양한 활동도 계획하고 있다고 한다.

학부모 특강 초등맘 교실 (2013.3)

"저희는 이곳에서 너무 좋은 교육을 많이 받고 있다고 생각하는데요. 질적인 측면이나 양적인 측면에서 지역의 소외받는 아이들에게 많은 영향을 끼칠 수 있는 장이 되었으면 좋겠어요."

나비나드 봉사단원의 대부분은 결혼과 출산 후 5년에서 10년 정도의 경력 단절을 센터의 자기주도학습지도사 양성과정을 통해 극복하고 현장에 나가 아이들을 가르치고 있다. 나에게 필요한 것을 배우는 것과 내가 배운 것을 다른 이들과 나누어야겠다는 생각과 결단은 엄연히 다른 것인데 나비나드 학부모님들을 보면 실제로 그와 같은 봉사활동을 실행할 수 있다는 것만으로도 참 대단하다는 생각이 든다.

사람을 키우는 교육을 위하여

구청장으로 취임하고 교육지원정책을 수립하면서 가장 많이 고민했던 것은 '학력을 지원할 것인가', 아니면 '학습력을 키울 수 있도록 지원할 것인가' 하는 점이었다. 성적에 따라서 등수를 매기고 진학과 관련된 다양한 상담을 하는 것이 학교에서 기본적으로 해야 하는 일이라면 이것을 잘 할 수 있도록 도와주는 것이 자치단체가 해야 하는 일이라는 생각으로 교육청과의 역할분담에 대한 고민도 했었다.

그리고 또 하나의 고민은 학생도 사실은 시민이라는 점이었다. 투표권만 없을 뿐이지 학교 밖으로 나오면 학생들도 성북구의 시민이기 때문에 자신들의 삶을 보호받고 다양한 활동을 즐길 수 있는 권리가 있다고 본 것이다. 이것을 아동돌봄체계 내에서 돌봐줄 것인가, 아니면 그들의 동아리 활동이나 적성 개발을 단순한 여가의 개념에서 조금 더 확장하여 시민으로서 당연히 누려야 하는 권리의 차원에서 도와줄 것인가 하는 문제의식이 있었다.

그리고 실질적인 교육 정책을 수립하는데 있어서 처음에는 사관학교 같은 것을 대량 공급하는 것도 고민해 본 적이 있다. 그런데 '교육'이라는 것은 단기간의 성과주의나 일종의 구매품처럼 시장에서 판매될 수 있는 것은 결코 아니다. 긴 안목으로 삶에 대한 태도와 관점을 바꾸고 이를 바탕으로 우리 지역의 중요한 변화의 지점으로 삼기 위해서는 가장 먼저 '사람'을 길러야겠다는 생각을 한 것이다.

이와 같은 고민 끝에 첫 번째로 설립한 것이 '자기주도학습지원센터'이다. 아이들이 직접 이곳에 와서 시간대별로 주어진 커리큘럼에 따라서 수강하는 직접 수업방식의 운영뿐만 아니라 학교 공교육 활동을 지원할 수 있도록 학부모들이 변화하는 토대를 마련하고자 했던 것이다.

초기에는 자기주도학습을 대대적으로 강조하지는 않았는데, 그 이유는 너무 과도하게 진행하면 오히려 역작용이 생기고 또 다른 사교육 시장을 조성하는 방향으로 진행될 수도 있겠다는 생각이 들었기 때문이다. 이는 원래의 취지와도 맞지 않고 효과와 지속가능성도 없는, 결과적으로 우리가 원하는 방향이 아니었다. 그렇기 때문에 시민의 세금이 들어가는 일은 생색내기식 사업이 아니라 어렵지만 꾸준하게 해야 한다는 생각으로 장기적인 관점에서 자기주도학습의 기반을 닦기 위해 노력해 왔던 것이다.

새로운 도약을 꿈꾸며

"저도 이런 센터가 있는 줄 몰랐다가 우연찮게 알게 됐거든요. 지금도 모르는 분들이 좀 많은데 안타까운 마음에 제가 배운 것들을 주변 분들에게 이야기하게 되더라고요. 그러니까 다른 학부모들도 '그런 게 있어?', '좋은 강의 있으면 이야기 좀 해줘' 그러면서 점점 퍼져나가는 것 같기는 해요."

"센터에 학부모 프로그램도 많잖아요? 여기에서 심화과정을 받고 센터 밖에서 따로 공부하기도 하거든요. 공부는 하면 할수록 부족하다는 것을 많이 느끼는데 센터에서도 일반교양 과정과 좀 더 심화해서 전문가를 양성하는 과정으로 나뉠 필요가 있을 것 같아요. 그리고 어려운 자격증 과정을 다 듣고 있는데 이걸 어떻게 해야 할 지가 제일 막막해요."

자기주도학습지원센터가 설립된 지 3년 정도 지나는 동안 학생과 학부모를 위한 프로그램의 양과 질도 계속해서 진화, 발전하고 있다. 그에 못지않게 학부모들의 열정도 더욱 뜨거워지고 있어서 센터의 커리큘럼과 프로그램의 수준을 높이기 위한 기분 좋은 고민은 앞으로도 계속되어야 할 것 같다. 그리고 더불어 이 과정에서 전문 교육을 받고 자격증까지 취득한 전문 인력을 어떻게 활용할 것인지에 대한 고민을 하게 되었다는 점도 초기에는 예상치 못했던 일이다. 이에 대해 이혜진 센터장은 센터에서 배출된 전문 강사들이 이곳에서 하는 학부모 강좌를 진행할 수 있도록 하는 방안에 대한 의견을 주기도 했는데 실제로 작년부터 전문가 과정을 양성한 학부모들이 재능 나눔의 형식으로 후배 학부모를 대상으로 강의를 하고 있다고 한다. '내가 배운 것을 내가 다시 베풀어주는 선순환'이 이루어지고 있는 것이다.

이와 같은 봉사 활동을 통해 지자체에서는 적은 예산으로도 질 좋은 프로그램을 다양하게 운영할 수 있고 강의를 하는 어머님들은 전문 강사로서의 이력을 쌓아 더욱 높이 도약할 수 있는 기회를 갖게 되는데, 이것이야말로 일거양득이 아닌가 싶다.

다른 자치구에서는 아직까지 이와 같은 전문가가 부족하기 때문에 센터에 전문 강사 지원 요청을 하기도 하는데 실제로 나비나드 봉사단 2기 어머님들 중 5분 가량이 취업했다는 희소식을 들었다. 이들은

자기주도학습 지도자 양성과정 (2011.4)

모두 적정 강의료를 받고 노원구 등 다른 자치구의 초등학교에서 자기주도학습지도사로 활동하며 복지 대상 아이들에게 겨울방학 프로그램을 운영했다고 한다. 여기에서 더 나아가 직업상담사 자격증을 취득하거나 다른 교육 기관을 통해서 강의를 하고 있는 분들도 있는데 이와 같은 주부들의 활약상에 대해 이혜진 센터장은 그저 대단할 뿐이라고 감탄하였다.

"사실 이분들이 학벌이 다 좋으시거든요. 그런 분들이 주부로 몇 년 동안 가정에만 있다가 자아실현을 하시는 거잖아요. 이것을 시작으로 계속해서 발전해 나가실 거예요. 무엇보다 자기주도학습지원센터의 활동이 모태가 되었다는 것이 너무 뿌듯하죠."

그러나 아직까지 성북구 자기주도학습지원센터의 활동이 성북구의 모든 학부모들에게 널리 알려지고 활용되고 있는 것은 아니다.

"저도 자발적으로 와서 등록을 하고 배우고 있지만 '과연 성북구에 있는 엄마들 중 몇 %가 여기에 올까?' 하는 생각을 했어요. 엄마들이 배울 수 있는 기회를 센터 말고 학교에서도 할 수 있다면 훨씬 더 많은 엄마들이 더 좋은 경험을 할 수 있을 것 같아요."

실제로 학교에서 자기주도학습 관련 교사를 양성하거나 자기주도학습지원센터와 연계하는 방안도 진지하게 고민한 적이 있다. 하지만 그럴 경우 학교에 대한 권한을 자치단체가 침해하게 될 수도 있고 기존의 교사들과 중복되거나 갈등을 일으킬 수도 있다는 우려 때문에 학교에 자기주도학습을 담당하는 교사가 있을 경우 이를 감안해서 학교 지원금을 주는 정도로만 진행해 왔다. 그러나 이제는 2, 3년 동안 지속적으로 활동하시는 분도 계시고 그 분들을 중심으로 센터도 어느 정도 역량과 토대를 구축했기 때문에 적극적으로 고민해 볼 시기가 되었다고 생각한다. 그래서 올해부터는 본격적인 지원으로 규모도 키우고 학교와 조직적으로 연계를 강화해서 아이들의 학력을 신장시키고 생활패턴도 바꿀 수 있는 방안을 계획하고 있다.

교육문제는 성북공동체의 가장 중요하고도 어려운 숙제

나비나드 봉사단과의 대화는 자연스럽게 자녀들의 교육 문제로 이어졌다.

대학교만 8개가 있는 교육 도시임에도 불구하고 학생들의 평균 학업성취도는 중하위권에 머무는 등 열악했던 우리 구의 교육 문제를 해결하는 것은 구청장 취임 이후 내가 느낀 가장 큰 정책 과제 중 하나였다. 그래서 우리 구 학생들에게 일정 수준의 교육 여건을 균등하게 제공하고 학생들의 학력 수준을 높여야 한다는 과제를 이루기 위해 대대적인 교육 투자를 펼쳐왔다.

"구청장님이 오신 이후로 성북구의 주력사업으로 교육 사업이 되는 것 같아요. 저희도 예전과 많이 달라졌다는 것을 느끼거든요. 그런데 이제는 그 힘의 방향이 고등학교 쪽으로 가야 할 것 같아요."

우리 구 일반 고등학교의 대학진학률이 좀처럼 오를 기미가 보이지 않는 가운데 중학생들 중에는 관내의 고등학교를 가고 싶지 않다고 하는 경우도 종종 있다고 한다. 다행히 길음중학교 등 몇몇 학교에서는 전문 진로 선생님까지 투입을 해서 아이들에게 학습 방법이나 진로에 대한 교육을 적극적으로 진행하고 있다. 하지만 대부분의 아이들이 자기의 생활도 제대로 꾸리지 못하는 현실 속에서 스스로 판단하고 행동하면서 진로에 대한 고민까지 해나가는 게 여간 어려운 것이 아니다.

자치단체와 교육청의 업무 분야가 엄연히 다른 상황에서 내가 가졌던 가장 큰 고민 중 하나는 같은 재원과 노력을 통해서 실질적이고 효과적으로 교육정책을 펼칠 수 있는 방법은 무엇일까 하는 점이었다. 그러한 고민 속에서 지난 3년 동안은 초등학교에 집중했던 것이 사실이다. 왜냐하면 고등학교의 경우 집중을 한다고 해도 만족할 만한 효과를 거두기 쉽지 않겠다는 판단을 하였고, 중학교 1, 2학년까지 영향을 줄 수 있는 일에 우선 투자를 해서 토대를 구축한 후에 다음 단계들을 차근차근 밟아가는 것이 좋겠다고 생각했기 때문이다. 그래서 비경쟁교육이 기본인 초등학교에서 아이들의 적성을 개발하는 다양한 활동을 할 수 있도록 도와주는 방향으로 정책을 펼쳐왔고 자기주도학습 또한 그러한 방향성 속에서 다양한 논의를 거쳐 왔다. 경쟁을 하는 중·고등학교 이상으로 확대하기 위해서는 규모도 대폭 늘리고 수준 있는 지도자들을 단기간에 많이 양성해야 실질적인 도움이 되지 않겠느냐는 의견도 나왔지만 센터가 학교는 아닌 이상 잘못 접근을 했다가는 오히려 본말이 전도될 수 있기 때문에 나중에 진행해야 한다는 의견도 있었다.

결과적으로 자치단체가 할 수 있는 일의 우선순위를 정한 후에 무엇이 가장 중요한가, 효과를 볼 수 있는 정책은 무엇일까, 하는 점들을 따지다 보니까 학력이라는 부분은 조금 뒤로 밀리게 된 것이다.

사실 처음 교육정책을 펼칠 때에는 초등학교를 대상으로 하다보니까 토대를 구축하면 우리 구의 교육 문제는 어느 정도 해결될 수 있겠다는 생각도 들었다. 그런데 학년이 올라가면서 '진학' 문제가 걸리다 보니 약간의 절망감도 생기면서 이대로 가도 좋을까 하는 의문이 들기도 했다.

"선생님들은 학생들이 뭘 좋아하고, 어떤 쪽으로 가야 하는지에 대해 전혀 모르고 계세요. 어떤 학교에서는 사교육 선생님을 불러서 상담을 한다고 하니까 엄마들이 다 그 학교로 보내려고 난리인 거예요. 차라리 거기가 낫겠다고요."

"저희 아이는 3학년 때 진로 선생님이 기술 과목을 가르치다가 전환하신 분인데 관심이 좀 적으신 것 같아요. 아이들에게 줄 수 있는 정보도 적은 편이시고요. 학교에서 받을 수 있는 정보가 한정되다 보니 저도 어쩔 수 없이 아이를 학교 밖으로 빼거든요. 그게 성북의 문제인 것 같아요."

"행정 업무를 보는 선생님이 따로 계신 학교에서는 담임선생님이 일년 내내 아이들 상담을 하고 파악 하시는 거예요. 아이들은 관심을 받으니까 학교가 재미있다고 하고요."

미국의 학교를 보면서 놀랐던 점 중 하나는 교장선생님이 부모 상담을 거의 전담한다는 사실이었다. 이를테면 교장이라는 자리가 바로 상담체계의 최고 책임자였던 것이다. 학생에게 어떤 장점이 있는지, 어떤 진로를 희망하고 있는지, 어떤 학생이 어느 선생님 반에 가면 좋을지……. 심지어 학생들의 반을 배정하는 일까지 꼼꼼한 상담을 통해서 이뤄지고 있는 모습을 보면서 이와 같은 모델이 우리의 학교에도 있었으면 좋겠다는 생각을 했지만 이는 지자체에서 지원한다고 해결될 수 있는 문제는 아니다.

우리는 학교에 다양한 프로그램을 지원해 주고 싶지만 학교에서는 대부분 교실이나 화장실, 급식실 등의 시설을 고치고 기자재 등을 지원해 주기를 바라는 것이 현실이다. 물론 그러한 시설 지원도 필요한 일이지만 이를 통해서 좋은 결과물을 얻는 것이 쉽지 않기 때문에 좀 더 알찬 지원 방안에 대해서는 여전히 고민 중이다.

또, 학교와의 관계에 있어서는 나비나드 봉사단 활동을 협동조합의 형태로 발전시켜 나가는 것도 좋을 것 같다는 생각이 든다. 우리 구에서 활동하고 있는 도서관 등과 적극적으로 연계하여 협동조합 기업을 만들어서 학부모가 주축이 되어 시설 투자가 아닌 사람을 통해 실현되는 지원 사업을 펼쳐나간다면 지금보다 한정된 재원 내에서도 학교 문제가 상당히 개선될 수 있을 것으로 기대한다.

앞으로 계성고등학교가 우리 구로 이전되는 것을 계기로 고등학교 문제를 적극적으로 해결해야겠다는 생각은 갖고 있지만 고등학

성북구 교육·아동청소년 정착 논의를 위한 열린토론회 (2012.9)

교가 강해지기 위해서는 우선 중학교가 강해질 필요가 있다. 특히, 중학생은 사춘기를 겪고 있는 아이들이 많아 더욱 중요한 시기이기 때문이다.

　중·고등학생들이 학교를 나오면 갈 곳이 없다는 것도 큰 문제 중 하나로 지적해 주었다. 시간을 보내면서 머무를 곳이 없다보니 시험이 끝난 아이들 중에는 돈암동이나 미아삼거리 등의 유흥가로 향하는 경우가 많다는 것이다.

"우리 아이는 자기가 계획을 세워서 공부를 하는데요. 마음이 답답하거나 심심할 때에 갈 수 있는 데가 없어요. 대학로에 가도 청소년들이 볼 수 있는 연극은 없고, 아니면 영화 보러 가는 정도밖에는 할 게 없잖아요"

미술이나 음악 학원들은 계속해서 줄어들고 학교 성적을 올려주는 학원만 많아지면서 자기가 관심 있는 분야를 배울 수 있는 기회도 줄어들고 있다. 여기에 중·고등학생들은 주말에도 거의 3, 4시까지 공부를 해야 하기 때문에 여가를 보낼 시간이 부족한 것도 현실이다.

우리 구에도 청소년 휴(休) 카페가 몇 군데 있기는 하지만 이 또한 멀리 있는 아이들에게는 무용지물이다. 그래서 우리 구의 올해 업무 계획을 학교 밖 어린이·청소년들을 직접 지원하는 사업으로 초점을 맞추는 방향으로 생각하고 있다. 그런 측면에서 주민자치센터를 주말에 개방하는 방안도 고려 중인데, 그 프로그램에 대해서도 다양한 의견을 갖고 있었다.

"시설이 부족해도 영화를 보러가거나 다양한 체험 활동을 하는 등 풍부한 문화 경험을 할 수 있으면 아이들은 정말 즐거워하거든요. 중학생들은 진로에 대한 다양한 경험을 할 수 있게 해주고 어린이들은 즐겁게 놀 수 있는 공간이 있었으면 좋겠어요."

우리 구에서는 자기주도학습지원센터뿐만 아니라 정릉의 아동청소년센터와 크고 작은 도서관, 청소년 동아리 지원센터가 활발하게 운영되고 있다. 여기에서 더 나아가 이들을 하나의 큰 틀로 엮어서 놀이와 공부, 적성개발과 상담이 유기적으로 이루어지도록 해야겠다는 판단 아래 올해부터는 이를 적극적으로 추진하려고 하고 있다.

사실 사람을 변화시키는 것만큼 어려운 일은 없다. 또, 당장의 결

성북 청소년 진로직업 체험센터의 학부모 진로코치단 교육 (2013.5)

과물이 눈으로 보이지 않기 때문에 자치단체장 입장에서는 쉽게 추진하기 어려운 일이기도 하다. 그러나 언제나 그랬듯이 이 길이 맞다 생각하고 뚝심을 가지고 자기주도학습지원센터를 열어 3년 동안 열심히 씨를 뿌리고 다져온 결과 지금 기대 이상의 결과를 만날 수 있었다고 생각한다.

내가 옳다고 생각하는 것을 스스로 결정하고 그에 따라서 살아갈 수 있는 에너지는 학습과 지식만으로 채워질 수 있는 것은 아니다. 하지만 그 힘을 키울 수 있도록 도와주는 것이 자치단체의 역할이라고 생각한다. 여기에 덧붙여 자기주도학습지원센터뿐만 아니라 도서관 등에서도 다양한 모임들이 만들어지고 있는데 이들이 토대가 되어 더욱 살기 좋은 지역 공동체를 만드는 데 큰 힘이 되었으면 하는 바람이다.

사람의 마을, '사랑'으로 치유하다

[성북구 자살예방센터 강현숙 마음돌보미]

성북구 자살률, 서울시 '5위'에서 '20위'로

작년에 일을 하면서 가장 즐겁고 기분 좋았던 소식 중 하나는 자살률 통계에서 월곡 1동의 자살자 수가 2012년 10명에서 작년에는 1명으로 줄어들었다는 것이다.

1이라는, 믿기지 않는 결과를 보고 정말 놀랄 수밖에 없었다. 우리의 활동을 통해서 사람의 생명을 이렇게나 구할 수 있다니…. 한두 명도 아니고 10분의 1로 줄어든 것은 과연 우연일까? 나는 아니라고 생각한다. 이러한 월곡 1동의 사례는 성북자살예방센터 주관 2013년 성북구 자살예방 심포지엄에서 만난 자살문제 전문가이신 박지영 교수님(상지대)께서도 '제대로 된 보고서로는 정말 드문 사례'라면서 놀랐다고, 어떻게 이런 결과가 나올 수 있느냐면서 '연구 대상'이라고 말씀하실 정도였다. 또 65세 이상 자살률이 2010년 서울시 25개 자치구 중 5위에서 2011년에는 9위로, 2012년 20위로 현저히 감소하는 성과를 거두기도 하였다. 조금 섣부른 이야기일 수도 있겠지만 이런 놀라운 사례는 우리 구에서 그동안 진행해 온 전국 최초 보건복지통합형 자살예방활동의 결과임과 동시에, 주민참여형 민관거버넌스로 복지공동체망을 구성·운영해 온 3무2유 성북형 복지공동체의 성과라고 할 수 있지 않을까 하는 생각을 하게 되었다.

성북구 자살예방센터는 생명의전화종합사회복지관(오패산로 21) 3층에 위치해 있으며 사회복지법인 한국생명의전화(대표 박종철)가 성북구로부터 2012년 5월부터 3년 동안 위탁을 받아 운영하고 있다. 센터 내 전담 인력은 모두 4명이다.

성북구 자살예방센터를 운영하고 있는 사회복지법인 한국생명의전화는 1978년 설립 이래 생명사랑포럼, 생명사랑걷기대회, 자살예

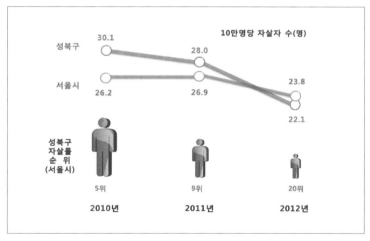

성북구 자살률 변화 (2010~2012년)

방상담 매뉴얼 발간 등을 통해 지속적으로 자살예방 및 생명존중 사업을 펼치고 있는데 특히 '생명의전화 종합사회복지관'은 성북구 지역사회복지협의체와 공동으로 지역 내 20여 기관과 연계하여 2008년부터 2010년까지 자살예방사업을 공동 운영한 경험을 갖고 있다.

우리 구 자살예방센터의 가장 큰 특징으로 첫째는 보건복지통합으로서 주무부서가 보건소가 아니라 복지정책과라는 점이고 보건소의 건강정신센터 등과 협업체계로 운영된다는 것이다. 둘째는 지역밀착, 민관협력체계라는 점인데 의사, 간호사 위주가 아니라 동별 마음돌보미가 함께 풀뿌리 민간참여형 자살예방체계를 이끈다는 점이다. 여기에는 자살이 당사자만의 문제가 아니며, 특히 정신 병력의 문제가 핵심이 아니다. 사회관계망과 소득상황 등 복합적인 문제라는 인식이 자리 잡고 있다. 원인이 복합적이기 때문에 그 처방도 당

보건복지통합형 성북자살예방센터 개소 (2012.5)

연히 개인의 정신보건은 물론 복지의 영역까지 포함하여 대응해야 하며, 이를 위해 지역사회와 주민, 각 분야의 전문가, 행정이 함께 힘을 모아 해결해 나가야 하는 문제라는 것이다. 이를 위해 성북구는 20개 동 단위로 '마음돌보미 프로젝트'를 추진하고 있다. 우리 지역의 누군가가 나를 돌봐준다, 누군가가 나를 지켜보고 있다는 것만 알고 있어도 사람들이 자신의 마지막 의지를 쉽게 놓는 일이 줄지 않을까 하는 것이 우리 구에서 마음돌보미를 출범하게 된 이유라고 할 수 있다. 각 동마다 조직돼 있는 '새봄 성북 동 복지협의체' 위원들과 통장님들 그리고 자원봉사자들이 모임을 만들고 '마음돌보미 자원봉사자'로 교육받아 1대1 돌봄 활동을 할 수 있도록 하여 정서적인 지지 안전망을 지역에서부터 구축해 나가자는 것으로 전국 최초 보건복지 통합형 자살예방체계의 기초망이라 할 수 있다.

자살예방센터는 이분들을 교육하고 활동을 지원하며 보건소의 건강정신센터와 간호사들 그리고 관내 의사협회 등의 기관들을 연계하는 시스템으로 이루어진다.

월곡 1동에서 시작된 마음돌보미 활동이 각 지역으로 확산되면서 많은 성과도 있었고 감동도 있었던 것 같다. 생각해 보면 마음돌보미가 20개동 전체로 본격 확대된 것이 작년 4월부터인데 작년에 성북구 자살률이 매년 눈에 띄게 떨어지는 것을 보면 효과가 상당하다고 봐야 하지 않을까.

"저는 개인적으로 자살을 생각해 본 적이 없어서 잘 몰랐는데요. 어르신 댁에 방문해서 플루트를 불어드리면 노래도 부르시면서 참 좋

마음 돌보미 아카데미 (2013.9)

아하시더라고요. 이것을 통해서 소통을 하는 것인데 사람들이 생
각하는 것은 똑같은 것 같아요. 말하고 싶고, 만나고 싶고, 먹고 싶
고…. 그 중에서도 가장 중요한 것은 말을 하고 싶은 것인데 여건 상
그렇지 못하는 분들이 많기 때문에 힘들어 하시죠."

월곡 1동 해피마을 봉사단 활동을 여고생 자녀와 함께하고 있는
전선영 씨는 마음돌보미 활동을 하면서 이웃이 이웃을 돌보고 동네
사람들이 서로를 돌보는 것이야말로 최고의 복지체계라고 확신하게
되었다고 한다. 특히 딸과 함께 할머니 댁에 가서 말벗도 하고 청소
도 해드리면서 딸과도 친구 이상의 사이가 되는 것을 느꼈다면서 다
른 분들께도 권하고 싶다고 했다. 고교생인 임지혜 양은 공부시간을
빼서 괜찮으냐고 하니 플루트도 불고 대화도 하고 나면 오히려 마음

이 편해져서 공부도 잘 되는 것 같다며 쑥스러워했다.

"제가 봉사를 하면서 구청장님께 꼭 부탁드리고 싶은 게 있었어요. 다름이 아니라 남성어르신들을 돌볼 수 있는 남자 봉사자들을 좀 많이 모아주시면 좋겠습니다. 사실 저도 잘하고는 싶은데 아무래도 젊은 여성이고 또 딸아이하고 같이 봉사를 해야 하니까 어려움이 조금 있어요. 사실 제 남편하고 아들한테도 봉사를 권했는데 지금 까지도 소식이 없네요.(웃음) 남성어르신들은 여성어르신들보다 외로움도 훨씬 많이 타시고 밥도 제대로 못해 드시는 분들이 많다고 하잖아요."

마음돌보미 봉사단, 마음을 움직이다

현재 우리나라 노인자살률은 전 세계에서도 압도적인 1위로 인구 10 만 명당 80명인데 더 심각한 것은 여성노인이 40, 남성노인이 120이라는 점이다. 즉 남성 노인의 자살자 수가 여성노인보다 3배 더 많다는 뜻이다. 내게 부탁이라며 남성 마음돌보미를 조직해 달라는 말씀을 들으면서 역시 '답은 현장에 있고 동네에 있구나' 하는 생각이 들고 한편으로는 부끄러워지기도 했다.

"자살을 예방한다고 하는데 이제는 전문가들만이 아니고 바로 옆에 같이 사는 이웃이 가장 좋은 도움을 줄 수 있는 사람들이 아닌가 하는 생각이 듭니다. 더 나아가 자원봉사자들을 더욱 확충하고 활동범위를 학교 등으로까지 넓히고 싶기도 하고요. 얼마 전에는 홍보물로

물티슈를 만들어 나눠주기도 했는데 간접적인 방법으로 지역 주민들에게 홍보하고 자살 예방 교육을 하는 것도 중요하다고 생각합니다.”

동선동 통장님이시기도 한 강현숙 마음돌보미의, 정보가 빠른 통장님 위주로 마음돌보미 봉사를 해보자는 의견에 따라 20명의 도우미 한명이 어르신 두 분씩을 책임지는 것으로 봉사를 시작하기로 했다고 한다. 밑반찬과 집안 청소 봉사는 아주 예전부터 해 왔지만 마음돌보미 봉사는 처음이신데, 함께 봉사하는 동선동 통장님들 모두가 적극적으로 참여하고 계시며 각오도 대단해서 든든하다고 하신다. 말벗을 해드리기도 하고 교회에 다니시는 분들은 찬송가를, 아니신 분들은 유행가를 불러드리는 등 일주일에 한 번 정도씩 방문한다고 하시는 데 어르신들이 “왜 이렇게 늦게 오냐?”라고 하시며 기다리시는 모습을 볼 때면 부모님 생각이 나기도 해서 마음이 더욱 편해진다고 한다.

강현숙 통장님이 돌보게 된 어르신 한분에 대한 얘기를 소개할까 한다. 통장님이 마음돌보미 교육을 받기 전부터 반찬 봉사를 위해 방문하던 분이었다고 한다. 성격이 조금 괴팍해 보이는 그 어르신을 가끔 찾아뵈었을 때만 해도 말도 잘 하려고 하지 않으시고 할아버지 댁에 반찬 배달을 가면 문도 안 열어주는 데다 음식도 썩어서 나오니 정말 이상한 분이라고만 생각했다고 한다. 그 집주인과 이웃들도 모두 이상한 분이니 그러려니 하라고 했다는 것이다. 그런데 마음돌보미 교육을 받고나서는 혹시 그분이 고독한데 마음을 열 만한 사람이 없어서 그런 건 아닐까 하는 생각이 들었다고 한다. 그래서 “아버지,

어르신의 외로움을 덜 수 있도록 반려식물을 나눠드리는 성북구 (KBS. 2012.11.6)

아버지" 하면서 다가가 보기로 했다고 한다. 하루는 반찬을 들고 찾아갔더니 "왜 왔어?" 하고 물어보시더란다.

"그냥 궁금해서요. 식사는 하셨어요?
아버지, 다음에 반찬 맛있는 거 하나 더 해 올게요."

가져간 반찬들을 직접 냉장고에 넣어드리고 자꾸 말을 걸기 시작하니까 처음에는 본 척도 잘 안 하시던 어르신들께서도 조금씩 마음을 열기 시작했다.

"어디 가세요?"
"저 아래……"
"저 아래 어디요?"

"병원에……"

하는 식으로 봉사자들의 물음에 답을 하기 시작하시더니 지금은 "왜 이렇게 늦어? 이제 나한텐 관심도 없어?" 하면서 먼저 물으실 정도라고 한다.

"아니요. 아버지. 제가 지금은 바빠서 조금 있다가 찾아 뵐게요."

강현숙 통장님은 이 때 크게 깨달았다고 했다.
'아, 이제까지 나는 나를 위해 내가 좋아서 봉사활동을 했구나! 그분 중심으로 그분을 위한 봉사가 아니고…….'
통장님의 말씀은 나에게 신선한 충격으로 다가왔다. 아, 봉사도 자

보문동 강현숙 통장의 마음돌보미 활동

기위주, 공급자 위주로 하고 있구나……. 마음을 돌보고 인간으로서의 자존감을 지켜드려야 하는 것이구나…….

"청장님 제가 오늘 아침에 전화를 한통 받았어요. 고대 이공대 담벼락 아래가 제가 맡고 있는 안암동 8통인데 그곳 상태도 너무 안 좋거든요. 그곳에 제가 엄마처럼 생각하는 분이 살고 계시는데, 전화를 하셔서는 너무 행복하다고, 천국 같다고 하시더라고요. 그래서 왜 그러시냐고 물어보니까, 글쎄 선풍기가 생겼다고 자랑을 하시는 거예요."

지난 번 책『동네 안에 국가 있다』에서 선풍기도 없어서 여름을 페트병에 물을 담아서 나시는 어르신에 대해 얘기한 적이 있는데 이런 경우는 없어야겠다 싶어서 작년 상반기에 전수조사를 해보니 독거 어르신들 가운데 선풍기가 없으신 분들이 관내에 191분이나 계시다는 것을 알게 되었다. 여기저기 예산을 요청한 끝에 7월 중순경에야 모든 분들에게 선풍기를 나눠드리게 되었다.

여기서 중요한 것은 돈의 문제는 아니라고 생각한다. 통장님이 그런 전화를 받았다는 것은 그 분이 평소에 마음돌보미 활동을 열심히 하셨다는 것이고, 선풍기를 받은 어르신은 너무나 행복해 하셨다는 점이 중요한 것이다. 사람은 사람으로 치유가 가능한데 자식도 도망가 버리고 자신의 인생이 모조리 무너졌다던 분이 좋아하시는 모습을 보면서 정말 기뻐하는 통장님의 모습이야말로 그동안 우리 마을이 참 많이 변화했다는 증거가 아닐까 싶다.

동네 안에 국가 있다!
The Beginning

김영배 구청장 & 김병준 교수

김병준 교수는 1954년 경북 고령 출생으로 대구상고와 영남대 정치외교학과를 졸업했다. 이어 한국외국어대 정치외교학과와 미국 델라웨어대학 대학원을 졸업하였고, 강원대 행정학과 교수를 거쳐, 현재 국민대학교 행정학 전공교수로 있다. 참여정부 출범 전 350여 개의 시민단체가 참여한 '자치헌장 제정운동'을 주도하기도 했다.

참여정부 시절 정부혁신 지방분권위원회 위원장, 청와대 정책실장, 부총리 겸 교육인적자원부 장관을 역임했고 지방자치와 지방분권에 관한 권위자이기도 하다.

주요 저서로는 『정보사회와 정치과정』, 『한국 지방자치론』, 『김병준 교수의 지방자치 살리기』, 『높이 나는 연』 등이 있다.

제1장 新민주주의 시대 – "동네 안에 국가 있다"

1. 동네 안에 국가 있다. 1992년 부천에서 2013년 성북으로!

김영배 구청장

안녕하십니까? 선생님, 귀한 시간 내주셔서 감사합니다.

김병준 교수

오랜만입니다. 요새 이런 저런 일들을 많이 하고 계신 걸 멀리서나마 듣고 있어요. 청장님이 잘하고 계신 것 같아요.(웃음)

김영배 구청장

지난 2013년 4월에 출간된 저의 졸저 『동네 안에 국가 있다』를 낸 것도 선생님께서 1993년에 제기하신 문제의식 덕분이었던 것 같습니다. 제가 볼 때 20년이 경과한 지금에 이르러서, 진정한 '동네 안에 국가 있다' 패러다임의 시대가 되었다고 생각하는데요.

김병준 교수

여전히 저는 가야 할 길이 멀다는 생각을 해요. 말하자면 지금 현재 정치나 행정이 우리 삶의 영역과 동 떨어져 있다는 것이죠. 이게 굉장히 중요한 이야기인데, 여전히 우리 정치가 실제적인 주민의 삶과는 동떨어져 있어서 현실적 삶의 영역이 중요한 의제가 되어야 함에도 불구하고 그렇지 못하는 부분이 아직도 많다고 생각합니다. 우리는 흔히 '감동의 정치'라는 말을 하는데요. 정치 하는 사람과 시민이 같이 해나가는 정치, 서로가 서로의 뜨거운 가슴을 느낄 수 있는 정치, 그러한 정치를 해야 한다는 말입니다.

1992년 7월 부천시의회가 바로 그러한 정치를 잘 보여주었다고 생각합니다. 부천시의 YMCA를 비롯한 시민단체들이 청소년에게 위해한 담배자판기 설치장소를 제한하자는 주장을 했지요. 그래서 부천시의회에서 관련 조례를 제정하려 하자 상위법령에 위배된다며, 기초자치단체에서는 이 규제를 할 권한이 없다는 상급기관의 유권해석이 나왔던 일이 있었죠. 재무부령인 담배사업법 시행규칙을 개정해야 하는 것이었는데요. 지방자치법 제15조는 지방자치단체의 조례제정권을 '법령의 범위 안에서'로 규정하고 있어, 결국 재무부는 지방의회의 조례로 담배자판기 설치를 제한할 수 있도록 한 새로운 담배사업법 시행규칙을 만들었고, 이 규칙이 공포된 지 이틀 만에 조례를 통과시킬 수 있게 된 것입니다. 시민들이 문제를 제기했다는 점, 그 제기된 문제에 대해 지방의회와 시민단체가 긴밀한 상호협력을 이루었다는 점, 또 그러한 협력을 바탕으로 중앙정부의 불합리한 관행과 규칙까지 바꾸었다는 점 등에서 부천시의회의 사례는 우리나라 지방자치 역사에 적지 않은 의미를 가지고 있다고 생각합니다. 이것을 보고 제가 이제 '동네 안에 국가 있다'의 시대가 되었다고 책에 썼던 것이죠.

김영배 구청장

저도 제 책 이름을 '동네 안에 국가 있다'라고 했습니다.(웃음) 요즘 우리 구에서도 대안적 경제의 일환으로 논의되고 있는 사회적 경제의 제품을 공공기관이 우선 구매하는 '성북구 사회적 경제 제품 구매촉진 및 판로지원에 관한 조례'를 2012년 7월 전국 최초로 제정하여 시행을 했습니다. 하지만 조례에 대한 상위법령이 부재하여 관련법 제·개정을 위해 국회에서 신계륜 의원님이 대표 발의하여 추진 중이며 제가 사무총장으로 있는 전국 사회연대경제 지방정부협의회 차원에서도 사회책임조달에 대한 상위법령 부재를 보완하기 위한 입법 활동과 조례제정을 추진하고 있습니다.

김병준 교수

그래요. 동네가 세상을 바꾼 사례인 '부천 YMCA 사례'를 보면서, 이 운동이 성장해서 전국에서 꿈을 가지고 있는 사람들이 모여 이 세상을 더욱 아름답게 만들길 바라 왔는데, 성북구에서 그 바통을 이어간다는 느낌을 받아서 좋네요.(웃음)

2. 민주주의와 진보의 위기, 본질은 '동네 안에서 대안 못 만드는 무능'

김영배 구청장

선생님, 흔히 요즘 '공공성의 위기', '공동체의 위기', '시민적 삶의 위기', '신뢰 위기'의 시대라고 하는데요. 제가 선거 1년 후 길음시장 방문을 했는데 한 상인께서 "벌써 선거야?"라고 물어올 정도로 주민들의 정치에 대한 불신이 크게 자리 잡고 있었습니다.

이는 주민들이 실제 생활현장에서 느끼는 고통을 대변하지 못하는 우리나라 정치 현실을 반영하는 것 같은데요. 국민들은 정당과 정치인이 자신을 대표하지도 않고, 자신들의 생활적 문제에 대한 관심도 의지도 없다고 생각하는 것 같습니다.

제가 젊은 나이에 청와대에서 나름 일을 좀 배웠고, 구청에서도 구청장 비서실장으로 근무해 봐서 구정도 잘 안다고 생각했어요. 그래서 우리나라가 어디로 가야 할 것인지, 지역이 어떻게 해야 발전할 것인지에 대한 일종의 나침반을 가지고 있다고 믿고 취임하게 되었는데요.

그런데 정말 머리가 쭈뼛 설 만큼 정치에 대한 주민들의 불신의 벽이 높아 망연자실한 적이 있었습니다.

"에이, 정치인들이 하는 말, 그건 대부분 거짓말이고 오직 관심 있는 건 표야. 우리들 생활문제가 아니야." 주민들이 생각하는 정치란 불신, 그 자체라는 것을 느꼈습니다. 우리처럼 민주당 내지 진보 쪽은 아주 치명적인 상황이라고 생각합니다.

그러니까 이 상태에서 어떻게 민주정치 또는 진보정치가 가능하겠느냐 싶은 상황인 거죠. 이것이 근본적으로 민주정치, 진보정치가 처하고 있는 위기의 본질인 것 같습니다. 정치가 주민들의 일상적이고 구체적인 삶의 문제들을 해결하지 못하고 고통스럽고 힘든 것에 대해 어떠한 답도 주지 못하며 정당과 대의제 기제가 작동하지 못하고 있는 구조 말이죠.

그래서 저는 '동네 안에 국가 있다'라는 프리즘으로 바라보고 싶었습니다. 국가단위의 집단과 기관들 간의 의사결정이 일방적으로 조그마한 동네를 규정하는 시대에서, 이제는 거꾸로 동네의 문제를 풀어가는 것을 통해 국가의 문제를 풀어 가는 패러다임의 변화가 중요하며, 핵심적인 의미를 가질 수 있다고 말하고 싶었습니다.

김병준 교수

지금 김 청장님 말씀을 들으니, 나이 한 살이라도 더 먹은 사람 입장에선 굉장히 고마운 이야기입니다. 요즘 우리가 민주주의의 위기라는 말을 많이 하잖아요. 이 민주주의 위기 속에는 사실 두 가지 조류가 다 포함되어 있는 거예요. 하나는 소위 말하는 보수적인 안목에서 "내 무덤에 침을 뱉어라." 식의 사고를 가지고 국가운영을 권위적인 모드로 몰아가는 세력이고요. 또 다른 한편에는 소위 민주진보세력의 무능이 있습니다. 그래서 이 두 개, 즉 무능과 독주가 국민들의 불신을 부르고, 불신이 다시 무능과 독주를 강화하는 악순환 구조가 되는 것입니다. 이 두 개의 구조, 이 두 개의 바퀴 중 하나는 분명히 무너질 거라고 봐요. 말하자면 권위적으로 몰아가는 세력들 말이죠.

이것은 어차피 반역사적인, 일종의 반동인 것이죠. 그렇기 때문에 저절로 없어지게 되어 있어요. 문제는 '민주진보'라는 정치를 구현하는 사람들의 능력을 배가하고 국민들의 신뢰를 얻는 일인데, 이 부분을 어떻게 할 것이냐를 생각하면 앞이 캄캄합니다. 과연 만들어 낼 수 있을까?라는 고민을 저도 최근에 계속 해오고 있어요. 그런데 김 청장님께서 그런 이야기를 해주니까 매우 반갑습니다. 민주진보세력이 결국 동네에서 신뢰를 회복하고, 다음에 역량을 쌓으면 그 역량이 다시 주민들의 신뢰로 이어져 우리 역사의 방향과 맞는 역할을 해보자는 얘기거든요. 굉장히 중요한 의미가 들어있는 것이죠. 지방자치나 지역행정에서 우수사례를 만든다면, 자치와 분권을 중요하게 생각하는 나 같은 사람에겐 굉장히 기쁘고 고마운 일이 될 것입니다.

말이 나온 김에 정치권 내 민주세력의 정책적 무능에 대해 조금 더 말하자면요. 국민들은 이들을 합리적 대안세력으로 인정하지 않고, 오히려 이들의 능력에 고개를 갸우뚱 합니다. 국민들은 야당이 선거에 져도 크게 섭섭해 하지 않아요. 더 싫은 상대가 이겼다는 것이 기분 나쁜 정도라고 하면 좀 심한 표현인가요? 국정원 댓글 사건에 대한 반응에도 바로 이러한 정서가 반영되어 있습니다. "그래서 어쩌란 말이냐? 선거 다시 하자는 말이냐? 당신들이 하면 뭐가 달라질까……." 이런 마음인 거죠. 실제로 정치권 내 민주세력의 정책적 무능은 심각한 수준입니다. 국회의원 개개인이 모두 문제라는 뜻은 아닙니다. 집합적으로 그렇다는 뜻입니다. 특히, 제1야당인 민주당이 그렇습니다. 상대를 비난하고 공격할 뿐, 스스로 가지고 있는 분명한 대안은 없습니다. 변화에 대한 이해도 부족하고 이에 대한 대응책도 부족합니다. 최근 문제가 되고 있는 동북아 정세를 보십시오. 참여정부 시절 이미 일본의 우경화와 그것이 불러올 많은 문제들을 예상했고, 한반도 남쪽에서의 분쟁가능성을 늘 염두에 두고 있었습니다. 그래서 역대 어느 정부보다 국방력 강화에 힘을 쏟았습니다. 제주해군 기지 또한 지역의 민원이나 환경 훼손이 있을 수 있음에도 불구하고 추진을 한 것이고요. 청일전쟁과 러일전쟁까지 거슬러 올라간 고민과 고통이 들어 있는 일이었습니다.

이를 반대하는 것도 좋습니다. 반대할 수 있죠. 이를 추진한 데 대해 사과할 수도 있습니다. 그러나 최소한 역사에 대한 고민과 인식 수준이 이를 추진한 노무현대통령의 그것 이상은 되어야 하죠. 그리고 그보다 더 좋은 대안을 내놓아야 하고요. 반대하고 사과할 내용이 무엇이며, 그 대안은 무엇이고, 이어도 문제까지 터진 지금의 대안은 무엇이냐에 대한 답을 가져야죠.

김영배 구청장

선생님께서 그런 말씀을 하시니 한없이 부끄러워집니다.

김병준 교수

국민은 대안 없이 비판하고 반대할 수도 있습니다. 국민이 대안까지 내놓을 의무는 없으니까요. 대안 없는 비판으로도 훌륭한 국민, 훌륭한 시민이 될 수 있습니다.

그러나 정치를 직업으로 하는 사람이나 집단은 그렇게 해서는 안 됩니다. 대안을 내놓아야 합니다. 대안 없이 반대하고 비판할 생각이면 지금이라도 시민사회로 돌아가야죠. 낮은 정책역량에 선거 때만 되면 '모이자', '이기자' 합니다. 이런저런 사람을 끌어 들이고 연대를 하려고 하죠. 정당끼리 결합하기도 하고 SNS를 통해 사람들을 불러 모으기도 합니다. 그리고는 상대를 공격하고, 비난하고, 때론 조롱까지 하죠. 정책적 무능이 정치적 무능과 선동으로까지 연결되는 겁니다. 민주주의에 대한 위협입니다.

SNS만 해도 그래요. 생각이 잘 갖추어진 집단과 연계되면 우리 사회의 정책적 담론 수준을 높이는 데 크게 기여할 수 있습니다. 참여민주주의의 초석이 될 수 있습니다. 그러나 상대에 대한 비난과 조롱을 주로 하는 집단과 연계되면 시끄럽기만 한 소음민주주의, 즉 Dinocracy의 원인이 될 수 있습니다. 민주주의를 수렁에 빠뜨리는 겁니다. 정치권의 민주진영에게 한마디 한다면, 무조건 이겨야 한다고 하지 말아 주었으면 합니다. 이기고 난 뒤 어떻게 하겠다는 것을 먼저 생각해 주었으면 합니다. 상대를 비난해서 이기겠다는 생각, 그리고 반사이익을 통해 이기겠다는 생각도 그만 했으면 합니다. 대신 국가경영의 비전을 내놓고, 합리적 분권정책을 포함하여 정치와 국회를 살릴 수 있는 방안을 내놓아야 합니다.

지금의 민주세력을 생각해 보십시오. 지고 난 뒤 얼마나 많은 사람들이 그 패배를 아쉬워하고 있나요? 민주주의를 소리쳐 외치는데도 지지도는 바닥을 때리고, 심지어 국가기관이 선거에 개입했다는 데도 국민들은 무덤덤한 태도를 보이고 있습니다. 민주세력은 이에 대한 책임이 없을까요?

민주주의를 무능한 사람들의 입에 붙은 '수사(修辭)' 정도로 여기면 안 되잖아요.

제2장 자치분권은 새로운 국가 발전 전략

1. 풀뿌리와 공동체가 민주주의의 새로운 희망!

김영배 구청장

　참여정부의 분권과 자율 정책에 대해서 말씀을 주신다면요.

김병준 교수

　참여정부는 정부가 들어서면서 '분권과 자율'을 국정이념의 하나로 채택했죠. 이어 정부혁신 지방분권위원회를 설치하여 지방분권의 로드맵을 그리고, 이 로드맵을 바탕으로 분권과 자율의 시스템을 강력하게 추진했어요. 공동체 정신의 고양을 위해서 지방정부간 경쟁에 의한 혁신체제의 강화, 민주주의의 심화 등 다양한 목적을 성취할 수 있다고 본 것이죠. 참여정부가 추진해 온 지방분권정책은 크게 세 가닥으로 볼 수 있는데, 하나는 행정권한의 지방이양, 둘째 재정의 지방이양, 셋째 지방자치단체의 행정권과 재정을 강화하는 한편, 주민소송 제도와 주민투표제, 주민소환제를 도입하여 지방자치단체에 대한 주민통제를 대폭 강화한 것입니다.

김영배 구청장

지방자치를 그렇게 중요하게 생각하시는 이유나 계기가 있나요?

김병준 교수

제가 노무현 대통령에게 반한 이유 중 하나가 1993년쯤 이 분한테 강연을 하고 나서 저녁을 먹다가 설득 당했다는 것 아닙니까?

　대통령님께서 "나 도와주세요." 하는데, 제가 그 자리에서 "100% 도와드리고, 제가 할 수 있는 건 다 하겠습니다."라고 했던 이유가 있어요. 노무현 대통령이 뭐라고 하는가 하니, "지방자치가 공동체입니다."라고 했단 말이죠. 깜짝 놀랐어요. 그 당시엔 그 누구도 지방자치를 공동체 문제와 관련해서 생각을 안 했을 때죠. 그냥 민주화. 민주화 내지 행정교육만 생각하고, 그 민주화와 효율성, 민주성의 기저에 공동체가 있다는 것에 대해 사람들이 생각을 안 하고 있을 때였는데 대통령이 말씀을 하신 거죠. 공동체……. 아! 내가 이 이야기를 하고 다니니까, 이 분이 내가 듣기 좋으라고 하는 말인가 하는 생각에, "어떻게 그렇게 생각하십니까?" 여쭤보니, 그 이유를 자세히 설명을 한단 말이에요. 근데 저하고는 다른 까닭에서 당신 생각을 탁 털어놓는 거예요. "민주주의야말로 우리의 미래를 보장하는 앞으로 가장 중요한 미래전략이고, 우리 사회의 개방성과 다양성을 폭넓게 인정하는 것이 중요하다. 결국 우리 국민 한 사람, 한 사람이 국가의 모세혈관이고, 이 모세혈관이 살아서 움직여야지 앞으로 대한민국이 혁신되고, 대한민국이 살 수 있다. 그런데 중앙집권적 권위주의 아래에서 이 모세혈관이 다 죽어버렸다. 공동체 이론으로써 모세혈관이 다 죽어버렸는데, 이것을 살리지 못하면 우리 국가에 미래가 없다. 결국 기본권이 있고, 자율이 있고, 이것을 통해서 한 사람, 한 사람이 내가 이 사회의 주인이라는 주인의식을 다시 가지게 될 때, 이것을 또 우리 사회가 인정하게 될 때, 그리고 그 사람들이 주인으로서 역할을 다 할 때, 그것이 우리의 미래다."라고 하는 거예요.

김영배 구청장

굉장히 중요한 부분인데요. 지금까지의 국가전략이라고 하면 중앙에서 누군가 기획을 하고, 결정된 사항에 대해 지방에서 효율적으로 집행해나가는 즉, 전체 국가적으로 보자면 행정단위로 동원을 해서 그 동원에 순응하면 상을 주는 그런 시스템으로 구성돼 있었단 말이죠. 우리가 참여정부 때도 그랬지만 민선5기 들어서, 특히 친환경 무상급식을 하고 선생님께서 지방자치론을 쓰시면서 고민했던 것들이나 어떻게 보면 원리적으로나, 근본적으로 하나의 담론과 구조를 가지고 있는데요.

그런 시스템 하에서 이것이 실행되려면 한편으론 공동체 단위별로 혹은 지방자치 단위별로 활력 있는 실험의 장들이 활발하게 많이 펼쳐져야 하고, 이것을 뒷받침하는 사회적 인정 시스템이 필요한 것 같습니다. 사실은 '동네 안에 국가 있다' 제목을 제가 빌려 쓰면서 진짜 드리고 싶었던 말씀이 이런 거거든요.

김병준 교수

청장님이 말씀한 대로 동네에서부터 일어나지 않으면 우리 국가는 없는 시대가 되었습니다. 이것이 일어나야지 아까 청장님께서 모범사례라고 얘기한 무상급식에서의 거버넌스가 가능하단 말이죠. 중앙정당이나 국가를 운영하는 사람도 이런 생각을 가져야 해요. 박정희 대통령 때 국가패러다임을 가장 극명하게 보여주는 문장이 "내 무덤에 침을 뱉어라." 아닙니까? 흔히들 박대통령의 이러한 정신과 카리스마가 한국 경제를 일으켜 세웠다고들 하죠. 대통령의 강력한 지도력 아래 관료와 재벌이 적절히 견제와 균형을 이루며, 때로는 거의 한 몸이 되어 움직이는 체제, 이것이 그립다는 뜻이에요. 실제로 박정희 체제 아래에선 모든 것이 '효율적'으로 추진되어온 것은 맞죠. 경부고속도로와 현대조선소를 매년 이삼십명의 죽음을 감수하면서 군사작전식으로 건설하였으니……. 노동운동을 억압하는 상황에서 임금은 낮았고 노사분규로 인한 손실도 최소화하였죠. 따라서 기업은 지속적으로 투자를 했고 그 덕에 고용이 늘어나고 국민소득도 올라간 게 사실 아닙니까? 그러나 그 이면엔 민청학련 사건과 인혁당 사건, 김대중 내란음모사건 등 수없이 많은 시국사건과 인권문제는 내팽개쳐진 점이 있는 것이죠.

김영배 구청장

국가주도, 관주도 개발독재 시절의 리더십 유형이지요.(웃음)

김병준 교수

"난 당신들 만족시킬 이유도 없고, 니가 불만이면 나보다 오래 살아서 내 무덤에 와서 침이나 뱉어." 그렇게 시대가 지나갔는데, 지금 우리가 세월을 지내고 보니 "내 무덤에 침을 뱉어라."라는 패러다임은 살아날 수도 없고, '결정과정에서 소외된 사람이 결국은 배분 과정에서도 소외'가 되는 결과가 일어난 것이죠.

결국 내가 결정 과정에서 의미를 부여하지 않으니까, 나중에 배분 과정에서도 그 의미가 돌아오지 않더라. 이제는 우리가 민주화를 통해서 결정 과정에 다 같이 참여해야 하고, 다 같이 나눠야 하고, 그렇게 민주주의가 이 나라 혁신의 토대가 되고, 이 나라 성장의 토대가 되는 이런 시대가 됐단 말이에요. 그 세월 속에서 지방자치라고 하는 것은 새로운 국가 패러다임의 핵심 축이 됐고요. 그 안에 국가가 있거든요.

김영배 구청장

사실 우리 역사에서 사회적 인정시스템이 잘 작동하지 못했던 이유가 독재를 지나면서 권력과 사회적 재물을 많이 갖고 있는 사람들이 사회적 인정을 독점하고, 인정 시스템 자체를 그들끼리만 소유하고 있고, 공유를 안해서 민주주의의 발전으로 이어지지 않은 측면이 분명 있거든요.

김병준 교수

일반 주민들은 '지배의 대상', '규제의 대상', '통치의 대상'이었던 것이죠.

김영배 구청장

그게 중앙정부하고 지방자치와의 관계에 똑같이 적용돼, 오류를 범하고 있지는 않나 하는 생각이 듭니다.

김병준 교수

그것이 우리 사회의 활력을 다 죽이고, 그래서 그 패러다임을 바꿔주지 않으면 사실은 미래가 없다고 생각합니다. 이미 우리 경제가 남이 하는 대로 일사분란하게 움직여서 빨리 따라가던 과거의 경제 패러다임이 작동하는 시대는 지났거든요.

김영배 구청장

선생님의 『높이 나는 연』이라는 책에서 하신 말씀들과 시대적 고민, 과제들이 요즈음에도 거의 유사하게 펼쳐지고 있다고 생각하는데요. 특히 공동체 문제에 대해 여러 문제 제기를 하신 것이 눈에 띄었습니다.

김병준 교수

『높이 나는 연』은 제가 참여정부 막판에 참여정부에 대한 국민들의 비난이 너무 심해서 쓴 거예요. 사실 일반 국민들은 정책 문제나 국가경영, 지방정부에 대해 속속들이 알지 못하니까, 아무래도 높은 기대만 가지고 있다가 잘 안 되면 비판하고, 욕하고 그렇죠.

애로사항을 조금만 알면 이해를 하는 부분이 많을 텐데요.

그런 면에서 사실 이 구정이 어렵다는 말이죠. 공동체가 별로 없잖아요. 따지고 보면 지방자치라는 게 공동체를 만드는 거고, 또 한편으론 공동체가 살아있어야 지방자치가 제대로 되거든요. 이 '구'라는 단위가 생활권을 바탕으로 한 영역으로써의 도시인 것이죠.

저는 도시에서의 공동체 문제와 관련해서 가장 핵심적인 것이 학교인 것 같아요. 아쉽게도 지금 지방자치단체장들이 권한을 가지고 있지 못한 부분인데 말이죠. 사실 학교를 빼면 대부분 지역주민들의 자발적인 단체라든지 모임이라는 게 고향중심, 직장중심이죠. 그런데 학교 중심으로 학부모들이 조금씩 모여 연결이 되면, 소득계층이나 지역주의를 벗어난 가장 다양한 공동체가 형성될 수 있는데, 그것과 관련된 권한이 지방정부에 없다보니 깊이 파고들지 못하는 것 같아 아쉬워요.

김영배 구청장

맞습니다. 아니면 부동산 관련 개발 이익과 관련된 영역이죠.

김병준 교수

거기서 한 발자국 더 나아가 동네 걱정을 하자면, 학교는 지역에 있어 가장 도움이 되는 기반점인 거죠. 그런 점에서 우리 참여정부 때 교육자치와 일반자치를 일원화시키는 것에 신경을 무지 썼는데요. 대통령께 말씀드렸죠. "이것 하나만 잘 되면 우리 지방자치의 모습이 달라집니다." 결국에 여러 이해관계인들에 대한 설득이 어려웠죠.

내가 교육자치와 일반자치 통합을 강하게 밀어붙였는데, 대통령은 처음부터 그런 생각이 있어서 그런지 완벽하게 이해를 하더라고요. 전교조, 한교총 등에서 교육의 전문성, 정치로부터의 중립과 독립성을 얘길 하며 반대했는데 사실은 논리에 잘 안 맞는 거죠. 따지고 보면 서울시장이나 구청장이 교육에 대해서 관여하는 걸 교육의 중립성 위반이라고 하면 대통령도 관여하지 말아야겠죠.

그렇게 따지면 국회가 교육관련 위원회를 운영하는 것조차도 문제가 될 수 있는 것이죠. 우리가 말하는 교육의 정치적 중립성이라는 게 그런 의미가 아닌데 말이죠. 교육 콘텐츠의 중립성이라든지 이런 걸 이야기 하는 건데, 교육 현장의 독립성을 자꾸 정치적 중립성으로 몰고 가니까 굉장히 곤란해지는 겁니다.

김영배 구청장

그런 거 보면 지역에서는 지역의 공적인 이해관계를 가지고 제도적으로 보장되어 있는 기관, 특히 선생님 말씀대로 학교가 제일 큰데요. 보육·교육기관 다 합치면 숫자가 어마어마하지 않습니까? 유치원, 어린이집, 초·중·고등학교까지 하면 학부모가 엄청나게 늘어나는 거죠.

선생님 말씀대로 그걸 해보려고 저희도 노력했습니다. 나름대로 학교와 관련된 교육지원경비를 보조한다거나(교육경비보조금) 말이죠. 그리고 친환경무상급식을 추진하면서 학교와 구청 간 급식거버넌스를 통해 상당 부분 실험적인 진행을 한 것인데요. 그런 면에서 보면 민선 5기 들어서 진정한 지방자치시대가 열릴 수 있는 가능성을 실험했다고 볼 수 있을 것 같습니다.

학부모들이 공적으로 참여하는 거잖아요. 자기 아이들이 먹는 것을 매일 모니터링 하고 그 급식의 공급처를 자기들이 직접 결정 하해서 잘하는지 못하는지 계속 감시한다거나, 학교 내에서 그 식재료가 제대로 공급이 되는지. 영양사 선생님이 식단을 잘 짜는지, 또는 아이들의 만족도는 어떤지를 평가하는 거죠.

이러한 작업을 통해 공급자와 소비자의 네트워크를 구축해서 아이들의 식재료 및 식생활 교육도 하고, 소위 순환적인 로컬푸드 시스템 같은 것을 해보려고 텃밭운동도 하고 말이죠. 이런 것들을 통해서 학교 공동체가 공적인 체계로, 아이들의 개인적 꿈을 위한 단순한 교육을 넘어 공동체의 꿈을 실현하는 장으로서 기능토록 하는 것이 중요한 것 같아요.

김병준 교수

그렇죠. 그런데 엄마들 모임이 생각보다 상당히 오래갑니다. 초등학교 때 모임이 애들 대학 다닐 때까지 계속 갑니다.

지난 달에 사무실에서 강북의 '시소와 그네'라고 엄마들의 보육 관련 모임을 도와줬거든요. 강북구 보육 예산을 어디에 우선적으로 써야 할지 토론해보려고요.

제가 현장에 갔더니 엄마들 200여 명이 모여 토론을 하고 있더라고요. 제일 중요한 사업(예산)이 무엇이냐고 물었더니 자기들끼리 오랜 시간 옥신각신하면서 의견을 조율하더라고요. 그리고 조정된 의견을 강북구에 전달한 것이죠. 엄마들 의견인데 강북구가 존중 안할 수가 없죠. 그래서 문 닫을 위기에 처했던 서울시 강북구 '시소와 그네' 영유아 통합지원센터가 2년 추가 연장에 들어갔단 말이죠. 직원과 부모가 기쁜 마음에 부둥켜안고 울었는데 기분이 매우 좋았어요.

김영배 구청장

교육이 전략적으로만 중요하다고 생각했는데, 말씀 듣고 보니 정말 그러네요. 우리가 제도설계를 새로 한다면 학교를 지방자치와 반드시 붙여서 해야겠다는 생각이 다시 드네요.

김병준 교수

사람이라는 게 지역사회에 봉사를 하고 공동체에 참여를 할 때, 비로소 자신이 주인이라는 것을 느낀다고 생각합니다. 내가 주인이라는 걸 느끼는 것, 소위 '정치적 효능감(Political Efficacy)'이 형성된단 말이죠.

"내가 공동체에 결정을 내리고 바꿀 수가 있다 또는 내가 일을 하면 뭔가 달라진다." 이런 구조가 되어야 하는 것이죠.

김영배 구청장

국민들의 투표율이 떨어지는 것도 같은 맥락인 것 같습니다. "내가 아무리 투표해봐야 별로 바뀌는 것도 없고, 그 사람이 그 사람이다."라고 느끼면 투표율이 떨어질 수밖에 없는 것이죠. 이 점이 정치에 대한 무관심과 불신으로 이어지는 것이고요.

김병준 교수

또 하나의 일례를 들자면, 제가 고건 서울시장 때 시정개혁위원으로서 시정개혁에 관여한 적이 있어요. 이 과정에서 119소방대가 증원을 요구했는데, 이를 놓고 격론이 벌어진 거죠.

"왜 늘려야 합니까?", "일이 많습니다. 이런저런 사고도 많고, 주민들을 돕기 위해 출동해야 하는 일도 점점 많아지고 있습니다.", "주민들을 돕기 위한 출동이 어떤 것입니까?", "열쇠를 잃어버려 아파트 문을 못 연다고 전화를 하는 경우가 굉장히 많습니다. 또 손가락을 다쳤다거나 부상을 당했을 때도 연락이 오고요.", "무엇 때문에 아파트 문이 잠기거나 손가락을 다친 경우까지 출동해야 합니까? 동네 열쇠가게 전화번호를 알려주고, 동네 병원 전화번호를 알려주면 끝나는 일이지 그게 소방대가 처리할 문제입니까?", "그랬다간 이놈, 저놈 하고 야단이 납니다. 안 해 줄 수 없습니다."

놀라운 것은 그 논쟁에 참여한 적지 않은 전문가와 시민단체 대표들이 지방정부가 이러한 서비스를 하는 게 당연하다는 입장이었다는 겁니다. 모두 개인이 할 일, 공동체가 할 일, 정부가 할 일에 대한 생각이 매우 혼란스러운 상태에 있는 것이죠. 우리가 왜 이렇게 되었을까? 생각해보면 가장 중요한 이유는 역시 중앙집권적 권위주의 체제 아래에서 모두가 올바른 시민이 되지 못했기 때문인 것 같아요. 우리는 언제나 권력의 주체가 아닌 객체였기 때문입니다. 스스로 권력의 주인이 되어본 적도, 우리 사회의 주인이 되어

본 적도 없었던 것입니다.

강력한 중앙집권이 이루어졌던 조선시대에도 지역사회는 그 나름대로의 정치적 역량을 지닐 수 있었어요. 도덕적으로 잘못된 행위를 하는 경우에 주민들 스스로 이를 징벌할 권한을 가지고 있었던 것이죠. 공동체 정신의 유지를 위해, 서로를 구속할 수 있는 규약이 있었죠. 품앗이와 두레의 전통이 있었고, '우리 마을', '우리 동네'의 관념이 있었습니다. 그러나 근대화 과정에서의 중앙집권은 전혀 다른 성격을 지니고 있었던 것이죠. 지역사회 단위의 결정권은 전면적으로 부정하고, 국가의 모든 인적·물적 자원이 획일적인 행정체계 아래 동원되었으니까요. 지역사회의 주인이었던 주민은 국가의 부속품으로 흡수되었고 그 과정에서 시민사회는 신바람의 근원이 되는 정치적 효능감(Political Efficacy)을 잃어버리게 된 것이죠.

김영배 구청장

맞습니다. 선생님 말씀대로 그러한 중앙집권체제에 오랫동안 익숙해져 있다 보니, 주인이 주인노릇을 해야 하는데 그러지 못한 점이 큰 것 같아요. 저도 그러한 점을 극복하는 것이 제일 힘듭니다.

김병준 교수

학부모들이 실질적 결정권을 갖고 일하는 게 아니라, 청소나 자원봉사만 하는 구조가 된 것이죠. 자치가 그래서 중요한 건데 그 부분이 빠져 있다 보니 공동체 형성에 받침이 잘 안 되는 거예요. 참 안타까운 일이죠.

김영배 구청장

제가 친환경무상급식을 서울에서 처음 시행하면서 두 가지 큰 고민이 있었는데요. 하나는 교장선생님들이 어떻게 나올까? 아시다시피 초등학교는 교장선생님이 전권을 가지고 있거든요. 예산 및 인사에 있어서 재량권이 크지요. 그분들과 대화를 하고 설득하는 작업이 만만치가 않더라고요.

또 하나는 학부모들이 얼마나 참여를 해줄까? 학교 눈치를 보면서 말이죠. 그런데 교장선생님들이 설득과정에서 흔쾌히 참여해주시면서 결정적으로 물꼬가 터졌어요. 그러다 보니까 학부모들도 자연스럽게 참여를 했구요. 친환경무상급식 추진위원회 내에 영양교사와 학부모대표도 있었는데요. 학부모들이 두 가지를 결정했거든요. 하나는 애들이 먹을 쌀을 본인들의 시식과 투표를 통해 결정을 했던 것과 또 하나는 그것을 검수해서 식재료가 질이 나쁘거나 만족도가 떨어지면 업체를 바꿀 수 있는 권한을 어머니들에게 드렸단 말이죠. 이걸 하다 보니 학부모들에게 일종의 정치적 효능감 같은 게 생기는 것을 느꼈습니다.

김병준 교수

'내가 바꿀 수 있구나.' 하는 생각이 들었군요.

김영배 구청장

실제로 학부모들이 상당한 주인의식을 가지고 참여하였습니다. 이와 관련해서 제가 참 자랑스러워하는 데이터를 말씀드리면요. 2010년 12월 친환경무상급식 시범실시 성과를 확인하기 위해, 초등학교 학부모와 학생·교사·영양사 등 1,076명을 대상으로 친환경무상급식 관련 만족도와 인식 조사를 실시한 적이 있습니다. 그 결과 학부모의 85%가 성북구청 노력을 신뢰한다고 답변을 했거든요. 선생님들도 80% 가까이 신뢰한다고 했고요.

김병준 교수

그게 바로 자치가 제대로 된다는 거죠.

김영배 구청장

맞습니다. 이게 소위 '사회적 자본'이고, 이것이 축적되었을 때 지방자치가 권위를 갖게 되는 것 같습니다.

김병준 교수

우리가 자기희생이라고 말할 수 있지만, 참여한 사람에 대해선 사회적인 인정을 해줘야 합니다. 그래야지 스스로 참여한 사람들이 열심히 학교 운영위원회 등을 이끈단 말이죠. 이렇게 해서 성과가 나오면 구청이든, 시청이든, 교육청이든, 관공서에서 그런 공로가 인정받도록 시스템을 구축하는 것이죠. 말하자면 사회적 인정감이죠. 내가 돈은 못 받아도 세상 사람들이 나를 귀하다고 인정해주면 얼마나 큰 효능감이 생기고 보람이 생기겠어요?

김영배 구청장

무보수이지만 헌신적으로 쏟은 열정에 대한 보상은 정부의 표창과 사회적 인정감밖에 없다는 말씀이시죠? 한걸음 더 나아가 주민들에게 제일 큰 보상은 자기 마을의 변화된 모습이 아닐까 생각합니다.

김병준 교수

그래서 미국 같은 데는 공동체가 살아 움직이는 이유 중 하나가 사회적 인정감이 우리보다 훨씬 크다는 겁니다. 우리는 공동체의 뿌리가 약하기도 하지만, 사회적 인정감이라는 이런 시스템이 약했죠. 그러다 보니 도시지역은 도시라는 특성 때문에 공동체를 형성하기가 쉽지 않고 재개발의 경우처럼 이해관계 중심으로 모이다보니 공동체적인 이해관계는 더욱 더 약해지고 말이죠.

김영배 구청장

선생님 말씀대로 그 사회적 인정감이 굉장히 중요한 것 같아요. 사회학의 『인정투쟁』이라는 책도 있지 않습니까? 이론적으로도 '이해관계가 아니라 인정이다. 사람이 인정을 받으면 공적 도덕심도 생기고 공적 권위도 생긴다.'는 말이요.

김병준 교수

아까 말씀드린 것처럼 주민들에게 어떻게 정치적 효능감을 느끼게 할 것인가? 그리고 어떻게 국가와 공동체가 사회적 인정을 해주는 환경을 만들 것인가가 중요한 문제 같습니다. 아마 대한민국 전체가 고민해야 하는 중요한 부분 중 하나일 거예요.

김영배 구청장

이와 관련해 제가 해본 게 지역발전에 공로가 있는 구민들에게 상을 드리고, 구 청사 계단 2층, 3층, 4층에 '성북 명예의 전당'을 만들어 자랑스러운 이름과 얼굴을 넣어 드렸거든요. 구민대상을 받은 사람들처럼 성북을 빛낸 정책이나 단체, 개인 등을 심사과정을 거쳐서요.

정책의 경우, 예를 들자면 '심야안심귀가버스'라고 밤 10시가 넘어가면 버스정류장이 아닌 곳에서도 세워주는 마을버스 제도를 전국에서 저희가 처음 했습니다. 이처럼 주민들이 정책에 참여했거나, 자기가 한 사업이 최고의 정책으로 뽑히면 굉장히 좋아하시더라구요.

김병준 교수

1998년에 고건 전 서울시장님이 시장으로 취임하시면서 그때 '정책인 대상'이라는 상을 만들었어요. 지금은 그 상이 어떻게 되었는지 잘 모르겠는데, 첫 수상자가 저에요(웃음).

시민평가제도로 상을 받았는데 그런 인정을 받고 나니 기분 좋더라고요. 그래서 제가 그 상을 받고 나서 그냥 있을 수 없어서 그것을 가지고 미국 학회를 갔잖아요. 이 시민평가제도라는 것이 어떤 식으로 시 행정을 바꾸고 있는지 미국 학회에 가서 발표를 한 것이죠.

김영배 구청장

그런 식으로 한 것이 앞서 말씀드린 '성북 명예의 전당'입니다. 이게 동네에 남아 있고, 내 할아버지, 내 아버지가 그런 분이었다는 사실을 그 동네에서 인정해줄 때 이게 공동체의 자산이 되는 것 같습니다.

2. 국가 발전을 위해 중앙정부와 지방정부의 역할을 재설계 할 때

김영배 구청장

『높이 나는 연』에서도 말씀하셨던 것처럼 이제 중앙정부와 지방정부가 역할을 좀 더 분명히 하고 전략적인 역할분담을 해야만, 중앙정부도 자기 역할을 제대로 하고 지방정부도 자기 역할을 더 잘 할 수 있는 그런 시대가 온 것 같아요.

기초노령연금, 장애인연금, 보육비 등 복지예산만 하더라도 중앙정부와 광역지자체, 기초지자체 간에 전부 매칭으로 분담되어 있거든요. 그러니 중앙정부에서 의사결정을 하면 결정권이 없는 우리는 하라는 대로 해야 하는 것이죠. 아버지가 '하와이 가자.' 하면 하와이 차비 내야 하고, '진주 가자.' 하면 진주 가는 차비를 내야 해요. 우리가 진짜 해야 하는 일은 못하고 말이죠.

김병준 교수

정부역할에 대한 올바른 담론을 형성하지 못했기 때문인 것 같아요. '잃어버린 30년'을 향해 가는 일본을 통해 우리는 많은 것을 배울 수 있어요. 일본이 저렇게 된 데에는 여러 가지 원인이 있겠지만, 정부역할을 잘못 규정한 것도 큰 원인 중의 하나라고 볼 수 있어요. 즉, 정부가 적극적인 재정적 역할을 해야 할 상황임에도 불구하고 '작은 정부론'에 빠져 세수를 제대로 늘리지 못했고, 이것이 결국은 국가부채가 GDP의 200%를 넘는 결과로 이어진 것이죠. 부채가 많으니 재정 정책과 이자율 정책 등에 제한이 가해질 수밖에 없고, 이것은 다시 자본의 해외이탈 현상 등으로 이어지며 일본 경제를 오늘과 같은 상황으로 몰고 왔다는 것입니다. 그래서 제가 계속 이야기하는 게 이런 부분은 제도적으로 고쳐주고, 국가가 생각을 바꿔야 한다는 것입니다. 단체장 협의회 같은 데서 정식으로 문제를 제기해줘야 하는 겁니다. 복지수요가 늘고 돈 만들기는 쉽지 않은 상황에서 중앙정부가 지방정부에 그 부담을 전가하는 일이 벌어지지 않도록 말이죠.

복지사업은 주민의 관심과 요구가 큰 만큼 일단 중앙정부가 사업을 발표하고 나면, 개별 지방정부는 좋건 싫건, 재정여건이 좋건 나쁘건 간에 할 수밖에 없는 상황이 되죠. 청장님도 아시겠지만, 지난해 12월 국회를 통과한 0세에서 2세까지 영유아 무상보육사업이 좋은 예입니다. 국회와 중앙정부는 지방정부에 큰 재정적 부담을 초래하는 사업인데도, 지방정부의 입장이나 형편에 대한 고려를 제대로 하지 않은 채 결정해 버린 것이죠. 많은 기초 지방정부들이 중앙정치권과 중앙정부가 만든 복지사업 분담금을 감당하느라 자체 사업들을 포기하고 있죠. 지방자치 자체가 실종되어 가는 것 같아 안타까워요.

김영배 구청장

교수님, 외국의 경우는 어떻습니까. 자치 전문가로서 한 말씀 해주신다면요.

김병준 교수

1995년 미국 의회를 통과한 '예산 없는 의무사무의 개혁을 위한 법률(Unfunded Mandate Reform Act, UMRA)'은 바로 이러한 주장들이 구체화된 좋은 예입니다. 이 법은 주와 지방정부에 연간 5천만 달러 이상의 부담을 지울 수 있는 사업의 경우, 주정부와 지방정부 수장이나 그들이 지정하는 관계자 등의 의견을 들어 반영하도록 되어 있거든요. 우리도 이런 법이나, 유사한 조치가 필요하지 않는가를 고민해야 할 것 같아요.

김영배 구청장

국가와 지방의 전략적 역할 분담을 제도적으로 재설계해야 할 것 같다는 기존의 생각에 확신이 듭니다.

김병준 교수

보충성의 원칙이 중요하죠. 일단은 모든 것을 공동체, 즉 주민들 스스로가 해결한다는 원칙을 갖고, 그게 안됐을 때 지방정부, 그 다음에 중앙정부가 보충해주는 시스템 말이죠. 이렇게 사회적 문제를 해결하는 과정에 국가가 들어가야 하고, 시장이 들어가야 하고, 공동체가 들어가야 하죠. 이러한 기본적 패러다임에 대한 고민을 많이 해야 되는데, 우리는 아직도 그런 부분에 대한 고민이 약한 상태에서 '누가 집권할 거냐', 이것만 신경을 쓰고 있는 구조라 참 아쉽다는 말입니다.

김영배 구청장

참여정부 때도 저희들이 국가와 지방의 균형발전이라는 차원에서, 새로운 국가의 전략적 역할 또는 리뉴얼 혁신에 대한 고민을 많이 하지 않았습니까?

김병준 교수

그런 고민을 철저히 해야 하는 것은 우리 같이 일선 행정에서 조금 떨어져서 전체적인 구상을 하는 사람들, 말하자면 저 같은 사람들의 몫이라고 생각합니다. 그렇게 고민을 더 해야 하는데, 답답한 것은 언제부터인지 모르게 우리 지식인 사회도 독자적인 의제를 설정하는 능력이 굉장히 떨어지고, 정치권이나 시장에서 움직이는 큰 화두 속에 함몰돼 버리는 경우가 굉장히 많다는 거예요. 최근 그런 부분이 참 안타깝죠. 안타까운데 어쨌든 김 구청장께서 그런 인식을 가지고 지방행정을 해나가고 있다는 게 반갑고 놀라운 일이죠.

김영배 구청장

아까 보충성의 원리에 대해 잠시 얘기하셨잖아요? 사회공동체가 기본적으로 해야 할 일을 하고 부족한 것은 지방정부차원에서 보충을 해주고 그래도 부족한 것은 중앙정부에서 보충을 해주면서, 전체적으로 국가가 자율적이고 민주적인 에너지들을 가지고 발전할 수 있도록 구조를 짜는 큰 틀의 방향성을 말씀하셨는데요. 현시점으로 이미 지자체는 과부하가 심하게 걸려 있는 상태거든요.

국가사무와 지방사무 비율이 7 : 3. 그러니까 국가사무가 7 지방정부가 3, 재정으로 보면 8 : 2, 국가가 8이고 지방이 2로 구성된 상태에서 국가가 다 자기업무를 할 수 없어 특별행정기관을 두고, 그래도 안되니까 대부분 위임사무로 넘어와서 지방업무의 80%는 위임사무이거나 아니면 법적 업무로 되어 있단 말입니다.

자치라고 하는 게 기껏해야 2할 자치, 많아야 3할 자치를 벗어나지 못하고 최근엔 거기에 더해 복지 관련 중앙정부 사업이 다 매칭사업으로 구성되어 재정도 그렇고 지방의 여력을 다 갉아먹어 소진시킨 상태거든요. 그러니까 쉽게 얘기해서 성북구만 해도 인구 48만 5천 명 정도로, 65세 이상 어르신 인구가 6만 명입니다. 5백명 모자란 6만 명인데, 처음엔 기초연금을 100% 다 준다고 했다가 지금은 70% 수준으로 준다고 그러니까 4만 명에 1인당 1만원씩 매칭비용을 줘도 월 4억이라는 말이잖아요.

거기다가 노인인구는 기하급수적으로 증가하기 때문에 매칭비용만 하더라도 순전히 연간 60억에서 매년 증가할 수밖에 없는 구조인데 지방 재정은 대책이 없는 상황이란 말입니다. 잘 아시겠지만 무상보육도 마찬가지입니다. 그러다 보니 이제 이런 생각이 드는 거죠. '이렇게 과부하 걸렸을 때야말로 재설계를 할 때다.'라고 말이죠.

김병준 교수

그렇지. 목소리를 내야죠.

김영배 구청장

사람과의 관계 속에서 지역특성에 맞게 해야 하는 것은 지방정부가 맡고, 전국적이고 통일적인 것은 중앙정부가 맡고, 이렇게 역할분담을 해야 합니다. 예를 들어 노령연금이나 장애인연금처럼 계좌로 송금하는 것은 중앙정부가 맡고, 장애인의 이동권 문제라든지 어르신들을 돌보는 문제나 목욕, 돌봄, 교육, 보육처럼 애들을 가르쳐야 한다거나 병원에 보내야 하는 것은 당연히 지방정부가 맡고, 차라리 이렇게 역할분담을 해서 거기에 맞게 재정을 조정해야 할 것 같습니다.

김병준 교수

재정문제만 봐도 중앙과 지방 사이의 재정문제는 밸런스가 안 맞게 되어 있거든요. 전체적인 틀을 다시 짜야 하는데, 우리가 그게 잘 안 되죠.

이렇게 재정공급과 재정수요의 불일치 현상이 일어나면 중앙정부가 거기에 맞게 조정해서 넘겨주면 되는데 넘겨주는 틀 자체가 현재 굉장히 불합리하거든요. 특히, 보조금이나 교부세 틀이 불합리한 게 굉장히 많단 말이에요.

이것을 분권과 자유를 존중하는 차원에서 재구조화해야 하고, 서비스가 제대로 일어나게끔 해야 한다는 것이죠. 그 다음에 동네 안에 혁신이 일어날 수 있는 구조로 권한 이양을 해줘야 하고, 또 공무원들이 소신 있게 움직일 수 있도록 하는 구조로 가야지만 아까 청장님께서 이야기한 삶의 정치, 삶의 혁명이 지역사회에서 일어날 수 있는 거죠.

그리고 이런 구조적 혁신이 일어나기 위한 중요한 토대가 바로 보충성의 원리가 가동되도록 하는 공동체의 형성이죠. 공동체 역할을 강조하다 보면 행정이 직접 공공재나 공공서비스를 많이 생산해서 공급하는 게 좋은 정부가 아니라, 주민들 스스로 많이 생산해서 쓸 수 있도록 해주는 게 좋은 정부라는 거죠. 치안도 마찬가지로 도둑을 많이 잡는 게 좋은 게 아니라, 주민들 스스로 문제가 일어나지 않도록 해주는 게 중요하다는 것입니다. 그러니까 수갑이나 방망이 사고 경찰관 많이 뽑는 데로 가던 예산을 시민 폴리스 아카데미와 같은 주민 참여 예산에 더 투입하는 구조로 바뀌면 작은 정부를 가지고 더 많은 것을 해줄 수 있습니다. 그런데 그러려면 공동체가 존재해야 하는 것이죠. 이런 부분들을 지방정부 차원에서라도 재설계할 수 있게끔 권한을 자꾸 이관해서 새로운 혁신이 일어나도록 하면 정말 동네 안에 있는 국가가 잘 돌아가고 거기서 모델이 만들어지게 되겠죠.

그런 점에서 중앙정부든 지방정부든 노력을 많이 해야 할 거예요.

김영배 구청장

맞습니다. 공동체 부분에서도, 최근 기재부에서 관련 제도 도입을 위해 법을 검토한다고 들었는데요. 제가 영국에서 보고 정말 중요하다고 생각했던 게 공유재산관리법입니다. 2010년 영국과 핀란드의 사회적 기업을 돌아보았을 때, 영국에서는 이미 국가와 지방자치단체가 토지와 건물을 사회적 기업에게 매우 저렴한 비용으로 장기간 임대하여 사회적 기업이 자본을 형성하고 지속적인 활동을 할 수 있도록 지원하고 있었습니다. 쉽게 얘기해서 우리로 치면 협동조합이나 사회적 협동조합, 육아협동조합 등을 만들 때 그 법인에다 국공유 재산을 무상으로 주거나 유상으로 주되 아주 저렴한 가격으로 공급해서 활동을 장려하는 시스템인 거죠.

김병준 교수

자치단체장이 굉장히 안 좋은 환경 속에 있는 이유 중 하나가 우리의 토지소유 구조예요. 많은 사람들이 토지를 사유하고 있어 공유재산이 너무 없는데 반해 그 토지를 통해서 뭔가를 만들어보려는 욕구가 너무 강한 거죠. 그러니까 자치단체장들이 보존보다는 개발욕구에 자꾸 함몰될 수밖에 없는 구조로 간단 말이죠. 이런 게 나는 굉장히 안타까워요.

김영배 구청장

전반적으로 자본주의는 소비가 잘 되어야 하는데, 그 부분이 약하니까 계속 문제가 되고 부동산 자산 가격이 올라야 현금이 돌아가기 때문에 개발욕구를 부채질하는 악순환의 구조에 있는 거죠. 토건시대에는 이런 패러다임이 사실 옳았겠다. 왜? 어차피 전체 GDP를 증가 시키려면 토지가 상승해야 하고, 어쨌든 전체 가격이 상승하면 전체 GDP가 늘어나기 때문에 토지가가 상승하는 게 나쁜 것은 아니죠. 문제는, 지금은 보편적 복지시대라는 겁니다. 토건시대에는 균형발전의 척도가 도로, 수영장, 학교, 노인정, 철도 등 기반시설의 유무였다면, 보편적 복지시대의 균형발전이라는 것은 그 지역에서 복지 혜택이 어느 정도, 어느 범위로 주어지냐가 척도가 되는 거죠. 무상보육, 무상급식, 기초연금, 노령연금, 장애인 서비스 등 복지서비스의 지원범위가 어디까지인가? 이런 게 이제 지표가 될 수밖에 없는데, 여기서 중요한 차이가 뭐냐면 인구수입니다. 우리는 노인인구만 6만 명인데, 영월군은 전체 군민이 4만 명, 완주군은 9만 명, 목포시만 해도 25만 명밖에 안 되거든요. 이런 구조에서 노인인구 대 어린이인구의 비율을 따져보면, 보편적 복지에 대한 재정수요와 재정공급의 불일치가 생긴단 말이죠. 토건시대와는 비교할 수 없을 정도로 도시의 수요가 폭발적으로 커지기 때문에 이제는 구조개혁이 필요한 시점입니다.

그래서 저는 국가전략과 행정에 있어 '생활의 질'을 균형발전의 기준지표이자 척도로 설정할 때가 되었다고 생각하고, 바로 이것이 보편적 복지시대 행정 패러다임의 전환이라고 보는 것이죠.

김병준 교수

재정구조 같은 게 바뀌어야 하는데, 참여정부 때만 하더라도 그런 문제 인식을 했고, 예를 들면 교부세 같은 부분에서도 노인과 장애인을 별도 계산해서 복지 안에 포함시키고 산출 공식도 바꿨죠. 사회적 약자가 많은 자치단체가 더 많이 받을 수 있도록 바꿔주는 작업인데, 방금 말씀하신 것처럼 지금은 이런 구조가 교부세 정도만 바꿔서 될 성질이 아니에요. 지금은 전체적인 재정 수요가 확 늘어나서 말이에요.

제3장 소통과 참여 그리고 깨어 있는 시민

김영배 구청장

앞서 선생님께서 1995년 설립된 '미국은 말한다(AmericaSpeaks)'를 담론민주주의 우수 사례로 말씀해 주셨는데요. 2008년 현재 미국 50개 주에 걸쳐 50회가 넘는 마을회의를 열었고, 13만 명에 달하는 사람들이 이 회의에 참석했다고 알고 있습니다. 사회보장제도, 지방정부 예산, 각 지역의 지역개발계획 등이 다루어졌다고 하는 데, 많은 사람이 모여 특정 정책문제를 토론한 뒤 그 의견을 집합하여 정책결정자에게 전달하는 일을 하는 것이죠. 대의정치에 대한 불신과 일반 국민의 합리적 사고 가능성에 대한 신뢰 등에 문제제기가 있긴 하지만 직접민주주의의 질을 높여 대의민주주의 결함을 보완하겠다는 생각에 대해서는 많은 사람들이 공감하고 있는 것 같은데요. 우리도 이것을 대의민주주의 보완 차원에서 적용한다고 하면 어떤 점을 제일 고민해야 되겠습니까?

김병준 교수

일단 첫째로 우리가 미국사람들보다 아직 토론문화에 익숙하지 않아 토론을 쉽고 원활하게 끌고 가기가 힘들어요. 우리도 토론을 해보면, 특히 지도자급 인사들조차 못 받아들이니까 말이죠. 예를 들어 같은 테이블에 앉혀놓고 2분씩 얘기해보라고 하면, 국회의원이나 노조간부, 이런 분들이 10분씩 자기 이야기만 하거든요. 그런 것들부터 힘든 거죠. 그 다음 경제문제인데 결론을 도출하는 과정에서 여러 번 자리를 가져야 하고, 사람이 모이고 장소도 빌리려면 아무래도 돈이 좀 든다는 측면이 있고요. 마지막으로 사람들이 의견을 표현하는데, 그 의견들이 모아져봐야 의사결정권이 없잖아요. 의사결정이 보장 안 되다 보니 참여했다는 만족감은 있지만, 결정으로 이어지지 못하는 일종의 허탈감은 남게 되는 거죠.

김영배 구청장

저희들도 위원회를 만들면서 실제 위원회에 의사결정력을 주려고 대단히 노력했는데, 그런 의견들의 조율이 쉽지 않아 큰 고민이거든요. 어떻게 하면 실질적으로 보장될 수 있을까요?

김병준 교수

그런 부분이 고민해야 하는 부분이죠. 그런데, 참여 자체에 대해서는 상당히 만족도가 높아요. '아메리칸 스픽스'도 그렇고 '코리아 스픽스'도 그렇고요.

국민이 주인이 되어야 하는데, 주인 되기가 쉽지가 않은 거죠.

김영배 구청장

그래서 참여 얘기를 집중적으로 해야 할 텐데요. 정당정치를 말씀하시는 분들은 대의제라는 게 원래 정당이 해줘야 하는 것이지, 자꾸 주민들한테 참여하라고 하는 것 자체가 정당의 무능함을 대변하는 것 아니냐. 정당 리더들이 하면 되는 것을 왜 그 책임을 주민들한테 떠 넘기냐고 말씀을 하시고요.

또 한편으로는 열린우리당 시절에도 경험했지만, 정당이 현실적으로 준비가 안 돼 있고, 실행도 못하는데 말이죠. 저도 해보니까 쉽지 않더라고요.

김병준 교수

최근 수십 년을 보면 대의정치가 잘 작동되는 나라가 거의 없어요. 대의제에 대한 주민들의 불만이 있단 말이죠. 대의정치 자체에 기본적인 모순이 있음은 말할 것도 없고요. 학술적인 측면에서 그 원인에 대한 몇 가지 논쟁을 말씀드리면, 세상이 너무 빠르게 변한다는 거예요. 내가 4년마다 뽑은 대표자, 옛날 같으면 그 사람한테 맡기고 "어떻게 해주세요." 하면 끝이지만, 세상이 너무 빨리 변하다 보니까 내가 뭘 맡겨야 할지를 모르겠다는 거예요. 어제 다르고, 오늘 다른 데 말이죠.

김영배 구청장

뭘 계약하는지 모른다는 말씀이시죠?

김병준 교수

주민소환 같은 경우도 그래요. 주민소환제는 2006년 5월 주민소환에 관한 법률이 제정되고, 실제 실시는 1년 뒤인 2007년 5월부터 실시되었죠. 논의 자체가 복잡했는데, 이유는 직접민주주의 제도와 관행이 발달한 국가에 있어서도 주민소환의 문제에 대해서는 비교적 신중한 입장이었기 때문입니다. 그러나 발의요건을 다소 엄격하게 하더라도, 도입하는 편이 지방정부와 지역사회의 자기책임성을 높이는 데 기여할 것이라는 판단과 자치단체장과 지방의원에게 보다 공평하고 합리적인 행정을 위한 압박이 될 것이라고 결론을 내려 밀어붙였습니다.

김영배 구청장

그래서 임기개시일로부터 1년이 경과하지 아니한 때와 임기만료일로부터 1년 미만일 때는 발의를 할 수 없도록 한 것이군요.

김병준 교수

그래서 일단은 발의 요건을 높여서 시행하자, 이것이 있다는 자체가 상당한 부담이 될 거라고 본 것이죠. 실제로 미국에서도 2006년 현재 전체 50개 주 중에서 18개 주만이 주민소환제도를 채택하고 있고, 소환이 이루어진 경우는 거의 없어요. 2003년 캘리포니아 주 데이비스 주지사가 소환돼서 해임되고, 그 자리에 영화배우였던 슈와즈네거가 당선된 거 빼놓고요.

김영배 구청장

새 원자력발전소 유치로 강원 삼척시장에 대한 주민소환 청구가 투표율 미달로 무산되자, 삼척의 원전 건설사업이 탄력을 받게 된 사

건이 있었죠. 김대수 삼척시장 주민소환투표 결과, 유권자 6만705
명 가운데 1만5698명이 참여해 25.9%의 투표율로 전체 유권자의
3분의 1을 넘지 못해 주민소환 청구는 개표 없이 기각됐습니다.

그러나 일부 환경단체들이 투표결과와 관계없이 원전건설 반대
운동에 나서기로 해, 주민 간 찬반갈등은 계속될 것 같은데요. 사
실 삼척시장이 원전을 공약으로 내걸고 지난번에 당선이 됐어요.
당선되고 나서, 후쿠시마 원전사태가 발생했단 말이에요. 그러니
까 삼척이 난리가 난 거예요.

사실은 주민참여라는 게 대의제를 보완할 필요성에서도 중요하
지만, 현실적으로 사회가 워낙 급변하고, 그에 따른 이해관계인 또
한 다양해지기 때문에 이들의 의견을 수렴하기 위해서도 필요하다
고 생각합니다.

김병준 교수

가장 이상적인 것은 대의제의 주체들이 주민들의 의견도 잘 듣고,
국회도 그런 메커니즘을 통해서 보완이 되면 제일 좋은 거죠.

김영배 구청장

선생님의 논문을 보면 지역의 발전전략으로 세 가지를 말씀하셨잖
아요. 지방정부 의지, 개방성, 다양성을 말씀하시는데, 특히 주민참
여는 개방성과 다양성이라는 부분과 일맥상통하는 것 같습니다.

김병준 교수

개방성과 다양성이라는 게 결국 민주주의죠. 예를 들면 지역발전을 위해서 '대구와 광주 사람들이 개방성과 다양성을 확보해서 지역발전전략을 위한 무기로 삼는다.'라는 생각은 안 하고, 오로지 중앙정부의 의지만 확보하면 된다고 생각하지요. 중요한 건 행정학을 공부하는 학자들도 그렇고, 단체장을 포함해서 정부에서 일하는 사람 모두 다 관점을 바꿔야 할 필요가 있다는 겁니다. 여태까지 권위적인 틀에서는 공공재와 공공서비스의 생산 주체가 누구냐에 관해서 일차적인 생산자를 정부로 봤단 말이죠.

그런 관점에서 좋은 정부에 대한 기준은 공공 서비스나 공공재를 많이 생산해서 많이 공급해주는 게 좋은 거라고 여겼는데, 지금은 그야말로 프로슈밍의 시대 내지는 시민 공동생산의 시대로 시민 스스로가 생산해서, 스스로 쓰게 하는 것이 제일 좋은 거라는 거죠. 그런 경우가 훨씬 더 생산적이고 효율적이라는 관점에서 보면, 과감하게 예산구조나 지출구조를 바꾸어서 그런 쪽으로 유도해봐야 한다는 것이죠.

이를 위해선 아까 얘기한 공동체와 사회적 인정감, 이런 것들이 지역자체에서 다 같이 일어나야 할 부분인거죠. 최근엔 시장에서조차 프로슈밍, 즉 소비자에 의한 생산행위가 주류를 이루는 방향으로 가고 있어요. 예를 들면 옛날 다방은 여종업원이 커피를 가져다주고 저어주기까지 했는데 지금은 아니잖아요. 우리가 가서 타오고, 심지어 나가면서 분리수거까지 다 한단 말이죠.

이런 소비자의 생산적 행위가 지방행정에서도 충분히 가능하다고 보거든요. 지방정부나 중앙정부가 잘만 유도하면 충분히 그런 일들이 일어날 수 있단 생각이 들어요. 그러기 위해선 많은 것을 바꿔야 하는 것이죠.

김영배 구청장

저는 이제 주민참여가 주민 결정의 단계, 주민들이 결정하고 스스로 책임지는 단계로까지 나가볼 필요가 있겠단 생각이 많이 들어요.

같이 참여해서 의논하고, 결정하고, 피드백해서, 책임지는 방향으로 나가야 한다는 생각이 드는 게, 선생님께서 말씀하셨지만, 최근 주민들의 요구가 워낙 다양해져서 말이죠.

김병준 교수

앞으로 행정이나 정치하는 분들이 그 부분에 있어서 특별히 더 관심을 가져야 할 건데요. 그 중에 하나 이야기 드리고 싶은 것은 노동 시간의 문제에요.

우리의 노동 시간이 2012년 기준으로 연간 2,163시간으로 OECD 국가 중에 멕시코 다음으로 높은 국가란 말이죠. 네덜란드의 경우 1,384시간이니까, 자그마치 우리하고 800시간 차이가 나죠. OECD 평균이 1,765시간인데, 노동시간이 이렇게 길다 보니까 사람들이 집에 오면 딴 걸 할 수가 없어요. 커뮤니티에 대해 생각한다는 건 불가능하고, 그냥 아침에 출근했다가 저녁에 들어오면 쓰러져 자고, 그 다음날 다시 출근하고, 토요일, 일요일은 만사 귀찮고 말이죠. 그러니까 지역사회의 커뮤니티에 대한 생각 자체가 줄어들 수밖에 없고, 게다가 노동임금이 예전처럼 빠르게 상승하지 않다 보니까 부부 모두 나가서 벌이를 해야 하는 상황이 되어버렸단 말이죠.

어쨌든 노동시간을 2,000시간 이하로 줄인다면, 그만큼 커뮤니티나 지역사회에 대해 고민할 수 있는 여유가 생길 가능성이 있단 말이죠. 이런 부분에서 앞으로는 조금만 생각을 달리하면 생산적인 자원을 이끌어내서 주민이 정말 주인이 될 수 있다, 그리고 이것을 정치적으로 쓸 수 있지 않을까 싶어요. 그런 변화의 구도에 대해서 생각을 해보고, 그 다음에 지역사회마다 직업의 구조라든지 노동시간의 강도가 제각각이므로 지역특성을 좀 더 고려해보면, 좀 더 주민들과 같이 할 수 있는 일들이 나오지 않을까 싶어요. 그렇지 않으면 참여라고 하는 것이 결국은 토지적 이해관계를 가진 자산가들의 참여 아니면 지역유지 중심으로 될 수밖에 없단 말이죠. 이러한 편향된 참여는 오히려 공동체의 이익을 침해할 가능성이 있는 구조로, 과연 어떻게 밸런스를 잘 맞출 것인가에 대한 깊은 고민이 있어야 된다고 봅니다.

요즘 SNS 걱정을 많이 하는 게 너무 즉흥적이고, 너무 감정적이고, 너무 정서적이기 때문이죠. 때로는 구청 같은 곳에도 그런 리액션들이 많이 올 거란 말이에요.

체계화되고 조직화된 게 아니라 굉장히 감정적이고, 충동적인 부분이 많아요. 내가 가끔씩 그런 이야기를 해요. 이게 데모크라시가 아니고, 아차 하는 순간에 디노크라시(소음민주주의)가 된다고요. 소음민주주의가 될 가능성이 큰데, 그럼에도 불구하고 이걸 어떻게 체계적이고 잘 숙성된 형태로 주민들의 이익, 정말 공동체의 이익을 위해서 의사표출이 잘 될 수 있는 구조를 갖추게 할 것인가? 이런 부분에 대한 고민이 굉장히 강하게 있어야 할 것 같아요.

김영배 구청장

'깨어 있는 시민의 조직된 힘'이라고 했을 때 사람이 일단 깨어 있어야 시민이 되는 거고, 시민의 존재가 정립이 되면 자기 조직화가 가능해지지 않느냐고 본 것이죠. 결국 아는 만큼 보인다고, 자기가 살아가는 가장 가까운 곳에서 자기의 문제를 스스로 진단하고, 자기공동체가 가지고 있는 문제를 발견해 낼 수 있는 최소한의 교육 또는 그런 기회를 공공이 제공해야 되지 않나하는 생각 말이죠.

김병준 교수

한국 중앙정치권에서, 특히 지난번 대선 구조나 그 이전의 선거 구조에서 계속 불만을 가졌던 것은 '깨어 있는 시민의 조직된 힘' 중 '깨어 있는 시민'보다 '조직된 힘'쪽에 더 포커스가 맞춰져 있는 거죠. 왜냐하면 중앙정치권은 시민들을 깨어 있게 할 방법이 없거든요. 그러한 수단을 중앙정치에서 가지고 있지 못하단 거죠.

김영배 구청장

마을에 뿌리가 없어서 더 그렇습니다.

김병준 교수

이게 한국사회의 큰 문제 중 하나로, 김 청장께서 이야기하신 것처럼 실제 출발은 조직된 힘 이전에 어떻게 하면 시민들을 깨어 있게 할 것인가에 대한 고민에서부터 시작해야 하는데, 그것이 결여된 게 참 유감이에요.

지역차원에서 말하자면, 누가 이끄는 것이 아니라 주민들이 자발적으로 참여할 수 있는 아카데미나 토론회 자리를 많이 만들어 줘야 되거든요. 소위 하버마스가 말한 공론의 장을요. 자본적 이해관계나 권력적 이해관계 때문에 산업화 시대에나 관료주의 사회에서는 실제로 서로가 평등한 입장에서 이야기 할 수 있는 이런 담론구조가 거의 없었던 거죠. 이런 아카데미나 포럼, 지역사회 모임들을 만들어 자기의 신분과 관계없이 이야기를 할 수 있는 공론의 장이 열리면서 그 지역사회 전체가 스스로 깨어 있게 하고, 그것이 결국은 우리 민주주의를 가능하게 하는 구조 말이에요. 우리 역사에 맞춰서 우리 사회가 발전해 나가는 게 진보인데, 그런 진보적 담론이 가능해지는 구조로 가야죠. 그런데 중앙정치에서는 깨어 있는 부분에 대한 고민이 너무 없어서, 그게 고민이죠. 아카데미 형태든 어떤 형태든 같이 이야기할 수 있는 공간을 만들고 심지어 그 안에서 무엇을 이야기 할 것인가도 주민들 스스로 결정하게 하는 공론의 장을 만들어주는 게 굉장히 중요하거든요. 근데 쉽진 않을 거예요. 아까 얘기했듯이 우리의 노동강도 등을 생각했을 때 참여가 제한적일 수밖에 없기 때문에 앞으로 공론에 좋은 여건을 만들기 위한 변화가 필요한 거죠.

김영배 구청장

선생님 말씀대로 현재 우리가 당면한 민주주의 위기의 본질은 오로지 이기기만 하면 된다는 소위 민주세력의 '정책적 무능'과 우리 정치가 모든 것들을 사유화시켜 자기 개인의 역량으로써만 축적하고 결국 공동체에는 아무것도 남아 있지 않게 하는 구조에 있다고 생각합니다.

이러한 상황에서 저를 비롯한 정치를 하는 사람들의 중요한 과제는 스스로 주민들에 대한 신뢰를 회복하고, 이를 바탕으로 주민과 새로운 관계를 형성하는 것일 겁니다. 왜냐하면 신뢰를 바탕으로 한 공동체적 가치가 구심점이 되지 않는 한 우리 사회는 제대로 설 수 없기 때문입니다.

제가 지역에 와서 해보니, 시민사회 또는 주민들의 역량이 이제 많이 성숙해서 깨어 있는 시민에 대한 희망의 불씨를 여러 곳에서 볼 수 있었고, 시민사회와의 소통과 연대를 통해 신뢰회복이 충분히 가능함을 느꼈습니다.

이를 위해 중요한 것이 우리가 가지고 있는 정책적 담론을 공동체 속에서 계속 축적하여 공적자산화함으로써 지속가능하도록 하는 것인데요. 이러한 작업이 지역에서 먼저 이루어져야 한다는 생각이 들고 그에 대한 책임은 우리 정치인에게 있다고 생각합니다.

공자의 뛰어난 제자 중 한 사람인 자공子貢이 공자에게 나라를 다스리는 일이 무엇이냐고 물었을 때 공자는 민무신불립民無信不立이라는 말씀을 하셨는데요. 믿음과 신뢰가 무엇보다 중요하다는 말이고, 이 이야기는 2,500년이 지난 지금에도 여전히 유효하다고 생각합니다. 저도 이러한 믿음을 가지고, 앞으로 한 발 한 발 정진하겠습니다.

오늘 귀한 시간 내주셔서 감사합니다.

민선 5기 성북, 최초의 기록 & 혁신사례

I. 성북의 모범이 대한민국의 최초가 되다

1. 한국 최초 유니세프 선정, 아동친화도시

아동친화도시는 유엔아동권리협약을 충실히 실현한 도시를 대상으로 유니세프에서 선정하고 있다. 전 세계에 1,300여개의 도시가 있으나 우리나라에서는 성북구가 2013년 11월에 최초로 '아동친화도시'로 선정되었다. 유엔아동권리협약은 아동의 권리보호를 목적으로 한 국제 사회 최초의 협약으로 미래의 주인공이자 시민적 권리의 주체로서 아동의 '생존권', '보호권', '발달권', '참여권' 등 기본적인 권리를 제시하고 있다.

우리 성북구는 유엔아동권리협약에서 규정한 4대 권리를 중심으로 하는 아동친화도시 조성을 아동정책의 목표로 설정하고, 2011년 10월에 '어린이친화도시 조성 전략과제' 추진계획을 수립하였다. 그리고 어린이친화도시 조성 전담조직을 신설하고, 이어 전국 최초로 어린이친화도시 조성에 관한 조례를 2011년 12월에 제정하였다.

우리 성북구에서 아동친화도시와 관련하여 추진한 주요사업을 아동의 4대 권리를 기준으로 살펴보면 다음과 같다.

먼저 생존권 분야는 서울시 최초로 친환경 무상급식을 실시하여 보편적 복지 확산에 기여하였다.

보호권 분야는 전국 최초로 구립돌봄센터를 설치하여 맞벌이가정의 자녀를 돌볼 수 있도록 하였으며, 방과후 돌봄시설의 허브역할을 하는 아동청소년센터 개관, 안심귀가버스 운영, U-성북 도시통합관제센터 설치, 국공립 보육시설 확충, 어린이보호구역 정비 등의 사업을 했다.

발달권 분야는 장난감도서관 개관, 전국 최초 독립관으로 자기주도 학습센터 건립, 유아숲 체험장 건립, 구립도서관 5개소 추가 건립, 청소년상담복지센터 설치, 청소년 진로직업 체험센터 설치 등이 있다.

마지막으로 참여권 분야는 어린이·청소년의회 운영, 구정참여단 운영, 어린이기자단 운영 등이 있다.

올해부터는 전국에서 최초로 '아동영향평가제도'를 시행하고 전문가와 주민이 주축이 되는 아동권리 모니터링단을 운영하여 아동친화도시 정착을 위하여 노력할 예정이다.

대한민국 최초, 유니세프 아동친화도시 선정 (2013.11)

2. 인권영향평가로 작동하고 보장받는 인권도시

성북구는 2011년 자치구 최초로 인권 전담부서를 신설하여 '행정체계 내에 작동하는 인권, 주민생활 속에 보장받는 인권'을 실현하기 위해 인권도시 성북의 비전을 제시하였다. 그리고 지속가능한 인권 증진기반 조성과 지역사회의 인권역량 강화를 목표로 인권증진기본조례를 제정하고, 인권교육 및 인권영향평가를 제도화하였다.

인권도시 성북은 그 주체를 주민으로 규정하고, 인권 정책결정 및 사업 추진 과정에 주민참여권을 보장하여 주민 인권선언으로 이어지는 다양한 혁신사례를 낳고 있다.

초기 추진단계에서는 외부 위원 13인으로 구성된 인권도시 성북 추진위원회와 함께 6개월 간 토론을 거쳐 성북구 인권조례안 마련, 주민설명회 및 공청회를 개최하는 등 주민참여 및 소통을 통해 인권조례 제정의 흐름을 만드는 데 주력하였다.

이어 성북구는 인권조례를 통해 전국 최초로 인권영향평가제를 도입하였다. 인권영향평가제는 성북구의 주요 공공사업을 추진할 때 주민의 인권에 미칠 영향을 분석하고 평가함으로써 부정적인 요소는 사전에 방지하고, 긍정적인 효과를 유도하여 인권의 가치를 행정에 반영하도록 하는 새로운 시도이다.

성북구의 인권영향평가제는 세계적인 보편성을 강조해 온 인권의 역사에서 구체적 삶의 현장인 지방의 단위에서 인권을 구현하는 것으로 인권의 새로운 역사를 쓰는 것이라고 할 수 있다.

특히, 안암동 주민센터는 주민의 참여권, 건강권, 문화권, 인권마을 만들기사업 등 인권의 개념을 담아 "인권청사 1호"로 건립하고 있다. 교통영향평가, 환경영향평가 등 다양한 영향평가들이 있으나 공공청사에 대한 인권영향평가는 주민뿐만 아니라, 아직은 건축 전문가나 인권 전문가조차 생소할 정도로 성북의 인권행정은 앞서가고 있다.

성북, 전국 자치단체 첫 신축 공공건물 '인권영향평가' 도입

사람 품은 주민센터로

안암 복합청사 내년 3월 준공
계획·시공 외부전문가 참여
인권 침해 요소 사전 방지
지상 80% 주민 편의시설로

성북구가 전국 자치단체 최초로 신축하는 공공 건물을 대상으로 인권영향평가를 실시했다.

김영배 구청장은 18일 서울시청에서 기자설명회를 열고 복합청사로 신축하는 안암동 주민센터에 대해 설계부터 준공, 운용까지 인권 기준을 적용하는 '인권영향평가'를 실험 중이라고 밝혔다.

인권영향평가는 정책이나 사업을 시행하는 과정에서 주민 인권에 미칠 영향을 분석하고 평가해 인권 침해 요소를 사전에 방지하고 인권 친화적 효과를 유도하기 위한 평가제도를 말한다. 현재 중앙정부 차원에서는 실행된 적이 없으며 광주광역시와 성북구

김영배 성북구청장이 18일 서울시청에서 기자설명회를 개최해 인권 청사 건축 계획을 발표하고 있다.

가 인권조례를 통해 인권영향평가를 규정한 것이 전부다. 지금까지 실제로 신축 공공 건축물에 대해 인권영향평가를 시행한 곳은 성북구가 유일하다.

이를 가능케 한 근거는 '성북구 인권조례'에 있다. 조례 제·개정 등 5대 대상 사업에 대해 사전에 인권영향평가를 의무적으로 시행하도록 규정하고 있다. 시행 주체도 못 박았다. 이에 인권활동가 등 외부 전문가를 포함한 '성북구 인권위원회'도 구성했다. 구에서는 앞으로 아리랑 시네센터와 구청 1

층에 만들 예정인 어린이 장난감 도서관, 정릉 커뮤니티센터 등 공공 이용 시설에 대해서도 인권영향평가를 실시할 계획이다.

안암동 주민센터는 4월 공사에 들어가 내년 3월 준공될 예정이다. 구에서는 한국공간환경학회, 한국인권재단과 함께 인권영향평가를 실시하면서 설계·기획 단계에서부터 설문조사와 주민공청회를 통해 의견을 수렴하고 설계 지침을 마련했다. 인권 개념에 근거한 설계 지침을 제공한 뒤 응모작을 심의할 때도 인권 전문가와 건

축 전문가를 포함한 심사위원회에서 당선작을 선정했다. 58억원 가량을 들여 지하 2층, 지상 6층으로 짓는 새 청사(연면적 1921㎡)는 지상 공간의 80%가량을 주민 편의 시설로 꾸민다. 청사 1층에는 주민 카페를 설치해 주민들이 누구나 자유롭게 앉아서 대화를 나눌 수 있도록 한 것이 특징이다.

김 구청장은 "공공기관에서 시민 참여를 유도하고 사회적 약자를 배려하는 것은 기본적인 과제이지만 단순히 단체장의 선의에 기대는 것이 아니라 제도화시키는 것이 중요하다. 그래야만 주민들이 시혜가 아닌 권리로서 인권을 누릴 수 있다"고 말했다. 그는 "인권도시를 구현하기 위해서는 앞으로도 가야 할 길이 멀다"면서 "인권센터 설치와 인권 축제 개최, 성북인권선언 발표 등 다양한 인권 관련 사업을 통해 주민 생활 속에서 인권 보호를 실현해 나가도록 하겠다"고 밝혔다.

강국진 기자 betulo@seoul.co.kr

공공청사 첫 인권영향평가 도입 (서울신문. 2013.2.19)

3. 지방정부 중심의 공적 아동돌봄체계

아동청소년은 교육의 대상만이 아니고 돌봄을 통한 지역공동체 일원으로 키워가야 할 소중한 존재이다. 따라서 지방자치단체와 지역사회가 중심이 되어 교육부, 복지부, 여성가족부 등에서 분절적으로 진행되는 돌봄서비스를 통합적으로 관리하는 것이 필요하다.

이에 성북구는 일반아동에 대한 늘어나는 돌봄수요 충족을 위해, 전국 최초로 구립 방과후 돌봄센터를 건립하였다. 4개의 권역에 각각 1개소를 목표로 현재 3개소가 운영 중이며 2014년 3월에 1개소가 설치될 예정이다.

또한 성북구는 관내 아동청소년의 바른 성장과 건전한 돌봄을 위한 구체적인 사업의 일환으로 2013년 5월 3일 성북아동청소년센터를 개관하였다.

성북 아동청소년센터는 전국 자치단체 최초로 아동·청소년 교육·복지시설 간 네트워크를 구축하여 통합 서비스를 제공하고 있다. 관내 160여개 시설에 걸쳐 있는 아동·청소년 복지서비스의 중복과 사각지대 발생을 방지하여 성북형 방과후 돌봄서비스를 제공하는 등 어린이와 청소년 지원체계를 이끄는 허브(HUB) 역할을 수행하고 있다.

성북구 아동청소년돌봄허브센터 개관

전국 자치단체 최초 통합적 방과후 아이돌봄 서비스 시행

최근 국회에서 아이돌봄 법안이 마련되고 있는 가운데 성북구(구청장 김영배)가 전국 자치단체 최초 방과후 아동청소년 돌봄을 통합 연계하는 허브센터를 개관해 눈길이다.

지난 3일 개관한 '성북아동청소년센터'가 그것으로, 중부수도사업소에서 사용하던 정릉2동 폐가압장을 리모델링해 조성했다.

성북아동청소년센터는 전국 자치단체 최초 아동·청소년교육·복지시설간 통합 네트워크를 구축하고 있어 관내 80여개 시설에 걸쳐 있는 아이돌봄 서비스의 중복과 사각지대를 최소화 할 것으로 기대된다.

개관식은 3일 김영배 구청장과 시·구의원, 지역주민 등이 참석한 가운데 사전공연, 인사말, 축사, 시설라운딩 순으로 진행됐다.

김영배 구청장은 "성북아동청소년센터는 가족 구조의 약화와 맞벌이 부부의 증가로 변변한 돌봄 서비스를 받지 못한채 방치되는 아이들을 안전하고 건강하게 돌보기 위해 개관한 진일보한 돌봄 체계"라면서 "특히 이곳은 폐가압장을 리모델링한 것으로, 도시재생의 새로운 패러다임을 제시함과 동시에 그동안 별다른 공공시설이 없던 정릉지역에 아동

성북구아동청소년센터 개관식에서 김영배 성북구청장(우측 6번째)과 신재균 구의장(우측 5번째), 임대근 부의장(우측 3번째), 시·구의원 및 참석 내빈들이 테이프커팅을 하고 있다.

청소년이 이용할 수 있는 종합복지시설을 설립, 인근 주민의 복지수요를 충족시키는 저비용 고효율의 대표적인 우수행정사례"라고 밝혔다.

성북아동청소년센터는 지하1층, 지상4층 총면적 1097㎡ 규모로 설립돼 키즈카페, 도서관, 드림스타트센터, 교육복지센터, 청소년상담복지센터 등 기능을 갖추고 있다.

이곳은 아이돌봄 관련 시설과 연계협력을 통해 위기에 놓여 보호가 필요한 아동청소년의 통합 사례관리를 진행하고, 아동청소년 관련 종합정보도 제공한다.

또 어린이의회, 청소년의회를 상설 운영하고 아동권리 모니터링과 아동청소년 인권참해 신고센터 운영, 위기청소년에 대한 상담 및 미술치료, 놀이치료, 인터넷중독 상담치료도 함께 진행한다.

그동안 방과후 돌봄서비스는 여성가족부, 보건복지부, 교육부, 지방자치단체가 분절적으로 추진하면서 중복서비스와 함께 사각지대가 발생해 학부모의 혼선 및 불이익을 주고 있다는 지적을 받아 온 터라 통합적인 방과후 돌봄 체계를 구축한 성북구에 대한 기대가 크다.

文明惠 기자 / myong5114@daum.net

전국 최초, 통합적 방과후 돌봄체계 구축 (시정신문. 2013.5.9)

4. 에너지 절약 공동체 성북절전소

성북구는 2012년 6월 '온실가스 없는 성북'을 선언하고 자치구 단위 최초로 '에너지 절약이 곧 발전이다'는 개념을 도입해 마을 공동체가 에너지 절약에 뜻을 같이하고 함께 노력하는 독특한 절전체계인 '성북절전소'를 운영하고 있다. 이들 절전소는 2012년 3개소를 시작으로 2013년 28개소가 운영 중이다.

절전소 참여 공동체의 지난해 4월에서 9월까지 5개월의 전기사용량 절감효과를 분석한 결과 전년도 대비 74만kW를 절감했으며 약 3%의 절감률을 나타냈다. 금액으로 환산하면 약 1억 원 정도지만 실제 가정에서는 누진제가 적용되어 절약 금액은 이를 훨씬 클 것이다.

KBS에서 소개된 에너지 절약공동체, 성북절전소 (2012.11.17)

5. 사회 양극화 해소의 출발, 생활임금제도

성북구는 전국 최초로 2013년부터 생활임금제를 시행하고 있다. 생활임금이란 최저임금 제도에서 더 나아가, 근로자의 주거비와 식료품비·교육비·교통비·문화비·의료비 등을 종합적으로 고려하여 적정한 소득을 보장하는 임금체계이다.

최저임금으로 유럽연합은 노동자 평균임금의 60%를, 우리나라 노동계는 50%를 요구하고 있으나 우리나라 현실은 30%를 약간 넘는 수준이다. 우리 성북구는 5인 이상 사업장 노동자 평균임금의 50%와 서울시 물가 조정분 8%를 반영하여 5인 이상 사업장 노동자 평균임금의 58%를 적용하고 있다.

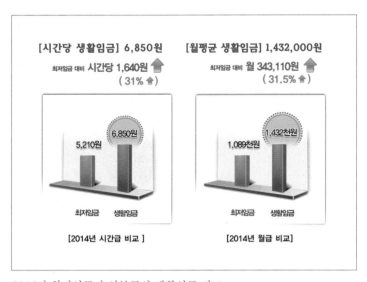

2014년 최저임금과 성북구의 생활임금 비교

성북구의 생활임금은 저임금 노동자가 집중되어 있는 성북구 도시
관리공단 및 문화재단의 청소·경비·주차관리요원 등 110명에게 우
선 적용하여 실시하고 있으며 이를 위해 2014년에 1억 2천 5백만원
의 예산을 추가로 편성했다. 이 예산은 행사성 경비와 소모적 경비를
전면 재검토하여 확보한 예산으로 지방자치단체 차원에서 노동의 가
치를 회복하고 사회 양극화 해소를 위한 비용이라는 점에서 충분히
가치 있는 사회적 비용이라고 할 수 있다.

　현재 성북구는 생활임금제의 확산을 위해 조례를 준비하고 있으며
서울시 및 타 지방자치단체와 생활임금의 제도 확산을 위해 노력하
고 있다.

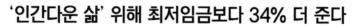

인간다운 삶을 위해 전국 최초 생활임금 도입 (서울신문. 2012.11.16)

6. 심야시간 안전한 귀가를 위한 안심귀가 마을버스

도시에서 안전은 시민의 삶의 질 향상을 위한 가장 기본적인 조건이라고 할 수 있다. 우리 성북구는 시민들이 생활 속에서 도시안전을 체감할 수 있도록 '안심귀가 마을버스'를 2012년 11월부터 시행하여 하루에 약 280명의 주민이 이용하고 있다.

성북구에서 처음 실시하고 있는 '안심귀가 마을버스'는 밤 10시 이후 마을버스가 정류소가 아닌 곳이라도 귀가가 편한 곳에 하차하도록 운영하는 제도이다. 이 제도는 KBS, MBC 등 언론매체에서 좋은 정책으로 소개되었으며, 2012년 성북구 주민·공무원 대상 10대사업 투표결과 1위로 선정되는 등 이슈화 되고 있다.

성북구의 안심귀가 마을버스 (MBC 파워매거진. 2013.3.22)

7. 사회적 가치 실현을 위한 사회책임조달제도

사회적 기업, 마을기업, 협동조합 등 사회적 경제는 경쟁과 효율, 그리고 이익을 중시하는 탐욕적 자본주의의 대안 경제 모델로 각광을 받고 있다. 하지만 오랜 역사를 가진 서구와 달리 우리나라는 그 역사가 짧아 대부분 사회적 경제 조직들이 자생력을 갖추지 못하고 있다.

따라서 사회적 경제 주체들의 자생력을 갖기 위해서는 인건비 지원과는 별개로 제품 판로 확대가 무엇보다도 중요하다. 독일의 경우 사회적 기업 재원의 90%가 공공기관으로부터 발생하고, 영국은 공공기관이 제품을 구매할 때 사회적 가치를 반영한 기업제품에 대해서 우선구매 하도록 사회적가치법을 시행하고 있다.

지방자치단체 등 공공기관이 사회적 경제 활성화를 위해 노력해야 하는 이유는 사회적 경제에서 발생한 이익 등은 모두 지역주민들의 이익과 일자리 창출로 이어지는 선순환 구조의 착한 경제를 지향하기 때문이다.

성북구에서는 사회적 경제의 양적 확충과 질적 성장이 가능한 새로운 생태계 조성을 위하여 전국 최초로 '사회적 경제제품 구매촉진 및 판로지원에 관한 조례'(2012.7 제정), '사회적 경제제품 의무구매 공시제'(2013.2 시행), '사회책임조달 제도 도입을 위한 연구용역(2013.4 시행)', 그리고 전국 지방자치단체장이 참여하는 행정협의회인 '전국 사회연대경제 지방정부협의회'(2013.3 출범)의 공동사업으로 사회책임조달제도 도입 추진 등 이미 사회책임조달 제도를 활발하게 추진하고 있다.

특히, 현재 추진하고 있는 '동북4구(서울 성북, 강북, 도봉, 노원구) 발전협의체'를 통한 동행발전전략과 '전국 사회연대경제 지방정부협의회'의 공동협력사업 추진을 통해 지역적인 한계를 탈피한 다각적이고 표준화된 지원정책이 구체적인 수행 틀을 가지고 추진하게 되면 훨씬 더 가시적인 효과가 드러날 것이다.

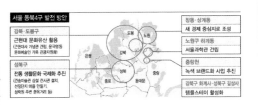

'동북4구 발전협의체'의 결과물, 행복 4구 플랜 (한겨레. 2014.1.28)

8. 사회적 경제를 선도하는 사회적 경제 클러스터

서울 성북구는 사회적 경제 사관학교로 불린다. 자치구 최초 사회적 기업 허브센터 설립, 사회적 경제과 신설, 사회적 기업 투자유치 박람회, 사회적 경제 우선구매 조례 등 주체 육성과 생태계 조성에 선도적 역할을 해왔으며, 지역시민사회의 활발한 네트워크와 민-관의 협력적 거버넌스가 체계적으로 구축되었기 때문이다.

성북구는 그간 성과를 바탕으로 사회적 경제 도약을 위해 클러스터를 조성할 예정이다. 성북구 사회적 경제 클러스터는 서울시와 정부로부터 총 19억의 예산을 확보하여 종암동의 사회적기업 허브센터의 증축과 리모델링 공사를 통해 2014년 7월 완공한다.

사회적 경제 클러스터는 엘리베이터 설치로 장애인 편의성을 높이고 주민자치 프로그램 공간을 별도로 두어 사회적 경제에 대한 지역 친밀성, 주민접근성이 극대화 되도록 하였다.

특히 소통과 만남, 지원과 교육, 공유와 성장 등 각 층별로 핵심컨셉을 설정, 이를 공간 설계에 반영하였다. 사회적 경제기업, 중간지원조직, 민간협의체가 입주하여 시너지 효과가 나도록 소통과 개방의 철학이 반영된 공간디자인을 구현하였다.

'사회적경제' 정책은 성북구 스타일로

사회적기업법 제정 앞두고
日학계·공무원 두번째 방문
"해외가 찾는 모범 사례될 것"

'사회적경제' 정책을 잇따라 선보이고 있는 성북구에 해외 관계자들의 발길이 이어지고 있다.

11일 성북구에 따르면 일본 자립지원정책 연구팀이 최근 구의 사회적기업허브센터를 찾았다. 시모무라 이키히토 교수(야마나시현 대학)와 홋카이도 구시로시 소속 공무원을 포함한 10명은 일본 사회적기업법 제정을 앞두고 폭넓은 분야에서 실효성 있는 자립지원정책을 수립하는 데 필요한 정보를 얻기 위해 방문했다. 이들은 지난 1월 31일 오사카시립대학 미즈우치 도시오 교수를 포함한 일본사회적기업과 학계 관계자 12명이 성북구를 찾은 데 이은 2번째의 방문객이다.

김영배 구청장은 "일본이 우리를 벤치마킹한다는 것은 성북구가 전 세계적으로 사회적경제 시스템 구축을 위한 롤 모델임을 방증하는 것"이라면서 "향후 일본의 사회적경제 생태 환경 조성과 사회적기업 활성화를 위한 모범 사례가 될 것"이라고 기대했다.

사회적경제란 무한경쟁과 이윤 추구로 인한 기존 경제체제를 극복하고 협동과 연대, 공동체 정신을 바탕으로 작동하는 경제운영방식을 말한다. 협동조합과 사회적기업, 마을기업 등이 대표적인 형태다. 성북구는 '사회적기업 허브센터', '마을만들기 지원센터', '청년사회적기업가 인큐베이팅 성북센터' 등을 설치, 운영하고 있다. 사회적경제 조직과 연계·후원 및 투자 가능한 기업 발굴을 위한 '사회적경제 투자설명회와 박람회' 개최, 공공기관의 의무구매를 위한 '사회적경제제품 구매촉진 및 판로지원에 관한 조례' 제정 등도 빼놓을 수 없다. 특히 구는 전국 최초로 공공기관의 '사회적경제 제품 의무구매 공시제'를 추진해 구청 및 산하기관의 총 20억 원 규모 구매계획을 공시함으로써 사회적경제 조직의 안정적인 판로와 자립기반 조성에 힘쓰고 있다.

강국진 기자 betulo@seoul.co.kr

성북구 사회적경제 사례, 해외에서도 벤치마킹 (서울신문. 2013.3.12)

사회적기업 '자립생태계' 지역에서 만든다

성북구 투자유치 위한 첫 설명회 열어
33개 기업·기관, 제품·서비스 구매약속

"얼마, 나가서 놀아도 돼요? 엄마나무 갈래요." "나는 '엔'이 좋은데, 광동이가 아니라 런피스데이터야." "신호텔라야, 그동안 넌 뭐였나 하고 있어."

22일 오후 서울 성북구 종암동 옛 종암동주민센터, 동좀페함으로 주민센터가 이전하면서 빈 건물을 증개축, 성북기업허브센터 마을만들기 지원센터 등을 위한 복합공간으로 꾸몄다. 이날 주차장에 대한민국 특성 무대에서 싸대전 뮤지컬 '신호텔라'가 선보였다. 환경자립 제작·공연부터 취약계층을 위한 예술공연을 무료공연을 하는 사회적기업 '단단 날으는자동차'가 준비한 무대는 '놀이나무'나 '엔' 역시 '날으는자동차'처럼 성북구에서 뽐겨 핀 사회적기업이다.

성북구의 사회적기업 살 길을 찾기 위해 특별히 '투자설명회'를 마련했다. 금융권에서 주로 여는 투자설명회처럼 목돈을 투자할 기업에게 유치를 찾는 자리가 아니라, 성북시 예에서 활동하고 있는 사회적기업에서 생산하는 제품과 용역서비스를 설명하는 자리다.

지역사회에서 구매욕을 가진 기업과 병원 은행 공공기관 등을 초청, 식품과 온누리·종암·우리환영원 등 4개 사회적기업과 자재재활연 별 있다. 김수라 전문업체는 나누움이

회적기업에서 어떤 제품과 서비스를 생산하는지 눈으로 확인할 수 있도록 했다. 실제 동네마다 한성대 등 대학과 종암경찰서 성북세무서 등 공공기관, 한국패래온 삼양식품 등 기업까지 성북지역 '큰 손' 기관들이 참여했다.

판매할 제품과 서비스를 선보인 업체는 모두 25곳, 15개 사회적기업과 3개 마을기업을 비롯해 3개 자활사업단과 4개 사회복지관 창업법인까지 참여했다. 재가요양서비스나 재활용품‧‧‧환경 재난현장분석사업 등 톡톡튀 사회적기업 형태부터 공익 리서치, 친환경 검증·생활용품 제작 공정무역 커피 판매, 방과후 교육, 요 케스트라 공연 등 일상생활과 관련된 다양한 상품들이 선보였다. 기업들은 생산제품을 자료로 소개하면서 아예 구에서 마련한 전시장에서 참제 교류로 하고 1로 신뢰했다.

이날 투자설명회에서 11개 기관이 사회적기업을 직·간접적으로 지원하 겠다고 약속했다. 동아마케한 한성대 등은 구매원부산을 인정했 관상 회사로 나와, 큰 상품 구매를 포함한 후원을 하기로 했다. 안양식품 온누리·종암·우리환영원 등을 포함한 4개 사회복지관 제품을 구매하겠다고 했다.

낯선 투자설명회보만 판매자나 구매자 모두 만족해하는 눈치다. 여경재 '대지를 위한 바느질' 대표는 "사회적기업에 지원되는 중요하지만 기업의 살아남을 수 있는 방법은 제품을 생산할 기회가 지속되는 것"이라며 "투자설명회가 기업 자생을 위한 양성의 실림자로에 도움이 된다"고 평했다. 한성대 한성대 총장은 "마을기업 동료대학가 학교와 가까워 자주 이용하게 될 것 같다"며 "낡은 거지 개보수사업을 하는 동네두속에 대해 학교수업에 연계으로 하면 학교가 가진 자원을 활용하 며 지원할 수 있는 방안들을 찾고 있다"고 말했다.

성북구는 사회적기업을 위한 투자설명회를 하반기에도 개최하는 등 잔례회를 방문하다. 김영배 구청장은 "행정기관에서 사회적기업에 입권 기업가 만날 수 있는 장을 제공해 자금조달부터 판로를 확보할 수 있는 연결고리를 만들겠다"며 "단순한 1회성 행사가 아니라 사회적기업 홍보차원을 할 수 없는 생태계 조성"이라도 의의를 부여했다.

김은형 기자 jmkim@naeil.com

성북구가 사회적기업 판매확산을 위해 지역 내에서 구매력을 가진 기업과 기관 등을 초청, 사회적경제 상품을 소개하는 투자설명회를 열었다. 사회적기업 관계자들이 자체개발한 추첨상에 맞춰 율동을 선보이고 있다.

사회적 기업 투자유치 설명회 개최 (내일신문. 2012.4.23)

9. 민관협력 안전거버넌스 구축

지금까지 도시안전의 책임은 공공부문의 역할로 간주되어 왔으나 관주도의 대책만으로는 시민안전에 욕구를 충족하기에는 한계가 있다. 우리 성북구는 2013년 1월 통합관제센터 설치를 계기로 민·관이 협력하는 마을안전망 구축을 위해 2013년을 '안전성북 원년'으로 설정하고 '안전협의회'를 구성하였다.

그동안 구청, 경찰서, 소방서, 교육지원청 등에서 개별적으로 운영되어 유기적이지 못했던 20여개의 안전관련 단체를 한 데 묶어 협의체를 구성하여 실무자 중심으로 "구 안전협의회 실무협의체"를 두고, 동 단위 별로 "마을안전협의회"를 구성하였다.

작년 3월 성북천 바람마당에서 안전행정부 차관, 서울시 부시장 및 관내 기관장, 안전관련 단체원 등 300여명이 참석한 가운데 "안전협의회 발대식"을 개최하였고, 마을안전과 관련된 긴밀한 협조체제 유지 및 동네 취약지역 순찰을 위해 관내 20개동에 "동 마을안전협의회"를 별도로 구성하여 운영 중이다.

성북구의 안전협의회 사례는 안전행정부가 안전한 사회 구현에 무게를 두고 부처 명칭까지 변경한 후 첫 번째 회의에서 안전분야 우수사례로 선정되었다. 성북구의 운영 사례를 참고하여, 재난·사고의 전 과정에 민간단체의 참여를 보다 활성화하고 정부와의 협력을 강화하기 위해 '재난안전 민관협력위원회'를 운영하고 '민간협의체' 설립을 지원하기로 했다.

성북구는 '안전한 성북'을 향한 노력을 더욱 강화해서 2014년부터는 '교통사고 제로화 운동'과 함께 여성 안전을 강화하기 위한 사업을 추가로 실시하여 실질적인 안전 체감도를 높이기 위해 노력하고 있다.

성북구, 교통사고 없는 '도시바람' 몰이
서울시 자치구 최초 Zero Vision 선포식 개최

서울 성북구(구청장 김영배)가 서울시 25개 자치구 중 처음으로 '교통사고 Zero Vision' 선포식을 개최하고 교통사고 없는 도시 바람몰이에 나섰다.

성북구는 11월 12일 오후 2시 성북아트홀에서 교통사고 없는 안전한 성북의 강한 의지를 담아 '교통사고 Zero Vision'을 선포하고, 교통안전분야 활성화와 교통안전에 대한 인식을 높이기 위한 행사를 마련했다.

선포식에는 김영배 성북구청장을 비롯해 성북구 안전협의회 회원, 모범운전자회, 녹색어머니회, 안전생활실천시민연합 등 시민단체 및 언론사, 도로교통공단, 손해보험협회 단체 관계자 등 150여 명이 참여한다.

이날 행사는 교통안전의 중요성이 담긴 동영상 상영과 녹색어머니회, 모범운전자회 등 구민 대표 6명이 '교통사고 없는 안전한 성북' 실천 결의문 낭독으로 '안전한 성북'을 만들기 위한 행동 전략 및 동참의지를 다진다.

또한 하루에 10번씩 양보하기, 교통안전 가족회의 개최 등 교통사고 Zero운동 실천 10칙을 발표하고 다 같이 실천하는 다짐의 시간도 가질 예정이다.

성북구는 이번 선포식을 교통사고 Zero화 운동을 확산하고 교통안전 공동체를 형성하는 계기로 삼는 한편, 2014년은 교통사고의 혁신적인 감소를 위해 다각적인 캠페인과 사업을 진행할 계획이다.

정상린기자 sangrinchung@gmail.com

교통사고 제로 비전 선포 (시대일보. 2013.11.12)

10. 수요자와 통계지표 중심의 과제체계 구축

성북구는 '구정의 주인은 구민'이라는 상식적이지만 실천하기 힘든 구호를 실행에 옮겼다. 그동안의 행정운영은 공급자 위주의 정책 결정과 일방적인 서비스 제공이었다. 그런데 수요자인 주민들의 다양한 요구를 종합적으로 수용·실현시켜 나가기 위해서는 그 요구를 과제로 한 업무추진·업무관리·성과관리시스템이 반드시 구축되어야 한다.

성북구는 이를 위해 '수요자와 과제중심의 업무체계'라는 7대 전략과제와 정책과제, 세부사업 등의 체계를 가진 업무시스템을 구축했다.

사람중심의 생활구정 실현을 위한 기초계획수립과 사회지표조사로 정책방향설정의 틀을 마련하고, 분야별 8대 열린 토론회, 마을회의, 걸어서 성북 한 바퀴 등 구청장이 직접 찾아가 주민여론을 청취하였으며, 사회지표조사, FGI(Focus Group Interview, 집단면접조사) 및 각종 위원회 등 주민, 전문가, 구청이 함께하는 거버넌스 협동체계를 활성화하였다.

이를 통해 기존의 조직·부서 중심 업무체계를 사업·과제 중심 협업체계로 개편하고 투명한 성과관리로 주민이 진정한 구정의 주인으로 참여하는 사람 중심의 구정을 실현해 나가고 있다.

업무 공유·기록하니 부서 간 '칸막이' 해결

김영배 성북구청장

청와대 'e-지원 시스템' 도입
정책별 우선순위·책임자 선정
협의 제도화… 혜택은 구민에게

김영배 (사진) 서울 성북구청장은 취임 이후 줄곧 "어떻게 하면 부서 간 '칸막이' 문제를 해결할 수 있을까."를 고민해 왔다. 전략적인 목표 아래 업무가 진행되지 않다 보니 상하 간에 괴리가 생기고 부서끼리는 서로 무슨 일을 하는지 모른다. 가령 교육지원과와 가정복지과는 사업 대상은 겹치는데 업무협조는 안 된다. 공무원들은 열심히 일하는데 과정은 각개전투, 결과는 중구난방으로 비쳐졌기 때문이다.

고민 끝에 참여정부 시절 청와대에서 실시했던 'e-지원 시스템'을 떠올렸다. 그 결과 성북구에서는 지난해 '수요자와 과제 중심의 업무체계'를 실험했다. 초기엔 불만도 많았지만 성과가 잇따르는 데다 업무 효율성도 높아지면서 공무원들 반응이 달라지고 있다. 김 구청장은 12일 이 같은 특별한 실험을 소개했다.

▶과제 중심 업무체계는 어떤 식으로 구성되나.

—내부에선 구정추진단, 외부에선 생활구정위원회를 중심으로 7대 전략과제를 선정한다. 이를 위해 사회지표조사와 각종 민관위원회 논의, 부서 회람, 토론회 등을 거친다. 각 전략과제 아래에는 고유과제와 공통과제를 선정한다. 모든 과제에는 정책우선 순위를 배정하고 과제별 책임자를 지정한다. 가령 내년도에는 7대 전략과제, 38개 정책과제, 152개 세부사업을 선정했다.

▶과제 중심 업무체계의 장점은.

—e-지원 시스템과 마찬가지로 최상층부터 말단까지 업무를 투명하게 공유하고 기록해 체계화하고 정책과제를 중심으로 한 업무체계를 구축하는 데 가장 큰 장점이 있다.

▶내년도 최우선 전략 과제는.

—'어린이 친화 교육도시'인데 구청장인 내가 총책임자다. 누가 봐도 구정 목표가 한눈에 들어오는 데다 과제별 책임자는 부서와 상관없이 지시하고 협의할 수 있다. 각 책임자는 주간, 월간, 분기별, 연간 보고서를 제출하기 때문에 업무 투명성과 책임성도 높아진다. 내년부터는 각 책임자에게 인사권과 평가권까지 부여할 계획이다. 예정대로 온라인 시스템까지 구축하면 명실상부하게 e-지원 시스템이 자치단체에서 부활하는 셈이다.

▶그동안의 성과를 꼽는다면.

—가령 아동청소년센터를 건립하면서 드림스타트 (보건복지부), 교육복지센터 (교육청), 청소년상담센터 (여성가족부), 아동돌봄네트워크 (시민단체)를 사전 협의를 거쳐 입주시킬 수 있었다. 보행친화 도시도 토목과 공원 관련 부서 간 협의가 자연스레 제도화된다. 무엇보다 구의 모든 공무원들이 구정 목표를 공유하고 부서 간 칸막이가 줄었다. 그 열매는 고스란히 구민들이 누릴 수 있다. 강국진기자 betulo@seoul.co.kr

수요자와 과제중심의 업무체계 구축 (서울신문. 2012.11.13)

II. 서울시 최초, 성북이 바뀌면 서울이 바뀐다

1. 보편적 복지의 초석을 마련한 친환경 무상급식

재정적으로 어려운 자치구 살림 속에서도 '차별 없는 무상급식과 양질의 친환경 급식은 모든 학생이 동일하게 누려야 할 보편적인 권리이자, 헌법에서 보장한 한 단계 높은 차원의 의무교육을 실천하기 위한 것이다.'라는 사명을 실천하기 위해 2010년 10월부터 서울시에서 최초로 친환경 무상급식을 실시하였다.

성북구의 친환경 무상급식은 엄청난 파급력을 지니고 확산되어 보편적 복지에 대한 논쟁을 제기한 오세훈 전 서울시장이 주민투표로 사퇴하고, 보편적 복지가 시대적 화두가 되는 계기를 만들었다.

그리고 성북구는 2011년 2월 전국 최초로 도시형 급식지원센터를 운영하여 계획부터 급식현장에 이르기까지 급식관련 모든 사안을 전담하면서 생산·유통의 체계적인 관리로 안전을 담보한 국내산, 친환경 식재료를 산지 공동구매로 공급하고 있다.

특히, 식재료 선택에 학생, 학부모 등 급식주체가 참여하고, 친환경 무상급식 학부모 모니터단을 운영하여 학교급식 식재료 생산·공급·유통 모든 경로를 점검하고 있는 것이 그 특징이다.

성북구가 추진하고 있는 친환경무상급식은 주민 만족도 조사결과 2011년부터 2013년까지 연속 1위로 가장 우수한 정책이라는 평가를 받아 높은 만족도를 보이고 있다.

성북구의 친환경 무상급식은 서울시 최초에 만족하지 않고, 친환경 쌀, 친환경 김치, 과일 추가급식, 수산물 공동구매체계 구축 등으로 나날이 진화해 왔으며, 앞으로는 학교급식 식재료 개선사업에서 마지막 남은 가공품 프로젝트를 성공리에 수행하고 친환경무상급식 범위를 고등학교까지 확대될 수 있도록 노력할 계획이다.

무상급식도 친환경 시대 곽노현 서울시교육감(왼쪽)과 김영배 성북구청장(왼쪽 두 번째)이 4일 서울 하월곡동 숭인 초등학교에서 시범 실시된 친환경 무상급식에 참여해 학생들에게 배식을 하고 있다.   윤여홍 선임기자

서울시 최초 친환경 무상급식 실시 (국민일보, 2010.10.5)

2. 새로운 패러다임의 도시재생을 선도한 도시형 마을만들기 지원센터

2010년 민선5기 들어 본격적으로 시작된 마을만들기 사업은 도시아카데미를 통한 교육 사업을 시발점으로 마을만들기 지원조례제정, 마을만들기 사업 전담팀 구성, 마을만들기 지원센터 서울시 최초 개소 등 사업기반 구축을 완료하고 선도적인 다양한 사업을 추진하여 2012~2013년 연속 마을공동체사업 서울시 최우수구로 선정되었다.

 또한 마을만들기 사업을 성공적으로 이끌어가기 위하여 찾아가는 마을학교, 주민참여 워크숍학교, 모여라 성북마을, 마을활동 원정대, 마을멘토 지원사업, 오달성, 마을살림 포럼 등은 참여주민 역량강화 및 네트워크 활성화 분야에서 좋은 성과를 거두었다.
 이 밖에도 마을만들기 활성화를 위하여 서울시 공모사업뿐만 아니라 구 자체 공모사업을 통하여 주민제안 사업을 적극 지원하였을 뿐만 아니라 회계처리 방식 개선, 사전교육, 간담회 개최, 중간점검 등 선정단체에 대한 컨설팅에 주력하였다.

 특히, 뉴타운 존치지역인 길음동 소리마을은 전면 철거없이 저층 주택을 보존하는 방식으로 작년 11월에 완공되어 새로운 주거모델로 자리잡았으며, 삼선동 장수마을 주민재생 사업은 주민참여형 주거환경관리사업으로 2013년 11월말 도시가스보급, 마을사랑방과 박물관 등 주민 공동이용시설 공사가 마무리되어 인근 지역인 삼선동, 성북동 성곽마을에도 파급 효과가 클 것으로 전망된다.

대외적으로는 우리 구의 마을만들기 사업을 벤치마킹하기 위하여 총 61개 기관 783명이 방문(국내 56개 기관 743명, 해외 5개국 40명)하는 등 마을만들기 사업의 좋은 선례로 자리매김하고 있다.

'확' 달라진 장수마을… "60년 만에 도시가스 들어왔어요"

서울성곽 문화재보호구역~재개발 대신 주거환경 개선

서울성곽을 따라 1960~1970년대 풍경을 간직한 성북구 장수마을에서는 지난 5일 하루 종일 쉴 새 없이 업무용 트럭이 마을을 오가고 있었다. 마을이 형성된 지 60여년 만에 처음으로 도시가스가 공급되면서 가구마다 보일러 공사가 한창이었기 때문이다.

낡은 집들과 구불구불하고 좁은 골목 등 구릉지형 근현대 주거지로 좁혀는 장수마을은 최근 전면 철거 없이 마을의 모습을 그대로 보존한 채 주거환경을 개선하는 주거환경정비사업을 마쳤다. 주민들은 하나같이 "이번 겨울은 따뜻하게 지낼 수 있겠다"라고 "주거환경개선 중 가장 좋은 게 도시가스"라고 입을 모았다.

2004년 재개발예정구역으로 지정됐지만 문화재보호구역이어서 사업성이 낮아 주민들은 열악하고 낙후된 주거환경에서 지내야 했다. 동네의 약 40%가 시유지인 탓에 집 주인들조차 보상을 받고 나간다 하더라도 수천만원에 이르는 변상금(국공유지 무단점유로 인한 일종의 과징금)을 지불하고 나면 빈손이나 다름없었다. 세입자들의 경우 전세 보증금이 500만~1000만원인 집을 서울 다른 곳에서 전혀 구할 수가 없었다.

주민들은 재개발 대신 다른 방식을 찾기 시작했다. 서울시까지 나섰다. 서울시는 지난해 3월 장수마을을 주거환경관리사업 대상지로 선정했고, 주민들의 뜻을 모아 지난 5월 재개발예정구역 지정을 해제했다. 낡은 하수도를 정비하고 범죄예방을 위해 폐쇄회로(CC)TV와 보안등도 설치했다. 모든 골목길에는 새로 포장을 하고, 계단과 난간도 설치했다. 마을 중심부에는 주민들의 공동체 활동을 지원하기 위한 마을박물관과 주민사랑방, 도성마당 등을 조성했다.

주민 숙원이었던 도시가스 공급관은 시비로 설치했다. 장수마을에서 43년째 거주하는 주민 오광석씨(71)는 "그동안 한 해 평균 기름값만 300만원 이상이 들었는데 도시가스가 들어오니 연료비 부담을 크게 덜게 됐다"고 말했다.

서울시는 낡은 개량주택을 보수하면 최대 1000만원까지 공사비를 지원해주기로 했다. 대신 신축 건물에 대해서는 용도를 주거 위주로 하고, 총수도 1~2층으로 제한할 예정이다. 지붕의 재질과 색, 담장 등에 대해선 서울성곽과 어울릴 수 있는 세부 가이드라인을 만들기로 했다.

마을활동가이자 마을기업 동네목수의 박학용 대표는 "이곳 주민들은 재개발이라는 욕구를 누르고 현실적인 방안을 찾아내기 위해 함께 고민해왔다"며 "앞으로도 주민 중심의 활동을 통해 성곽과 어울리는 마을을 만들기 위해 노력할 것"이라고 말했다.

문주영 기자 mooni@kyunghyang.com

기존 마을의 전면 철거 없이 원형을 보존하면서 주거환경 정비를 마친 서울 성북구 장수마을. 성북구 제공

재개발 대신 주거환경개선사업으로 확 달라진 장수마을 (경향신문. 2013.12.9)

3. 맞춤형 공교육의 선두주자, 자기주도학습지원센터

소득격차가 아이들의 교육격차로 이어지는 안타까운 현실을 절감하며, 아이들이 학습과 진로에 관심을 가지고 스스로가 목표와 전략을 세워 실천할 수 있도록 2011년 1월 단독건물로는 전국 최초로 '성북 자기주도학습지원센터'를 개관하였다.

성북 자기주도학습 지원센터는 학생의 자기주도 학습능력을 향상시키는 프로그램과 올바른 자녀교육의 목표와 방향 제시에 도움이 되는 학부모 지원 프로그램 외에도 학생과 학부모를 대상으로 진로진학상담 및 진로적성검사를 상시적으로 운영하고 있다. 그리고 성북구 내의 7개 대학을 중심으로 학습뿐만 아니라 정서지원 및 진로탐색과 진로체험을 멘토링 사업으로 연계하여 성공적으로 운영 중이다.

또한 성북구 학부모들을 대상으로 '자기주도학습지도사 양성과정'을 진행하여 이 인력을 바탕으로 '성북 나비나드 봉사단'을 구성해 학습지도, 강의봉사를 하는 등 배움을 재능기부로 사회에 환원하는 의미 있는 성과를 일궈내고 있다.

앞으로도 아이와 학부모가 학업성취만이 아니라 적성과 진로에 대해 함께 고민하며 그들의 꿈을 실현할 수 있는 자기주도학습의 교육기반을 견고히 하여, 어린이와 청소년 그리고 부모가 행복한 교육도시를 만들어 갈 것이다.

III. 성북의 혁신사례

1. 동네문제는 동네에서! 새봄 성북 동복지협의체

성북구는 동 단위를 중심으로 지역공동체망을 복원하기 위하여 2011년 5월, 동네 실정에 밝고 지역문제에 관심이 많은 주민, 종교, 의료, 문화, 복지 등 다양한 분야에서 활동하는 20개동 468명의 주민들로 민·관 복지 휴먼네트워크인 동복지협의체를 구성하였다.

새봄 성북 동복지협의체는 복지사각지대를 찾아내 지역 자원을 촘촘히 연결해 필요한 가정에게 연계하는 활동을 펼치고 있다. 또한 지역실정을 가장 잘 아는 주민과 민간기관, 행정이 함께 모이다 보니 각 동마다 동별 특성에 맞는 사업을 발굴하여 추진할 수 있었다. 주거환경이 열악한 동은 주거환경 개선을 위한 기금모금을, 일용직이 많은 동에서는 공익상해보험을, 자살률이 높은 동에서는 고독사 방지를 위한 해피마을 만들기 등 사업의 영역은 다양하다.

지역복지는 국가와 지방자치단체, 주민이 함께 참여하여 해결해야 할 문제라는 인식으로 매년 1만 5천 건 이상의 자원연계가 지역사회 내에서 이루어지고 있으며, 그 결과 주민과 공무원이 뽑는 민선5기 우수사업으로 성북구 명예의 전당에 선정되는 성과를 올렸다.

행정력만으로는 해결할 수 없는 지역주민의 건강하고 안전한 생활을 지원하기 위한 새봄 성북 동복지협의체는 사람중심의 새로운 복지전달체계로 전국에 소개되어 많은 지역이 성북구의 새봄 성북 동복지협의체를 모델로 다양한 조직이 운영되고 있다. 이러한 노력으로 2013년도 보건복지부 주관 '복지행정상'에서 민관협력분야 최우수 자치구로 선정되었으며, 한겨레신문사, 한국보건사회연구원, 지역사회복지학회가 공동으로 주관하는 '지역사회복지대상'에서는 최우수상을 수상했다.

성북구 동복지협의체, 지역사회복지대상 최우수상 수상 (한겨레. 2013.12.18)

2. 지역사회 기반 보건복지통합 자살예방사업

2010년도 우리 구 자살률은 서울시 25개 자치구 중 5위로 높은 편이었다. 이에 2010년 전국 최초로 민관협약에 의해 관내 종합사회복지관에 성북구 노인자살예방센터를 운영하여 자살의 동기와 원인을 분석한 결과, 자살을 개인의 책임이 아니라 사회적 문제로 보고 기존의 보건영역 치료개입 중심의 자살예방사업을 과감하게 탈피해 보건영역과 복지영역을 통합하여 추진했다.

그 일환으로 지역주민 스스로가 이웃의 문제를 살피고 사각지대를 극복하는 3無 2有 성북형 복지공동체를 운영하는 한편, 2012년 3월 '성북구 자살예방센터(복지영역)'를 자살전문 상담기관인 생명의 전화 복지관에 위탁하였다. 이와 동시에 '정신건강증진센터(보건영역)'의 상호협력 및 연계를 강화하는 통합적 생명안전망을 구축할 수 있었다.

여기에 생명존중교육을 비롯해 자살예방을 위한 적극적인 홍보 캠페인을 펼쳤으며, 특히 노란리본 모양에 생명존중의 가치를 담은 생명존중 리본달기 운동을 범 구민운동으로 확산하였다. 또한 자살고위험군 발굴을 위하여 독거어르신 전수조사 등을 실시하여 자살 고위험군과 마음돌보미 봉사자들을 1:1로 연계, 정서지지와 안부확인을 동시에 실시하고 원예활동, 연극활동 등 자살예방을 위한 프로그램을 개발하는 등 자살고위험군을 사전에 발굴·예방하는 보건복지

통합 자살예방사업을 추진했다.

이런 노력을 통해 2012년 기준 성북구의 10만명당 자살자 수는 22.1명으로 서울시 25개 자치구 중 20위로 현저히 낮출 수 있었다.

성북구의 자살률이 이처럼 낮아진 것은 자살예방이 지역사회 안에서 통합적으로 추진된다면 예방이 가능함을 보여주는 것으로 자살예방사업의 바람직한 모델을 제시한 것이라고 할 수 있다.

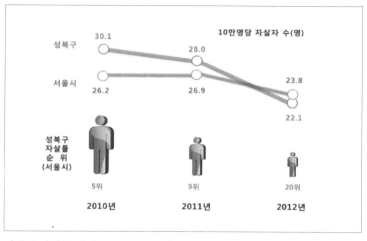

성북구 자살률 변화 (2010~2012년)

3. 열린 토론회로 주민 의견을 모아 주민참여예산으로 체계화

성북구는 아카데미나 상시적인 의견수렴 창구를 통해 주민제안을 수렴 후, 열린 토론회에서 주민제안을 공론화하고 주민참여예산총회를 통해 사업을 선정, 예산을 편성하여 사업을 집행하는 체계를 갖추고 있다.

분야별 열린토론회는 2012년도부터 시행하고 있는데, 2012년에는 '교육·아동, 복지, 여성, 인권, 통장'의 5개 분야 열린토론회를 개최하였고, 2013년에는 이에 3개 분야를 더해 생활체육, 건강, 안전분야에서도 토론회를 개최하였다.

열린 토론회는 관 중심의 정책수립에서 벗어나 분야별 전문가와 주민들이 모여 공감대를 형성하고 자유로운 소통의 창구가 되었다는 긍정적인 반응을 이끌어냈으며, 단순히 토론에서 끝나는 것이 아니라 실제 제안된 안건에 예산이 반영되고 정책화 된다는 점에서 주민참여의 내실을 기할 수 있다고 하겠다.

성북구의 주민참여 예산제는 구정운영 4개년 계획에 의거 2011년부터 지속적으로 추진 중이며 이를 확대, 정착하기 위해 노력중이다.

특히 주민참여예산조례를 개정(2013.6.4)하여 현행 당연직 포함 40명 이내의 위원 구성을 당연직 제외 60명 이내의 위원 구성으로 변경하여 주민의 직접참여를 확대하였고 위원회 구성 시 다양한 사회적 약자가 참여할 수 있도록 노력하여야 한다는 규정을 신설하여 사회적 약자의 참여를 보장하도록 규정하였다. 또한 지역주민의 의견수렴을 위해 동별 지역회의를 운영한다는 명문 규정을 신설하였다.

그 결과 각 동 지역회의를 통해 심의, 상정된 108개 1,616백만원의 주민참여예산사업을 접수받아 분과별 현장확인 및 사업부서의 타당성 검토를 마쳤고, 참여예산위원회의 심의를 통해 61개 사업을 주민총회투표에 상정하였다.

주민총회의 현장투표 외에도 다양한 계층의 참여를 위한 온라인 투표를 실시하였으며 총 득표수대로 36개 718,900천원의 사업을 선정하여 2014년도 주민참여예산사업을 최종 결정하였는데 이는 성북의 주민참여예산제 흐름이 보다 체계적으로 구축되어가는 과정이라고 볼 수 있겠다.

성북구 인터넷과 현장투표를 활용한 주민참여예산 총회 (서울신문. 2013.10.22)

작은민주주의 사람의 마을

초판 1쇄 인쇄 2014년 2월 19일 | **초판 1쇄 발행** 2014년 2월 24일

지은이 김영배 | **기획** 최종준 | **편집** 김연희

펴낸이 김시열 | **펴낸곳** 도서출판 너울북

　　　(136-034) 서울시 성북구 동소문로 67-1 성심빌딩 3층

　　　전화 (02) 926-8361 | **팩스** 0505-115-8361

ISBN 978-89-967380-9-1 03300　값 18,000원